LES MONADES URBAINES

Paru dans Le Livre de Poche :

VALENTIN DE MAJIPOOR
CHRONIQUES DE MAJIPOOR
LE TEMPS DES CHANGEMENTS
LES PROFONDEURS DE LA TERRE
L'ÉTOILE DES GITANS
SHADRAK DANS LA FOURNAISE
JUSQU'AUX PORTES DE LA VIE
À LA FIN DE L'HIVER
LA REINE DU PRINTEMPS
LA FACE DES EAUX
LES ROYAUMES DU MUR
CIEL BRÛLANT DE MINUIT
LES MONTAGNES DE MAJIPOOR

Collection dirigée par Gérard Klein

ROBERT SILVERBERG

Les Monades urbaines

ROMAN TRADUIT DE L'AMÉRICAIN PAR MICHEL RIVELIN

Préface de Gérard Klein

LAFFONT

Titre original :
THE WORLD INSIDE

© Robert Silverberg, 1971.
© Éd. Robert Laffont, S.A., Paris, 1974, pour la traduction française.

PRÉFACE*

Il pourra sembler paradoxal à plus d'un lecteur qu'un roman publié en 1971 aux États-Unis sorte en 1974, en France, dans une série consacrée à des « classiques ». C'est aller vite en besogne. Non du reste que l'ouvrage ne mérite cette distinction qu'il convient de nuancer d'un point d'ironie : il s'agit sans doute à ce jour d'une des meilleures réussites de son auteur et le roman a une originalité, une densité et une espèce de véracité dans l'imaginaire qui lui permettront sans guère de doute de traverser impunément les années et de s'inscrire à côté du Meilleur des Mondes *dans le registre des futurs inhabitables. La perspective — ou bien la prospective — de la surpopulation de notre monde par l'espèce humaine n'est pas près de s'éloigner et tant qu'elle s'imposera aux esprits, « Les Monades urbaines » auront quelques chances d'être lues.*

Mais c'est une raison plus banale qui fait passer dans la série « classique » un livre qui devait paraître sous la couverture aluminium des inédits. C'est précisément qu'inédit, il ne l'est plus guère. Après même que nous en eûmes acquis les droits, une sorte de prépublication de fait s'est effectuée. C'est ainsi que sur

---

* Préface à la première édition française, publiée dans la collection « Ailleurs et demain », classiques, Robert Laffont, 1974.

les huit épisodes que compte le livre, sept ont été publiés à ce jour. En voici le détail : la première partie figure dans l'anthologie Espaces Inhabitables *aux éditions Casterman; les épisodes 4, 6, 5, 7 et 3 ont été publiés dans cet ordre par la revue* Galaxie, *respectivement en février, août, septembre, novembre 1972 et février 1973. Le sixième épisode a été découpé en deux parties, tandis que les épisodes 5 et 7 ont été fusionnés. Ainsi, au moins à ce jour, seul le second épisode demeure entièrement inédit en France.*

Cela dit, les textes déjà publiés ne correspondent pas exactement à la version intégrale et définitive qui figure dans le présent volume. Ils sont sensiblement plus brefs et en particulier ils ont été expurgés de certains passages — ici rétablis — qui auraient peut-être bravé la pudeur plutôt sourcilleuse des lecteurs de revues de science-fiction.

Ce n'est certes pas la première fois qu'une telle mésaventure arrive en ce domaine à une maison d'édition. Du moins ai-je tenu à faire en sorte que le lecteur n'en soit pas victime involontairement et qu'il soit prévenu sans ambiguïté, dès la couverture, de ce qu'il peut avoir déjà lu plus de cinquante pour cent du présent volume. Je dis bien « qu'il peut » car de nombreuses indications concordantes donnent à penser que la plupart des lecteurs de cette collection ne sont pas obligatoirement lecteurs réguliers de la revue Galaxie.

Il n'est peut-être pas inutile d'exposer brièvement le mécanisme qui a conduit à cette regrettable superposition de publications, regrettable en ce qu'il est tant d'excellents ouvrages français et étrangers à publier ou à rééditer qu'il est toujours dommage de se mettre à deux pour faire ce à quoi un seul aurait suffi. En 1970 vraisemblablement, Robert Silverberg écrit un roman composé d'épisodes, The World Inside. *En 1971, il le publie aux Éditions Doubleday, New York, auxquelles nous achetons ce texte. Mais dans le même temps, l'agent américain de Silverberg vend à la revue américaine* Galaxy *6 des 8 épisodes, et les deux autres* à deux anthologistes. Rien qui puisse gêner un éditeur français. Sauf lorsqu'on sait que par contrat le Galaxie français est habilité à reproduire tout ce qui paraît dans le Galaxy américain et que rien n'interdisait apparemment aux anthologistes américains de revendre à des maisons d'édition françaises, séparément, les textes réunis dans leurs recueils. On peut toutefois se demander si, dans ce dernier cas, l'agent américain de l'auteur n'a pas fait preuve de quelque légèreté.

L'affaire prend tout son piquant quand on sait, comme je me le suis fait confirmer par Robert Silverberg lui-même, que la redevance versée par la revue française à sa consœur américaine est des plus minimes et que les auteurs américains n'en touchent pas un cent. Il n'est pas certain qu'ils demeurent sans réagir lorsqu'ils découvriront que de telles « prépublications » barrent la route à des éditions pour eux plus avantageuses. Or, comme chacun devrait savoir, l'écrivain, en Amérique comme en France, mange au moins une fois par jour et, quand il le peut, deux fois.

Voilà qui donnera peut-être à réfléchir aux auteurs français qui rencontrent quelques difficultés à se faire publier. Il y a, certes, un problème de qualité des textes et d'expérience littéraire. Aucun Français ne peut prétendre à celle d'un Silverberg qui a le métier de plus de soixante volumes. Mais il y a aussi, comme je le faisais ressortir en 1967, dans les pages mêmes de Fiction, un problème économique. A partir du moment où certains éditeurs, dont la bonne foi est du reste absolue, s'assurent, pratiquement pour le seul prix de la traduction, des textes étrangers d'une très grande qualité, il n'y a plus de place pour une production indigène. Il existe, pour les produits agricoles et industriels, des taxations et des réglementations qui visent, avec plus ou moins de bonheur, à empêcher les concurrences excessives et les pratiques de « dumping ». Il n'existe rien de tel — et d'un certain point de vue, c'est fort heureux — pour les œuvres de l'esprit.

Mais de cette lacune, il faut être conscient et savoir tirer les conséquences.

Il est de tradition que la plupart des lecteurs ne s'intéressent guère aux conditions matérielles de production et d'édition des ouvrages qu'ils lisent. C'est bien leur droit et ce n'est pas à ceux-là que cette préface est adressée. Mais je crois qu'un tel désintérêt est regrettable; on ne peut lire que ce qui est écrit et publié, et cela l'est dans certaines conditions concrètes. Les œuvres de l'esprit, comme on dit non sans emphase, ne surgissent pas toutes faites du néant. Un livre est l'aboutissement d'un long travail dont l'effort particulier de l'auteur ne doit pas faire négliger le caractère collectif. Payer un livre un certain prix, ce n'est pas seulement acheter pour soi un objet, c'est aussi et peut-être surtout rémunérer, rendre possibles les efforts d'une longue chaîne de gens même si, à l'exception de l'auteur et de son éditeur, ils demeurent anonymes.

Mais peut-être ces évidences auront-elles cessé d'avoir cours en l'an 2381, au temps des Monades urbaines.

Gérard K<small>LEIN</small>.

pour Ejler Jakobsson

Nous avons été créés pour nous unir à nos semblables, et pour vivre en communauté avec la race humaine.

Cicéron : *De finibus,* IV.

L'homme est de tous les animaux celui qui peut le moins vivre en troupeaux. Des hommes entassés comme des moutons périraient tous en très peu de temps. L'haleine de l'homme est mortelle à ses semblables : cela n'est pas moins vrai au propre qu'au figuré.

Jean-Jacques Rousseau : *Émile,* Livre Ier.

1

Une radieuse journée de 2381 commence. Le soleil matinal est déjà assez haut pour illuminer les cinquante derniers étages de Monade urbaine 116. Bientôt, toute la façade orientale étincellera comme la surface de la mer au point du jour.

Activée par les photons des premiers rayons, la fenêtre de Charles Mattern se déopacifie. Il se tourne. Dieu soit loué, pense-t-il. Son épouse bâille et s'étire. Ses quatre enfants qui sont réveillés depuis des heures, peuvent enfin commencer officiellement leur journée.

Dieu soit loué, Dieu soit loué, Dieu soit loué!
Dieu bénisse chacun de nous!
Dieu bénisse Papo, Dieu bénisse Mamo, Dieu
                           [bénisse toi et moi!
Dieu nous bénisse tous, grands et petits,
Et nous donne la fer-til-i-té!

Aussitôt, ils se précipitent vers la plate-forme de repos de leurs parents. Mattern se lève et les embrasse. Indra a huit ans, Santor en a sept, Marx cinq, et Cléo trois. C'est la honte inavouée de Charles Mattern d'avoir une aussi petite famille. Un homme n'ayant que quatre enfants ne peut être considéré comme révérant la vie. Mais les entrailles de Principessa ne donneront plus de fruits. Les docteurs ont déclaré qu'elle ne porterait plus. A vingt-sept ans elle est stérile. Mattern songe à prendre une seconde épouse. Il se languit d'entendre à nouveau les vagissements d'un nourrisson. Un homme se doit de faire son devoir vis-à-vis de Dieu.

« Papo », dit Sandor, « Siegmund est encore là. »

L'enfant montre du doigt. Mattern regarde. Allongé sur la plate-forme de repos, du côté de Principessa, Siegmund Kluver dort, recroquevillé contre la pédale de réglage de hauteur.

Il a quatorze ans. Quelques heures après minuit, il est entré chez les Mattern pour y exercer ses droits. Siegmund apprécie les femmes plus âgées que lui. Il a d'ailleurs acquis une certaine notoriété depuis quelques mois. Pour l'instant, il ronfle; il récupère de ses efforts. Mattern le pousse. « Siegmund? Siegmund, c'est le matin ! » Le jeune homme ouvre les yeux. Il sourit à Mattern, s'assied, et prend son saut-de-lit. Il est très beau. Il vit au 787e étage. Il a déjà un enfant et un autre en gestation.

« Veuillez m'excuser », dit-il, « je ne me suis pas réveillé. Principessa m'a littéralement épuisé. Quelle diablesse ! »

« Oui, elle est très passionnée », reconnaît Mattern. Ainsi en est-il de Mamelon, l'épouse de Siegmund, d'après ce qu'il en a entendu dire. Mattern a l'intention de l'essayer quand elle sera un peu plus vieille. Peut-être au printemps prochain.

Siegmund passe sa tête sous la douche moléculaire. A présent, Principessa a quitté le lit. Elle salue brièvement son époux, appuie sur la pédale et la plate-forme se dégonfle rapidement. Principessa commence à programmer le petit déjeuner. De sa petite main délicate, presque diaphane, Indra allume l'écran. Les murs aussitôt s'animent de lumières et de couleurs. « Bonjour », dit une voix chaleureuse. « La température extérieure, si cela intéresse quelqu'un, est de 28°. Aujourd'hui, la population de

Monade 116 est de 881 115, ce qui représente un gain de 102 par rapport à hier et de 14 187 depuis le début de l'année. Dieu nous bénisse, mais nous ralentissons ! A côté de nous, dans Monade urbaine 117, ils ont réalisé un gain de 131 depuis hier, dont des quadruplés pour Mme Hula Jabotinsky. Elle a dix-huit ans, et elle en avait déjà sept. Voici une vraie servante de Dieu, ne trouvez-vous pas ? Il est maintenant 0620. Dans exactement quarante minutes, notre bâtiment sera honoré de la présence de Nicanor Gortman, le sociocomputeur venu d'Enfer. Vous pourrez le reconnaître à son costume distinctif et étrange, tout de pourpre et d'ultra-violet. Le Dr Gortman sera l'invité de Charles Mattern du 799e étage. Il est bien entendu que nous le traiterons avec la même onction amicale que nous nous témoignons entre nous. Dieu bénisse Nicanor Gortman ! Voici maintenant les nouvelles concernant les niveaux inférieurs de notre monade... »

« Vous entendez cela, les enfants ? » dit Principessa. « Nous allons recevoir un invité, et nous devrons nous montrer onctueux vis-à-vis de lui. Venez et mangez. »

Une fois qu'il s'est nettoyé, habillé et restauré matinalement, Charles Mattern se rend sur l'aire d'atterrissage au millième étage. Tandis qu'il grimpe jusqu'au sommet, Mattern dépasse les étages où vivent ses frères, ses sœurs et leurs familles. Trois frères et trois sœurs. Quatre sont plus jeunes que lui, deux plus âgés. Tous ont parfaitement réussi. Un de ses frères, Jeffrey, est mort, infortunément jeune. Mattern pense rarement à Jeffrey. A présent il traverse le bloc d'étages qui constitue Louisville, le secteur administratif. Dans un instant il va rencontrer son invité. Après les tropiques, Gortman visite une monade urbaine typique de zone à climat tempéré. Pour Mattern c'est un honneur d'avoir été nommé hôte officiel. Il débarque sur l'aire d'atterrissage, au sommet de Monade 116. Un champ de forces l'abrite contre les vents hurlants qui balaient l'immense tour. Sur sa gauche, il voit la face occidentale de Monade 115, toujours dans l'obscurité. A sa droite, les fenêtres orientales de Monade 117 scintillent. Bénis soient Mme Hula Jabotinsky et ses onze petits, pense-t-il. D'où il est, lui apparaissent d'autres monades alignées en une longue file s'étirant contre l'horizon. Toutes identiques. Ce sont des tours gracieusement effilées, hautes de trois mille mètres, en béton précontraint. C'est une vision saisissante. Dieu soit loué, s'exalte-t-il. Dieu soit loué, dieu soit loué, dieu soit loué !

Il entend un joyeux bourdonnement de rotors. Un rapide se pose. Un homme grand et robuste en sort. Les couleurs de sa tenue se situent dans la bande haute du spectre. C'est certainement le sociocomputeur venu d'Enfer.

« Nicanor Gortman ? » s'enquiert Mattern.

« Loué soit dieu. Charles Mattern ? »

« Dieu soit loué, oui. Venez. »

Enfer est une des onze cités de Vénus que les hommes ont remodelées à leur convenance. Gortman n'est encore jamais venu sur la Terre. Il parle lentement d'un ton uni, sans aucune inflexion dans la voix ; cette façon de parler rappelle à Mattern celle des habitants de Monade urbaine 84 qu'il a visitée une fois. Il a lu les articles de Gortman ; c'est du solide, toujours étayé sur un raisonnement judicieux. « J'ai particulièrement apprécié Dynamique de la Morale Cynégétique », dit Mattern, tandis qu'ils pénètrent dans le descenseur. « Remarquable ! Une révélation ! »

« Vous le pensez vraiment ? » demande Gortman, flatté.

« Bien sûr. J'essaie de suivre régulièrement les meilleurs journaux vénusiens. C'est tellement fascinant de connaître des coutumes étrangères. La chasse aux animaux sauvages, par exemple. »

« Cela n'existe pas sur la Terre ? »

« Dieu soit loué, non », répond Mattern. « Nous ne pourrions le tolérer ! Mais j'aime avoir des vues nouvelles sur d'autres modes de vie. »

« Pour vous mes essais sont donc une littérature d'évasion ? » demande Gortman.

Mattern le considère étrangement. « Je ne comprends pas. »

« Une littérature d'évasion. Ce que vous lisez pour mieux supporter votre vie sur Terre. »

« Oh, non. La vie sur Terre est très supportable, permettez-moi de vous l'assurer. Nous n'avons pas besoin de nous évader, d'aucune façon. J'étudie les journaux d'autres planètes par *divertissement*. Et aussi pour y trouver un parallèle nécessaire de référence, vous savez, pour mes propres travaux. » Ils ont atteint le 799e niveau. « Permettez-moi de vous montrer d'abord mon intérieur », dit Mattern. Il sort du descenseur et invite Gortman à le suivre. « Voici Shangai. Je veux dire que c'est ainsi que nous appelons ce bloc de quarante étages, du 761e au 800e. J'habite à l'avant-dernier niveau de Shangai, ce qui est une marque de mon statut. Nous avons ainsi vingt-cinq cités dans Monade 116. La plus basse est Reykjavik, et la plus élevée est Louisville. »

« Comment les noms sont-ils choisis ? »

« Par un vote des citoyens. Avant, Shangai s'appelait Calcutta, ce que personnellement je préférais, mais une petite bande de mécontents du 778e étage a réclamé un référendum en 75. »

« Je pensais qu'il n'y avait pas de mécontents dans les monades urbaines », remarque Gortman.

Mattern sourit. « Ce ne sont pas des mécontents dans le sens courant. Mais nous tolérons certains conflits. L'homme ne serait pas ce qu'il est sans conflits, n'est-ce pas ? Même ici. N'est-ce pas ? »

Ils empruntent le couloir Ouest-Est qui mène à l'appartement de Mattern. Il est maintenant 0710. En toute hâte, les enfants sortent de chez eux par groupes de trois ou quatre pour se précipiter vers l'école. Ils chantent tout en courant. Mattern leur fait signe de la main. « A notre niveau, nous atteignons une moyenne de 6,2 enfants par famille. Je dois reconnaître que c'est un des plus faibles taux de notre bâtiment. Il semblerait que les couches à haut statut procréent moins. A Prague, il y a un étage — je crois que c'est le 117e — où ils atteignent 9,9 par famille! Ne trouvez-vous pas cela sublime? »

« Vous ironisez? » demande Gortman.

« Pas du tout. » Tout à coup, Mattern perçoit une soudaine montée de tension. « Nous *aimons* les enfants. Nous sommes *pour* la procréation. Vous ne pouviez l'ignorer avant d'entreprendre ce voyage. »

« Bien sûr, bien sûr », s'empresse Gortman. « J'étais conscient de votre dynamique culturelle générale. Mais je pensais que peut-être votre propre attitude... »

« Allait à l'encontre de la norme? Ce n'est pas parce que je manifeste un certain détachement d'intellectuel que vous devez penser que je m'écarte en quoi que ce soit de notre moule culturel. Peut-être avez-vous eu tort de projeter votre propre désapprobation, n'est-ce pas? »

« Je regrette l'implication. Et surtout, je vous prie, ne croyez pas que je ressente la moindre attitude négative vis-à-vis de votre moule culturel, quoique je doive admettre que votre monde me semble assez étrange. Loué soit dieu, oublions nos conflits, Charles. »

« Dieu soit loué, Nicanor. Je ne voulais pas paraître susceptible. » Ils se sourient. Mattern est consterné par son mouvement d'humeur.

« Quelle est la population du 799e étage? » demande Gortman.

« 805, aux dernières nouvelles. »

« Et de Shangai? »

« Autour de 33 000. »

« Et de Monade urbaine 116? »

« 881 000. »

« Et cette constellation urbaine contient cinquante monades ? »

« Oui. »

« Ce qui fait quelque 40 000 000 de personnes », calcule Gortman. « C'est-à-dire, un peu plus que l'entière population humaine de Vénus. Remarquable ! »

« Et encore, ce n'est pas la plus grande constellation ! » La voix de Mattern s'enfle de fierté. « Sansan est importante, Boshwash aussi ! En Europe, il y en a plusieurs qui sont plus grandes : Berpar, Wienbud et deux autres, je crois. Et d'autres sont prévues ! »

« Ce qui représente une population de... »

« ... 75 000 000 000 ! » Mattern en a les larmes aux yeux. « Dieu soit loué ! Il n'a jamais rien existé de semblable. Personne n'a faim ! Tout le monde est heureux ! Il y a plein d'espaces libres ! Dieu a été bon pour nous, Nicanor ! » Il s'arrête devant une porte numérotée 79915. « Voici mon intérieur. Ce que j'ai est vôtre, cher invité. » Ils entrent.

L'appartement de Mattern est très logeable. Il fait presque quatre-vingt-dix mètres carrés de superficie. La plate-forme de repos se dégonfle ; les couchettes des enfants se rétractent ; les meubles se déplacent facilement pour dégager une aire de jeu suffisante. En fait, la plus grande partie de la pièce est vide. L'écran et le pupitre électronique occupent des surfaces bidimensionnelles de paroi, et remplacent avantageusement les anciens postes de télévision si laids, les bibliothèques, bureaux, tiroirs et autres objets volumineux et encombrants. C'est un appartement aéré et spacieux, particulièrement pour une famille de six personnes seulement.

Les enfants ne sont pas encore partis à l'école ; Principessa les a retenus pour qu'ils rencontrent l'invité. Ils sont agités et turbulents. Au moment où Mattern entre, Sandor et Indra se disputent un de leurs jouets préférés, le pousse-rêve. Mattern est stupéfait. Un conflit chez lui ? Ils se battent en silence pour que leur mère ne les entende pas. Sandor donne des coups de pied dans les jambes de sa sœur. Et elle, grimaçante de douleur, griffe son frère à la joue. « *Dieu soit loué* », gronde Mattern. « L'un de vous veut-il dévaler la chute ? » Les enfants sursautent. Le jouet tombe. Tout le monde reste figé. Principessa lève les yeux, ramenant une mèche brune qui lui cache le visage ; elle était occupée avec son dernier enfant et ne les a même pas entendus entrer.

« Les conflits stérilisent », dit Mattern. « Présentez vos excuses l'un à l'autre. »

Indra et Sandor s'embrassent et sourient. Doucement, Indra ramasse le jouet et le tend à Mattern qui à son tour le donne à son plus jeune fils, Marx. A présent, tous les regards sont fixés sur l'invité. « Ami », dit Mattern à Gortman, « ce que j'ai est à vous. » Puis il fait les présentations. Sa femme, ses enfants. La scène de tout à l'heure l'a presque énervé, mais il se détend quand Gortman sort quatre petites boîtes qu'il distribue aux enfants. Des jouets. C'est un geste béni. Mattern désigne la plate-forme de repos dégonflée. « C'est là que nous dormons », explique-t-il. « On y tient facilement à trois. Nous avons la douche, là. Préférez-vous déféquer dans l'intimité ? »

« Oui, s'il vous plaît. »

« Alors, vous appuyez sur ce bouton qui allume l'écran d'intimité. Nous excrétons dans ceci. L'urine ici, les fèces là. Tout est récupéré et réutilisé, vous comprenez. Nous avons le sens de l'économie dans les monades. »

« Bien sûr », répond Gortman.

Principessa demande : « Préférez-vous que nous utilisions l'écran quand nous déféquerons ? J'ai cru entendre dire que cela se fait à l'extérieur. »

« Je ne voudrais pas vous imposer mes coutumes », dit Gortman.

« C'est un fait que notre culture a dépassé la

notion d'intimité », répond Mattern, en souriant. « Mais cela ne nous dérange pas d'appuyer sur le bouton, si... » Il hésite. Une nouvelle pensée vient le troubler. « La nudité n'est pas taboue sur Vénus, j'espère ? Je veux dire, nous n'avons que cette pièce et... »

« Oh, je m'adapte très bien », l'apaise Gortman. « Un sociocomputeur expérimenté se doit, bien sûr, de posséder le sens du relativisme culturel ! »

« Bien sûr », opine Mattern, et il part d'un rire nerveux.

Principessa quitte la conversation et envoie les enfants à l'école. Ils s'en vont, étreignant leurs nouveaux jouets.

« Pardonnez-moi de vous rappeler l'évidence », s'excuse Mattern, « mais je dois vous entretenir de vos prérogatives sexuelles. Nous allons, nous trois, partager une seule plate-forme de repos. Mon épouse vous est disponible, ainsi que moi-même. Dans la monade, il est incorrect de se refuser, à moins qu'il n'y ait sévices. Voyez-vous, le refus de toute frustration est la règle de base dans une société telle que la nôtre, où les frictions les plus minimes peuvent conduire à d'incontrôlables oscillations discordantes. A propos, connaissez-vous notre usage de la promenade nocturne ? »

« Je crains de... »

« Les portes ne sont pas fermées dans Monade 116. Nous ne possédons pas de biens personnels qui vaillent d'être gardés, et nous sommes tous socialement adaptés. La nuit, il est parfaitement normal d'entrer dans d'autres intérieurs. Ainsi, nous échangeons tout le temps nos partenaires ; en général ce sont les femmes qui restent chez elles et les hommes qui bougent, quoique cela ne soit pas impératif. Chacun de nous a le droit, à tout moment, de connaître n'importe quel autre membre adulte de notre communauté. »

« Etrange », remarque Gortman. « J'aurais pensé

que dans une société où tant de personnes vivent si près les unes des autres, se développerait un goût excessif de l'intimité plutôt qu'une liberté communautaire. »

« C'était ainsi au début. Dieu soit loué, ces tendances ont été résorbées ! Notre but est d'éviter toute frustration d'où peuvent naître des tensions dangereuses. Le sens de l'intimité est une frustration. »

« Ainsi, vous pouvez entrer dans n'importe quel appartement de ce gigantesque bâtiment et coucher avec... »

« Pas dans toute la monade », l'interrompt Mattern. « Seulement Shangai. Il est mal vu que quelqu'un sorte de sa propre cité. Nous nous imposons à nous-mêmes quelques légères restrictions, voyez-vous », poursuit-il, en haussant les épaules, « pour ne pas nous lasser de nos libertés. »

Gortman se tourne vers Principessa. Elle porte un pagne et un bonnet de métal sur son sein gauche. Elle est mince, mais ses formes sont voluptueuses. Bien qu'elle ne puisse plus enfanter, elle a conservé l'éclat sensuel d'une jeune femme. Mattern est fier d'elle, en dépit de tout.

« Voulez-vous que nous commencions la visite ? » demande-t-il.

Les deux hommes avancent vers la porte. Gortman s'incline élégamment devant Principessa. Ils sortent. Une fois dans le couloir, le visiteur demande : « Votre famille est en deçà de la normale, je vois. »

C'est une remarque d'une impolitesse horrible, mais Mattern est capable de se montrer tolérant envers le faux pas de son invité. Il répond doucement : « Nous aurions voulu avoir plus d'enfants, mais mon épouse a dû être opérée, ce qui a mis un terme à sa fertilité. Ce fut une véritable tragédie pour nous. »

« Avez-vous toujours aimé les familles nombreuses, ici ? »

« Nous aimons la vie. Créer une nouvelle vie est la

plus haute destinée. Empêcher l'éclosion de la vie est le pire des péchés. Nous aimons notre monde toujours en expansion. Cela vous semble-t-il insupportable ? Avons-nous l'air malheureux ? »

« Vous semblez étonnamment adaptés », répond Gortman. « Tenant compte... » Il se tait.

« Poursuivez. »

« Tenant compte du fait que vous êtes si nombreux. Et que votre vie entière se passe dans cet unique bâtiment colossal. Vous ne sortez jamais dehors, n'est-ce pas ? »

« C'est vrai pour la plupart d'entre nous », admet Mattern. « En ce qui me concerne, j'ai voyagé, bien sûr. Un sociocomputeur ne peut se passer de perspectives, c'est évident. Mais Principessa n'a jamais quitté notre monade. Je crois même qu'elle n'est jamais descendue en dessous du 350e étage, sauf peut-être à l'occasion d'une visite des niveaux inférieurs quand elle était à l'école. Pourquoi irait-elle ailleurs ? Le secret de notre bonheur réside dans la création de villages autonomes de cinq ou six niveaux, à l'intérieur des cités de 40 niveaux, elles-mêmes à l'intérieur d'une monade urbaine de mille étages. Nous connaissons nos voisins ; nous avons des centaines d'amis chers ; nous sommes aimables, loyaux et onctueux les uns vis-à-vis des autres. »

« Et tout le monde est heureux ? »

« Presque. »

« Qui sont les exceptions ? » demande Gortman.

« Les anomos », dit Mattern. « Nous nous efforçons de minimiser les frictions qui peuvent intervenir dans un environnement comme le nôtre. Ainsi nous ne refusons jamais rien à personne, nous satisfaisons tout désir raisonnable. Mais il arrive parfois que quelques-uns décident tout à coup qu'ils ne peuvent plus vivre selon nos principes. Ils oublient la réalité, ils frustrent les autres, ils se rebellent. C'est très pénible. »

« Et que faites-vous de ces anomos ? »

« Nous les anéantissons, bien sûr », répond Mattern. Il sourit, et ils pénètrent à nouveau dans le descenseur.

Mattern a été autorisé à montrer toute la monade à Gortman. C'est une visite qui prend plusieurs jours. Il éprouve une légère appréhension ; pour un guide, il ne connaît pas certaines parties de l'édifice aussi bien qu'il le devrait. Mais il fera de son mieux.
« Le bâtiment », dit-il, « est construit en béton précontraint. Il a été élevé autour d'une colonne centrale de deux cents mètres carrés qui abrite les services. A l'origine, les plans prévoyaient cinquante familles par niveau, mais aujourd'hui nous sommes arrivés à 120. Les anciens appartements ont été divisés en habitations d'une pièce. Nous sommes totalement autonomes avec nos propres écoles, nos hôpitaux, nos terrains de sport, nos maisons de culte, et nos théâtres. »
« Et la nourriture ? »
« Nous n'en produisons pas, bien sûr. Mais nous passons des contrats avec des communes agricoles. Je suis sûr que presque 90 pour cent des terres de ce continent sont utilisées pour la production de nourriture. Il y a aussi les fermes marines. Avant nous gâchions la superficie agraire en construisant horizontalement et en nous étalant, mais maintenant il y a bien assez de nourriture sur cette planète. »
« Mais n'êtes-vous pas à la merci de ces communes productrices ? »
« Les habitants des villes n'ont-ils pas toujours été à la merci des agriculteurs ? » demande Mattern. « Mais on dirait que vous considérez la vie sur Terre comme une guerre perpétuelle. Actuellement, notre système écologique est parfaitement bien articulé. Nous sommes nécessaires aux agriculteurs — nous sommes leur seul débouché et leur unique source de biens manufacturés. Ils nous sont nécessaires, étant notre unique source de nourriture. Nous nous

sommes réciproquement indispensables, n'est-ce pas ? Et le système fonctionne. Nous pourrions nourrir plusieurs milliards de bouches supplémentaires. Un jour, dieu soit loué, ce sera. »

Le descenseur a fini sa course. Il se pose en douceur sur son socle, au niveau le plus bas. Mattern ressent la charge oppressante de l'immense bâtiment au-dessus de lui. Il est étrangement surpris de l'intensité de son trouble ; il essaye de le cacher. « Nous sommes à présent au plus bas niveau », dit-il. « C'est ici que nous produisons notre énergie. » Ils traversent une coursive et vont jeter un coup d'œil dans la salle des machines. C'est une immense galerie de quarante mètres de haut où tournent des turbines vertes et luisantes.

« La majeure partie de notre énergie », explique-t-il, « est obtenue par combustion des déchets solides moulés. Nous brûlons tout ce dont nous n'avons pas besoin, et le résidu est vendu comme engrais. Nous avons aussi des générateurs auxiliaires qui utilisent l'accumulation de chaleur corporelle. »

« Je me demandais justement », murmure Gortman. « Que faites-vous de la chaleur ? »

Mattern répond d'un ton gai. « Il est évident que 800 000 personnes vivant dans un lieu fermé produisent un énorme surplus thermique. Une partie de cette chaleur est directement évacuée vers l'extérieur. Une autre partie est aspirée jusqu'ici et fait tourner les générateurs d'énergie. En hiver, bien sûr, nous la faisions circuler dans les conduits intérieurs pour le chauffage du bâtiment. Le reste est utilisé pour la purification des eaux et ainsi de suite. »

Après la centrale électrique, ils passent à la centrale de régénération. Plusieurs centaines d'écoliers la visitent eux aussi ; silencieusement les deux hommes se joignent aux enfants.

La maîtresse explique. « Vous voyez, c'est là qu'arrive l'urine. » Elle désigne de gigantesques tuyaux. « Elle passe dans la chaudière où elle est distillée. L'eau pure sort par ici — suivez-moi —, vous vous souvenez, sur le tableau schématique des eaux, comment sont récupérés les produits chimiques que nous vendons aux communes agricoles... »

Puis Mattern et son invité vont voir les salles où s'opère la reconversion des matières fécales. Gortman pose beaucoup de questions. Il semble très intéressé. Mattern s'en réjouit ; les détails pratiques de la vie en monade urbaine lui apparaissent comme très significatifs. Il craignait qu'un étranger venu de Vénus, d'une planète où les hommes vivent dans des maisons individuelles et se promènent en plein air, ne regarde sa façon de vivre et celle de ses frères comme répugnante ou hideuse.

Ils poursuivent leur visite. Mattern continue à parler d'air conditionné, d'ascenseurs et de descenseurs, et d'autres sujets.

« C'est vraiment merveilleux », dit Gortman. « Je n'arrivais pas à imaginer comment une si petite planète pouvait survivre avec une population de 75 000 000 000 d'habitants, mais vous avez rendu possible... euh... »

« L'utopie ? » suggéra Mattern.

« Oui, c'est ce que je voulais dire », dit Gortman.

La production d'énergie et l'utilisation des déchets n'entrent pas particulièrement dans les cordes de Mattern. Il en connaît les principes uniquement parce qu'il se passionne pour le fonctionnement de la monade. Son véritable champ d'études est la sociocomputation ; c'est pourquoi il lui a été demandé d'expliquer au visiteur comment sont organisées les structures sociales du gigantesque bâtiment. A présent, ils grimpent dans les niveaux résidentiels.

« Voici Reykjavik », annonce Mattern. « Population essentiellement constituée par le personnel du service d'entretien. Nous essayons autant que possible d'éviter la stratification par classes, mais chaque cité possède une population prépondérante

— ingénieurs, universitaires, gens du spectacle, artistes —, enfin, vous voyez... Shangai, où j'habite, est essentiellement peuplée d'universitaires. C'est une manifestation de l'esprit de corps. » Ils traversent le hall. A cet étage inférieur, Mattern se sent bizarre ; il parle sans cesse pour cacher sa nervosité. Il explique comment chaque cité à l'intérieur de la monade crée sa propre langue argotique, ses mœurs propres en ce qui concerne l'habillement, le folklore et sa mythologie.

« Y a-t-il beaucoup d'échanges entre les cités ? » demande Gortman.

« Nous essayons d'encourager ces échanges. Les sports, les échanges d'étudiants, des réunions mixtes régulières. Dans des limites raisonnables, bien sûr. Les gens des niveaux à population ouvrière n'ont que peu de contacts avec ceux des cités universitaires. Cela ne les satisferait ni les uns ni les autres, n'est-ce pas ? Ce que nous cherchons, c'est à fomenter un courant d'échanges raisonnables entre cités dont les populations possèdent plus ou moins le même niveau intellectuel. Nous pensons que c'est vivifiant. »

« Cela n'aiderait-il pas ce processus d'échanges si vous autorisiez les promenades nocturnes intercités ? »

Mattern fronce les sourcils. « En cette matière, nous préférons en rester à des échanges entre partenaires de conditions identiques. Des relations sexuelles avec des habitants d'une autre cité sont le signe d'une âme vile. »

« Je vois. »

Ils pénètrent dans une immense salle. « Ceci est un dormitoir pour jeunes époux », explique Mattern. « Il y en a de pareils tous les cinq ou six étages. Quand les adolescents se marient, ils quittent le foyer familial et viennent ici. Une fois qu'ils ont leur premier enfant, un intérieur personnel leur est affecté. »

Gotman s'étonne. « Mais comment faites-vous pour les loger tous ? Je présume que le bâtiment entier est occupé, et le nombre de décès est certainement inférieur aux naissances... ? »

« Il est évident que des appartements sont libérés pour cause de décès. Par exemple, si votre époux ou votre épouse meurt et que vos enfants sont émancipés, vous allez dans un dormitoir pour adultes. Il est possible ainsi de créer une nouvelle cellule familiale. Cela dit, vous avez raison. Une grande partie des jeunes gens ne trouvent pas à se loger dans notre monade, étant donné qu'il y a à peu près deux pour cent d'unions par an et que le pourcentage létal est très inférieur à cela. Au fur et à mesure de la construction de nouvelles monades, le surplus de jeunes couples y est envoyé. Par tirage au sort. Ceux qui sont désignés pour partir se plaignent, mais il existe des compensations à faire partie des premiers arrivants dans un nouveau bâtiment. Vous acquérez votre statut automatiquement. Ainsi, vous voyez, nous sommes en expansion continue. Nos jeunes partent pour créer de nouvelles combinaisons d'unités sociales. Fascinant au plus haut point, n'est-ce pas ? Avez-vous lu mon article, Métamorphose Structurale dans les Populations des Monades Urbaines ? »

« Je crains de ne pas connaître », répond Gortman. « J'aimerais beaucoup le lire. » Il regarde l'immense salle. Sur une plate-forme proche, une douzaine de couples copulent. « Ils ont l'air si jeunes », s'étonne-t-il.

« La puberté vient de bonne heure chez nous. Les filles se marient généralement à douze ans, et les garçons à treize. Le premier enfant arrive à peu près un an plus tard, dieu soit loué. »

« Et personne n'essaye de contrôler sa fécondité ? »

« *Contrôler sa fécondité ?* » Devant l'immonde obscénité, Mattern empoigne ses parties génitales. Plusieurs couples unis lèvent les yeux, stupéfaits. Des petits rires nerveux se font entendre. « Je vous en prie, ne répétez jamais cela », implore Mattern. « Surtout devant des enfants. Nous ne... euh... ne pensons jamais en termes de contrôle. »

« Mais... »

« Pour nous la vie est sacrée. Créer une nouvelle vie est un acte sacré. Le devoir de chacun envers Dieu est de reproduire. » Mattern sourit; il craint de paraître trop sérieux. « Être un être humain consiste à surmonter les épreuves par l'exercice de l'intelligence, n'est-ce pas? Ne trouvez-vous pas que la multiplication des habitants sur un monde qui a su éliminer les souffrances et les guerres est la plus belle des victoires? Nous pourrions limiter les naissances, je suppose, mais ce serait une pauvre et mesquine victoire, une échappatoire indigne des hommes. Au lieu de cela, nous avons su triompher de la surpopulation. N'ai-je pas raison? Et ainsi nous continuons, nous multipliant dans la joie. Notre population augmente de trois milliards par an, et nous nourrissons et logeons tout le monde. Peu meurent, et beaucoup naissent, et notre planète se remplit. Dieu soit loué, la vie nous est prospère et plaisante, et comme vous pouvez vous en rendre compte, nous sommes tous très heureux. Nous avons su dépasser le stade infantile qui veut qu'on édifie des barrières entre l'homme et l'homme. Pourquoi sortir de la monade? Pourquoi soupirer après les forêts et les déserts? Monade urbaine 116 contient assez d'univers pour nous tous. Les prédictions des prophètes de l'horreur se sont révélées vaines. Pouvez-vous dénier que nous sommes heureux ici? Venez avec moi. Nous allons visiter une école. »

L'école que Mattern a choisie se trouve dans Prague, au 108e étage. C'est une cité à population ouvrière. Mattern pense qu'elle intéressera spécialement Gortman, étant donné que Prague possède le plus fort indice de naissances de tout Monade urbaine 116 ; ici les familles de douze ou quinze ne sont pas du tout rares. En approchant de l'entrée de l'école, les deux hommes entendent les petites voix aiguës chanter les louanges de Dieu. Mattern se joint aux enfants ; c'est un hymne qu'il a chanté autrefois, quand il avait leur âge et qu'il rêvait à la grande famille qu'il aurait un jour.

> *Et maintenant il sème la graine bénie*
> *Qui poussera dans les entrailles de Mamo.*
> *Et maintenant nous vient un enfant chéri...*

Soudain un événement inattendu et déplaisant vient perturber l'atmosphère sereine. Dans le couloir, une femme se précipite vers Mattern et Gortman. Elle est jeune, échevelée, uniquement vêtue d'une fine tunique grise ; ses cheveux sont en désordre. De toute évidence, elle est enceinte de plusieurs mois. « Au secours ! » hurle-t-elle. « Mon époux est devenu anomo ! » Elle se jette, tremblante, dans les bras de Gortman, visiblement désorienté.

Un homme d'une vingtaine d'années la poursuit. Il a l'air hagard, les yeux injectés de sang. Il tient une torche de fabrication artisanale dont le bout rougeoie de chaleur. « Nom de Dieu de salope ! » gronde-t-il. « Toujours des mômes ! Déjà sept, et maintenant un huitième ! J'vais devenir *fou* ! » Mattern est atterré. Il enlève la femme des bras de Gortman, et pousse le visiteur ahuri dans l'entrée de l'école.

« Dites-leur qu'il y a un anomo dehors », lui souffle-t-il. « Qu'ils demandent de l'aide, vite ! » Il est furieux que Gortman ait été témoin d'une scène aussi inhabituelle, et il voudrait l'éloigner de là.

La femme, toujours aussi agitée, se blottit derrière Mattern. Il parle d'un ton calme. « Raisonnez-vous, jeune homme. Vous avez toujours vécu dans une monade, n'est-ce pas ? Vous comprenez que procréer est un acte béni. Pourquoi, soudainement, répudiez-vous des principes selon... »

« Bon Dieu, foutez le camp de là, sinon j'vous brûle aussi ! »

Il brandit la torche vers le visage de Mattern. Celui-ci sent la chaleur et recule. Le jeune homme en profite pour le contourner, et fonce vers la femme. Elle se jette en arrière, mais sa grossesse l'alourdit. La torche fend l'étoffe. Dessous, apparaît un morceau de chair blanche et dilatée, marqué d'une bande rouge boursouflée, là où la torche a brûlé la peau. La femme étreint son ventre proéminent et tombe en hurlant. L'homme repousse Mattern et se prépare à frapper à nouveau. Mattern essaie de lui saisir le bras. Il dévie la torche vers le sol qui commence à grésiller sous l'intense chaleur. Le jeune homme, jurant comme un fou, lâche son arme et se jette sur Mattern qu'il frappe furieusement. « Au secours ! » appelle Mattern. « Aidez-moi ! »

Des douzaines d'écoliers font irruption. Ils ont entre huit et onze ans. Ils se précipitent sur l'assaillant de Mattern, tout en continuant à chanter. Ils séparent les deux combattants, et rapidement, d'un même mouvement, ils ensevelissent le jeune homme sous leur nombre. On peut à peine le distinguer sous la masse vibrante et grouillante. Des douzaines d'autres enfants sortent de l'école en flot continu et vont grossir la mêlée. Une sirène hurle. Un coup de sifflet retentit. La voix amplifiée du maître tonne. « La police est là ! Tout le monde se relève ! »

Quatre hommes en uniforme sont brusquement apparus. Ils contemplent la scène. La femme attaquée reste à terre, gémissante, frottant sa brûlure. Le forcené gît, inconscient ; un œil manque dans son visage ensanglanté. « Qu'est-il arrivé ? » demande un policier. « Qui êtes-vous ? »

« Charles Mattern, sociocomputeur, 799e étage, Shangai. L'homme que voici est un anomo. Il s'est jeté sur son épouse enceinte avec cette torche. Il a essayé de m'attaquer moi aussi. »

Les policiers relèvent l'homme. Il reste debout

entre eux, chancelant, meurtri, l'air égaré. Le chef des policiers parle, faisant résonner les mots. « S'étant rendu coupable d'un acte de violence atroce sur la personne d'une femme fécondable, évidemment en état de gestation, manifestant de dangereuses tendances antisociales, représentant une menace contre l'harmonie et la stabilité, en vertu des pouvoirs qui me sont conférés, je rends une sentence d'anéantissement à laquelle il sera procédé immédiatement. Qu'il dévale la chute ! » Ils s'en vont, traînant l'anomo derrière eux. Des médecins arrivent, et se penchent sur la femme blessée. Les enfants retournent en classe, entonnant à nouveau l'hymne joyeux. Nicanor Gortman semble abasourdi et secoué. Mattern l'empoigne par le bras. « D'accord, d'accord ! » chuchote-t-il rageusement, « de telles choses arrivent parfois. Je ne le nie pas. Mais il y avait une chance sur un milliard pour que cela se passe devant vos yeux. Ce n'est pas habituel ! Ce n'est pas habituel ! »

Ils entrent dans la classe.

Le soleil se couche. La face occidentale de la monade urbaine est striée de rouge. Nicanor Gortman est assis tranquillement pour dîner avec les membres de la famille Mattern. Les enfants racontent leur journée à l'école. Leurs voix se mêlent en un amusant brouhaha. Sur l'écran apparaissent les nouvelles du soir; le présentateur mentionne le triste incident du 108e étage. « La mère n'a pas été grièvement blessée », dit-il, « et l'enfant qu'elle porte n'a subi aucun dommage. Une sentence a été prononcée sur place. Ainsi se trouve éliminée une menace à la sécurité de toute notre monade. »

« Loué soit Dieu », murmure Principessa.

Après le dîner, Mattern commande au pupitre électronique des copies de ses plus récents articles techniques qu'il donne à Gortman afin qu'il puisse les lire en toute quiétude. Son invité le remercie chaleureusement.

« Vous avez l'air fatigué », dit Mattern.

« Ce fut une rude journée de travail. Mais féconde. »

« Oui. Nous avons vraiment couvert du terrain, n'est-ce pas ? »

Mattern est fatigué lui aussi. Ils ont visité presque trois douzaines de niveaux ; il a montré des réunions municipales à Gortman, des cliniques obstétriques, des services religieux, des bureaux d'affaires. Tout cela le premier jour. Demain, ils auront encore plus à voir. Monade urbaine 116 est un ensemble varié et complexe. Et heureux, ainsi que Mattern aime à se le dire. Nous avons bien de temps en temps quelques petits incidents, mais nous sommes *heureux*.

Un à un, les enfants vont se coucher. Comme des amours, ils embrassent Papo et Mamo, souhaitent une bonne nuit au visiteur et courent à travers la pièce, comme d'adorables petits lutins nus, vers leurs couchettes. Les lumières faiblissent automatiquement. Mattern se sent quelque peu déprimé. Il a conscience pourtant d'avoir réussi sa tâche ; grâce à lui, Gortman ne s'est pas contenté de voir superficiellement, mais il a pu se rendre compte de l'harmonie intrinsèque et de la sérénité qui règnent ici. Maintenant il aimerait que son invité expérimente personnellement une des libertés les plus utiles pour minimiser les conflits entre personnes, tellement dangereux dans une société monadiale ! Mattern se lève.

« C'est l'heure de la promenade nocturne », dit-il. « Je vous laisse... avec Principessa. » Il pense que son invité appréciera cette intimité.

Gortman semble mal à l'aise.

« Je vous en prie », ajoute Mattern. » Soyez heureux. Ici nous ne refusons pas le plaisir aux autres. Nous éliminons toute forme de jalousie. Je vous en prie. Ce que j'ai est à vous. N'est-ce pas, Principessa ? »

« Certainement », répond-elle.

Mattern sort. Il atteint rapidement le descenseur et descend au 770e étage. Dans le couloir, il entend soudain des vociférations. Il se raidit, craignant de se trouver à nouveau mêlé à un autre fâcheux incident, mais personne n'apparaît. Il continue. Il dépasse une porte noire. Les portes noires donnent accès aux réduits où s'ouvrent les bouches de vide-ordures et autres conduits d'évacuation. Les chutes ! Il ne peut s'empêcher de frissonner, repensant au jeune homme à la torche et à ce qui lui est arrivé. Aussitôt, sans prévenir, le visage de son frère se matérialise dans sa mémoire. Jeffrey, son frère aîné d'un an, qui lui aussi avait dévalé la chute. Jeffrey le pleurnicheur, le voleur, Jeffrey l'égoïste, Jeffrey l'inadapté et l'inadaptable qui avait dévalé la chute. Un instant, Mattern se sent défaillir. Il chancelle. Il agrippe nerveusement une poignée de porte pour ne pas tomber.

La porte s'ouvre. Il entre. Jamais encore il n'a fait de promenade nocturne à cet étage. Cinq enfants dorment dans leurs couchettes, et sur la plate-forme de repos un homme et une femme plus jeunes que lui sont allongés, endormis. Mattern se déshabille et se couche à côté de la femme, contre son flanc gauche. Il caresse sa cuisse, puis sa main remonte sur les petits seins froids. Elle ouvre les yeux. « Bonsoir », dit-il. « Charles Mattern, 799. »

« Gina Burke. Mon époux, Lenny. »

Lenny se réveille. Il aperçoit Mattern, fait un petit signe de tête avant de se retourner et se rendormir. Mattern embrasse légèrement Gina Burke sur les lèvres. Elle lui ouvre ses bras. Son désir le fait trembler. Il pousse un soupir en la pénétrant. Dieu soit loué, pense-t-il, un beau jour de 2381 se termine.

2

Chicago est bordée par Shangai au nord et par Édimbourg au sud. 37 402 personnes y vivent. Chicago traverse actuellement une légère crise de peuplement qui devra être résolue de la façon habituelle. Sa population est essentiellement constituée de techniciens. Au-dessus, à Shangai, ce sont surtout des intellectuels, alors qu'en dessous, à Édimbourg, ce sont les électroniciens.

Aurea Holston est née à Chicago en 2368, et elle y a vécu toute sa vie. Elle a maintenant quatorze ans. Son époux, Memnon, en a presque quinze. Il y a deux ans à peu près qu'ils sont mariés. Dieu ne leur a pas accordé la joie d'enfanter. Memnon, lui, a voyagé dans toute la monade, mais Aurea n'est que très rarement sortie de Chicago. Une fois, à l'occasion d'une visite chez un spécialiste en fécondité, une vieille sage-femme de Prague, une autre fois à Louisville, où habite son oncle, un important administrateur urbain. Il lui arrive aussi d'aller souvent à Shangai avec Memnon chez leur ami Siegmund Kluver. En dehors de cela, elle ne connaît pas grand-chose du bâtiment. Cela ne la dérange pas ; elle ne tient pas trop aux voyages. Elle aime tellement sa cité.

Chicago occupe les niveaux compris entre le 721e et le 760e. Memnon et Aurea vivent dans un dormitoir réservé aux jeunes couples sans enfant au

735e étage. Trente et un couples partagent le dormitoir ; soit huit au-dessus des normes optimales.

« Il va bientôt y avoir une réduction », dit Memnon. « Nous commençons à être un peu tassés. Certains vont devoir partir. »

« Beaucoup ? » demande Aurea.

« Trois couples ici, cinq là... un petit nombre de chaque dormitoir. D'après moi, quelque deux mille couples partiront de Monade 116. C'est à peu près ce qui s'était passé à la dernière réduction. »

Aurea frissonne. « Où iront-ils ? »

« J'ai entendu dire que la nouvelle monade urbaine est presque terminée. Numéro 158. »

Au fond d'elle-même, elle tressaille de pitié et d'effroi. « Ce doit être horrible d'être envoyé ailleurs ! Memnon, ils ne *nous* y enverront pas ?! »

« Bien sûr que non. Dieu soit loué, nous sommes des habitants de valeur ! J'appartiens à une catégorie... »

« Mais nous n'avons pas d'enfants. Ce sont les gens sans enfant qui partent les premiers, n'est-ce pas ? »

« Dieu nous bénira bientôt. » Memnon l'enlace. Il est grand, svelte et fort. Ses cheveux écarlates sont ondulés. Il a une expression figée et solennelle. Aurea est ronde et harmonieuse, mais dans ses bras elle se sent faible et fragile. Des cheveux d'or descendent sur ses épaules en vagues s'assombrissant progressivement. Elle a des yeux vert pâle. Sa poitrine est pleine et lourde et ses hanches sont rondes. Siegmund Kluver prétend qu'elle ressemble à une déesse de la fécondité. Beaucoup d'hommes la désirent et souvent ils viennent la nuit partager sa plate-forme. Pourtant, ses entrailles sont restées stériles. Depuis quelque temps, elle est devenue particulièrement sensible à ce sujet. Toute cette volupté gâchée en pure perte, quelle ironie ! Memnon ouvre ses bras. Elle marche, le visage soucieux, vers le dormitoir. C'est une pièce longue et étroite qui forme un angle droit autour de la colonne centrale du bâtiment. Les murs sont animés de motifs mouvants dans les bleus, or et verts. Des plates-formes de repos, quelques-unes dégonflées, d'autres en service, sont alignées sur le sol. Les meubles sont rares et sobres. L'éclairage indirect diffusé sur toute la surface du sol et du plafond est d'une brillance presque insoutenable. Plusieurs écrans et trois pupitres électroniques sont encastrés dans le mur est. Il y a cinq aires d'excrétion, trois surfaces communes de jeu, deux stations de lavage, et deux îlots d'intimité.

La coutume est, bien que cela ne soit pas explicite, de ne jamais brancher les écrans d'intimité. Ce que quelqu'un fait, il le fait devant les autres. L'accessibilité totale de tous à tous est la règle essentielle grâce à laquelle une civilisation comme celle-ci peut survivre. A l'intérieur de la monade, la règle est l'élément vital.

Aurea va jusqu'à l'immense baie située tout au bout du dormitoir. A l'ouest, le soleil commence à décliner. Devant elle, la masse magnifique de Monade urbaine 117 est embrasée. Son regard descend lentement le long de l'immense tour, de l'aire d'atterrissage au millième étage jusqu'à peu près la moitié du bâtiment. De l'angle où elle se tient, il lui est impossible de voir plus bas que le 400ᵉ étage.

Comment est-ce, pense-t-elle, de vivre dans Monade 117? Ou 115, ou 110, ou 140? Elle n'a jamais quitté la monade où elle est née. Devant elle, les tours de la constellation des Chipitts s'étirent jusqu'à l'horizon. Cinquante gigantesques pointes de béton, hautes de trois mille mètres, chacune d'elles abritant quelque 800 000 êtres humains. Dans Monade 117, se dit Aurea, il y a des gens parfaitement semblables à nous. Ils marchent, parlent, se vêtent, pensent, aiment comme nous. Monade 117 n'est pas un monde étranger. C'est le bâtiment voisin, ni plus ni moins. Nous ne sommes pas uniques. Nous ne sommes pas uniques. Nous ne sommes pas uniques.

La peur tout à coup la submerge.

« Memnon », dit-elle d'une voix rauque, « ils vont nous envoyer dans Monade 158. »

Siegmund Kluver fait partie des favorisés. Sa fertilité lui a valu une position inattaquable dans Monade 116. Son statut lui est garanti.

Bien qu'il ait à peine quatorze ans, il a déjà deux enfants. Son fils s'appelle Janus et il a donné à sa fille nouveau-née le prénom de Perséphone. Siegmund habite dans un élégant appartement de cinquante mètres carrés au 787e étage, légèrement au-dessus de l'équateur de Shangai. C'est un spécialiste en administration urbaine théorique, et malgré son jeune âge il est souvent appelé en consultation auprès des administrateurs qui siègent à Louisville. C'est un jeune homme bien fait, très fort en dépit de sa petite taille, avec une tête assez volumineuse et d'épais cheveux bouclés. Il a passé son enfance à Chicago; à l'époque il était un des amis les plus intimes de Memnon. Ils se voient encore très souvent. Leur amitié n'a pas souffert du fait qu'ils vivent à présent dans des cités différentes.

Les Holston et les Kluver se retrouvent toujours chez Siegmund. Les Kluver en ce qui les concerne ne descendent jamais à Chicago pour voir Aurea et Memnon. Pour Siegmund, ce n'est pas du snobisme. « Pourquoi devrions-nous rester au milieu de tout ce bruit », explique-t-il, « alors que nous pouvons être ensemble au calme dans mon appartement? » Aurea n'est pas tout à fait d'accord avec ce raisonnement. Les habitants des monades urbaines ne sont pas censés accorder une telle valeur à l'intimité. Le dormitoir n'est-il pas un endroit digne de Siegmund Kluver?

Celui-ci d'ailleurs, il y a deux ans, vivait avec Aurea et Memnon dans le même dormitoir. Ils étaient alors tous quatre jeunes mariés. A l'époque, plusieurs fois il était arrivé à Aurea de se donner à Siegmund. Ses attentions à son égard la flattaient. Mais l'épouse de Siegmund était très vite tombée enceinte, grâce à quoi les Kluver eurent droit à un logement personnel. Parallèlement, l'ascension professionnelle de Siegmund l'avait éloigné à Shangai. Aurea n'a plus partagé sa couche avec Siegmund depuis qu'il a quitté le dormitoir. Leurs étreintes lui manquent, mais que peut-elle y faire ? Il est fort peu probable qu'il vienne la voir. Les relations sexuelles entre partenaires habitant des cités différentes sont assez mal vues, et Siegmund n'est pas homme à aller contre les règles. Il peut se promener nuitamment dans des cités supérieures à la sienne, mais certainement pas dans des inférieures.

Siegmund est de toute évidence appelé à de plus hautes fonctions. Memnon prétend que quand il aura dix-sept ans il ne sera plus du tout théoricien en administration urbaine, mais administrateur tout simplement, et qu'il logera à Louisville. Déjà il passe la majeure partie de son temps avec les maîtres de la monade. Avec leurs femmes aussi, d'après ce qu'a entendu dire Aurea.

C'est un hôte parfait. Son appartement est confortable et chaleureux. Deux des parois sont recouvertes du dernier cri en matière de décoration ; un matériau qui émet un doux murmure dont les vibrations s'accordent avec les motifs visuels qui se forment et se transforment inlassablement. Ce soir Siegmund a choisi la dominante dans les ultraviolets et l'émission sonore atteint presque les ultrasons ; c'est une sorte d'émulation entre l'ouïe et la vue pour amener les sens à leur maximum de réceptivité. Siegmund sait aussi utiliser parfaitement les dispensateurs d'odeurs : le jasmin et la jacinthe embaument l'atmosphère. « Un peu de piquant ? » demande-t-il. « Importé directement de Vénus. Très sanctifiant. » Aurea et Memnon acceptent en souriant. Siegmund remplit une large coupe d'argent ciselée d'un lourd fluide scintillant. Il la pose sur la table à piédestal ; une légère pression sur la pédale et le plateau de la table s'élève à un mètre cinquante du sol.

« Mamelon ? » appelle-t-il. « Viens avec nous. »

Son épouse couche le nourrisson dans l'alvéole à côté de la plate-forme de repos, et traverse la pièce pour les rejoindre. C'est une très grande femme, belle et élégante. Ses cheveux noirs contrastent avec la peau claire. Le front est haut, les pommettes saillantes ; ses yeux, vifs, brillants et largement ouverts lui donnent une expression perpétuellement égarée — ils semblent trop grands, trop importants dans le mince visage pâle. Aurea éprouve une sorte de réflexe de défense devant la beauté altière de Mamelon. Ses propres traits lui apparaissent trop doux : son nez retroussé, ses joues rondes, ses lèvres pleines, sa peau constellée de taches de rousseur. Mamelon est la plus âgée d'eux quatre, elle a presque seize ans. Ses seins sont gonflés de lait ; elle a accouché il y a onze jours et elle allaite son enfant. Elle a toujours été différente des autres. Aurea a conservé une sorte de crainte à l'égard de l'épouse de Siegmund, si froide, si maîtresse d'elle-même, si mûre. Passionnée aussi. A douze ans, jeune mariée, Aurea avait maintes et maintes fois été réveillée par Mamelon dont les cris d'extase résonnaient dans le dormitoir.

Mamelon se penche et pose ses lèvres sur le rebord de la coupe. Les autres l'imitent ; ils boivent ensemble. Les petites bulles chatouillent les lèvres d'Aurea. L'arôme lui tourne la tête. Elle se penche vers le centre de la coupe. Dans le liquide, des motifs abstraits se nouent et se dénouent. Le piquant possède certaines vertus enivrantes et hallucinogènes. Supprimant les conflits internes, il exacerbe les visions. Celui qu'a offert Siegmund vient de certains étangs odoriférants des basses terres vénusiennes ; il contient des milliards de micro-organismes étrangers qui continuent à se développer et à fermenter même après avoir été absorbés et digérés. Aurea les sent bouillonner dans tout son corps, prendre possession de ses poumons, de ses ovaires, de son foie. Ses lèvres s'humidifient. Ses tourments s'estompent. A la montée succède une phase étale — elle émerge de ses visions tranquille et apaisée. Un état factice de sérénité l'emplit tandis que les ultimes méandres de couleurs jaspées s'enroulent sous ses paupières avant de disparaître.

Après le rituel du boire, ils parlent. Siegmund et Memnon discutent des événements mondiaux : les nouvelles monades urbaines, les statistiques agricoles, et d'une toute dernière rumeur selon laquelle il serait question de créer des zones *non aedificandi* plus larges autour des communes, et ainsi de suite. Mamelon montre son nouveau-né à Aurea. La petite fille est couchée. Elle bave, gazouille et gesticule.

« Quel soulagement ce doit être d'être délivrée ! » dit Aurea.

« Oui, il est bien agréable de pouvoir enfin apercevoir ses pieds », répond Mamelon.

« Est-ce très désagréable d'être enceinte ? »

« Il y a certains désagréments. »

« Le fait de gonfler ? Comment peut-on supporter de grossir ainsi ? On dirait que la peau va éclater d'une minute à l'autre. » Aurea frissonne. « Et tout ce remue-ménage dans votre corps. Moi je m'imagine avec les reins à la place des poumons. Je te prie de m'excuser. Je crois que j'exagère. Je veux dire... eh bien... je ne sais pas vraiment. »

« Ce n'est pas aussi abominable que cela », explique Mamelon. « Bien sûr, cela fait un drôle d'effet, et parfois c'est assez ennuyeux. Mais il y a des aspects positifs. Le moment de la délivrance. »

« Est-ce que cela fait très mal ? » demande Aurea. « Oh, j'imagine ! Quelque chose de si gros qui s'extirpe de votre corps, comme s'il s'arrachait de vous. »

« Au contraire, c'est un moment sacré et glorieux !

A cet instant, tout le système nerveux s'éveille. Un enfant qui sort de vous, c'est comme un homme qui vous pénètre, mais vingt fois plus merveilleux. C'est impossible de décrire cette sensation. Il faut l'expérimenter soi-même. »

« J'espère que cela m'arrivera à moi aussi », dit Aurea soudainement déprimée. Elle essaye de récupérer les derniers éclairs de l'extase. Elle tend la main vers le nourrisson. Aussitôt, une douche rapide d'ions purifie sa peau avant qu'elle ne touche la joue si délicate de la petite Perséphone. « Dieu soit loué, je veux accomplir mon devoir ! » s'exclame-t-elle. « Les médecins ont dit que nous étions tous deux en parfait état. Mais... »

« Il faut être patiente, chérie. » Mamelon l'embrasse doucement. « Loué soit Dieu, ton moment viendra. » Aurea en doute. Pendant vingt mois elle a surveillé son ventre plat, guettant le moindre grossissement. Il est béni de donner la vie, elle le sait. Qui habiterait les monades si tout le monde était stérile comme elle ? Soudain lui apparaît la terrifiante vision de tours colossales presque vides, de cités désertes — plus de puissance, des murs se lézardant, d'immenses halls jadis grouillants de monde, aujourd'hui hantés par quelques vieilles desséchées.

D'une obsession elle passe à une autre. Elle se tourne vers Siegmund, interrompant la conversation des deux hommes. « Siegmund, est-ce vrai que Monade Urbaine 158 sera bientôt ouverte ? »

« Oui, c'est ce que j'ai entendu dire. »

« Comment ce sera ? »

« Très semblable à Monade 116, j'imagine. Un millier d'étages, avec les mêmes services. Quelques soixante-dix familles par étage, je suppose au début, c'est-à-dire environ 250 000 personnes en tout, mais le taux optimal risque d'être vite atteint. »

« Combien de gens d'ici vont être envoyés là-bas, Siegmund ? » demande Aurea, mains crispées.

« Je ne sais vraiment pas. »

« Mais il va y en avoir, n'est-ce pas ? »

« Aurea », dit Mamnon doucement, « pourquoi ne parlons-nous pas de quelque chose de plus gai ? »

« Il y a des gens d'ici qui vont y être envoyés », insiste-t-elle. « Allons, Siegmund. Tu passes tout ton temps avec les maîtres à Louisville. *Combien ?* »

Siegmund rit. « Tu as vraiment une idée excessive de mon importance, Aurea. Personne ne m'a rien dit du peuplement de Monade urbaine 158. »

« Peut-être, mais tu connais la théorie. Tu peux imaginer combien. »

« Oui, bien sûr. » Il est très froid ; pour lui ce sujet ne présente qu'un intérêt professionnel. Il ne semble pas s'inquiéter des raisons de l'agitation d'Aurea. « Il est évident que si nous devons remplir notre devoir sacré de créer la vie, il nous incombe aussi de nous assurer qu'il y a suffisamment de place pour que tout le monde puisse vivre. » Il remet en place une mèche rebelle. Son regard brille. Il aime assez s'écouter parler. « C'est pourquoi nous construisons sans cesse de nouvelles monades urbaines. Et, bien sûr, si une monade vient s'ajouter à la constellation des Chipitts, elle doit être peuplée par la constellation. C'est ce que j'appellerai du bon sens génétique. Quoique chaque monade soit assez grande pour permettre un brassage génétique suffisant, une certaine tendance à la stratification en cités et villages, à l'intérieur même du bâtiment, provoque un certain nombre de rapports consanguins qui, prétend-on, peuvent constituer un danger pour l'espèce à long terme. Mais si nous prenons cinq mille personnes dans chacune des cinquantes monades, et que nous les mélangions dans une nouvelle monade, cela nous fournit un creuset génétique nouveau de 250 000 personnes. Cela dit, notre raison la plus impérieuse pour édifier de nouvelles monades est tout bonnement de régulariser la pression démographique. »

« Sinon on explose ? » demande Memnon.

« Non, je suis sérieux », répond Siegmund, en faisant une grimace. « Bien sûr, c'est un impératif culturel qui nous commande de procréer toujours et toujours. C'est tout à fait naturel, après l'atroce période pré-monadiale quand on ne savait plus où loger les habitants de notre planète. Mais même dans notre monde organisé et prévoyant, il nous faut d'autant plus planifier. Le surplus des naissances sur les morts est important. Chaque monade urbaine est prévue pour contenir 800 000 personnes confortablement, avec la possibilité d'en accueillir 100 000 de plus, mais c'est le maximum. En ce moment chaque monade, ayant plus de vingt ans d'existence dans la constellation des Chipitts, dépasse le maximum autorisé d'au moins 10 000 personnes en excédent, et deux ou trois sont encore au-delà de ce chiffre. Les choses n'en sont pas encore là chez nous, mais comme vous le savez vous-même, il y a des grincements dans la machine. Chicago, par exemple, a 38 000... »

« 37 402 ce matin », le reprend Aurea.

« D'accord. Cela fait presque mille personnes par étage. La densité optimale programmée pour Chicago est seulement de 32 000. Cela signifie que dans votre cité la liste d'attente pour l'attribution d'un logement privé est longue d'une génération entière. Les dormitoirs sont pleins, et les gens ne meurent pas assez pour libérer suffisamment de logements pour les jeunes couples. C'est pourquoi Chicago laisse partir certains de ses meilleurs éléments vers Édimbourg, Boston, et... bien sûr, Shangai. Une fois que le nouveau bâtiment sera ouvert... »

« Combien d'habitants de Monade 116 vont partir ? » demande Aurea, d'une voix crispée.

« En théorie, 5 000 personnes par monade en moyenne », répond Siegmund. « Ce chiffre pourra être plus ou moins revu afin de compenser des différences de population, mais il faut prendre 5 000 comme base. Dans notre bâtiment, il y aura un millier à peu près de volontaires pour partir... »

« *Volontaires ?* » suffoque Aurea. Il lui apparaît inconcevable que quelqu'un *veuille* quitter sa monade natale.

Siegmund sourit. « Des gens âgés, chérie. Entre vingt et trente ans. Certains parce qu'ils sont bloqués dans leur profession, d'autres parce qu'ils ne supportent plus leur voisinage, sait-on jamais ? Cela parait obscène, n'est-ce pas ? Mais il y aura un millier de volontaires. Cela signifie que 4 000 ou à peu près devront être choisis par tirage au sort. »

« C'est ce que je t'ai dit ce matin », ajoute Memnon.

« Et ces 4 000, vont-ils être choisis au hasard dans toute la monade ? » demande Aurea.

« Au hasard, oui », répond Siegmund tranquillement. « Dans les dortoirs pour jeunes mariés. Parmi ceux qui n'ont pas d'enfants. »

Enfin. La vérité !

« Pourquoi parmi nous ? » gémit Aurea.

« C'est le système le plus équitable et le plus charitable », explique Siegmund. « Il serait inadmissible d'enlever de jeunes enfants à leur matrice urbaine. Les couples sans enfants ne sont pas unis par les mêmes liens que nous... que les autres... euh... » Il bafouille, comme s'il venait seulement de se rendre compte qu'il ne parle pas de généralités, mais d'Aurea et du drame qu'elle est en train de vivre. Aurea commence à sangloter. « Je suis navré, chérie », s'excuse-t-il. « C'est notre système, et c'est un bon système. En fait, c'est le meilleur. »

« Memnon, nous allons être *chassés* ! »

Siegmund essaye de la tranquilliser. Elle et Memnon n'ont qu'une toute petite chance d'être tirés au sort, explique-t-il. Dans leur monade, il y en a des milliers et des milliers qui sont dans leur situation. Et puis, il y a tant de facteurs qui entrent en jeu. Mais il a beau insister, rien n'y fait. Un flux d'émotion brute jaillit d'elle et inonde la pièce. Soudain, elle a honte. Elle réalise qu'elle a gâché la soirée à tout le monde. Pourtant Siegmund et Mamelon se montrent doux avec elle, et pendant le trajet de retour — cinquante-deux étages — Memnon ne la gronde pas.

Cette nuit-là, malgré le désir qui la brûle, elle tourne le dos à Memnon quand il avance vers elle. Longtemps, étendue, elle reste éveillée, écoutant les souffles et les gémissements de bonheur des couples sur les plates-formes autour d'elle, puis le sommeil l'emporte. Aurea rêve qu'elle naît. Elle se trouve dans la salle génératrice de Monade urbaine 116 à quelque 400 mètres sous terre, et on l'enferme dans une capsule élévatrice. Tout le bâtiment vibre. A côté d'elle grondent les énormes machines des salles de transformation des résidus qui font vivre l'immense édifice. Tous les secteurs enfouis et sombres qu'elle avait dû visiter quand elle allait à l'école respirent à son rythme. Maintenant la capsule l'emporte. D'abord Reykjavik où vit le personnel d'entretien, puis Prague la tumultueuse où chaque famille a dix enfants, puis Rome, Boston, Édimbourg, Chicago, Shangai, jusqu'à Louisville où les maîtres habitent dans un luxe inimaginable. A présent elle est arrivée au sommet, sur l'aire d'atterrissage où débarquent les rapides venus des monades lointaines. Tout à coup une trappe s'ouvre et elle est éjectée. Elle s'élève dans les airs à l'abri dans sa capsule, fouettée par les vents glacés de la haute atmosphère. Elle est à six mille mètres au-dessus du sol. Pour la première fois, elle contemple l'univers monadial. C'est donc ainsi, réalise-t-elle. Tant de bâtiments. En encore tant d'espace !

Aurea dérive à travers la constellation de tours. C'est le début du printemps, et la nature verdit. Sous elle, se dressent les édifices fuselés de ce site urbain. Là vivent plus de 40 000 000 d'êtres humains. La rigueur des tracés l'émerveille ; les bâtiments sont implantés géométriquement, de façon à former une série d'hexagones à l'intérieur d'une aire plus vaste. De larges pelouses vertes parfaitement entretenues séparent les édifices. Personne jamais ne les foule, mais leur vision est un délice pour les résidents des monades. A une telle hauteur, elles semblent merveilleusement douces et unies, comme si elles avaient été peintes sur le sol. Les gens des classes inférieures, habitant les niveaux inférieurs, ont la meilleure vue sur les jardins et les plans d'eau, ce qui est en quelque sorte une compensation. De tellement haut, Aurea ne s'attend pas à percevoir distinctement les détails du sol, pourtant l'acuité de sa vision semble s'être brusquement multipliée dans son rêve. Elle distingue de minuscules fleurs dorées. Elle est capable de respirer le parfum de chaque espèce.

Un vertige mathématique s'empare de son cerveau. Combien y a-t-il de cités, à raison de vingt-cinq par monade ? 1 250. Combien de villages, à raison de sept ou huit par cité ? Plus de 10 000. Combien de familles ? En ce moment même combien d'hommes rôdent-ils dans les artères des cités, combien se glissent dans des couches inconnues ? Combien de naissances en un jour ? Combien de morts ? Combien de joies ? Combien de peines ?

Sans aucun effort, elle s'élève à une hauteur de dix mille mètres pour voir les communes agricoles qui s'étendent autour de la constellation urbaine.

Les voici, s'étirant jusqu'à l'horizon, longues bandes vertes nettement dessinées, bordées de brun. Les sept huitièmes des terres émergées du continent sont utilisées pour la production de nourritures. C'est ce qu'on lui a toujours appris. Ou bien est-ce les neuf dixièmes ? Ou les cinq huitièmes ? Les douze treizièmes ? De minuscules silhouettes d'hommes et de femmes s'agitent autour des machines qui travaillent les terres fertiles. Aurea a entendu dire d'étranges choses sur les rites terribles de ces gens de la terre — les coutumes bizarres et primitives de ceux qui vivent en dehors du monde urbain civilisé. Peut-être tout cela n'est-il qu'inventions ? Aucune personne de sa connaissance n'a jamais visité de commune agricole. D'ailleurs aucune personne de sa connaissance n'est jamais sortie de Monade urbaine 116. Dans les galeries souterraines, les convois s'acheminent inlassablement et automatiquement, amenant les denrées alimentaires dans les monades et repartant chargés de machines et de produits manufacturés. Une économie parfaitement équilibrée. Aurea se sent projetée plus haut dans un élan de joie. Quel miracle que 75 000 000 000 d'êtres humains puissent vivre harmonieusement sur un si petit monde ! Dieu soit loué, pense-t-elle. De quoi loger chaque famille. Une vie urbaine décente et enrichissante. L'amitié, l'amour, le mariage, les enfants.

Les enfants ! Elle se glace soudain d'effroi et sa capsule se met à tourbillonner comme si elle n'était plus guidée.

Dans son vertige il lui semble qu'elle grimpe jusqu'aux confins de l'espace. La planète lui apparaît dans son intégralité. Toutes les constellations urbaines pointent vers elle comme des lances menaçantes. Elle distingue les Chipitts, mais aussi Sansan, Boshwash, Berpar, Wienbud, Shankong et Bocarac, toutes hérissées d'immenses tours. Elle voit aussi les plaines chargées de cultures, les anciens déserts, les anciennes savanes, les anciennes forêts. Tout est merveilleux mais aussi terrifiant. L'homme a-t-il choisi la meilleure façon de remodeler son environnement parmi toutes les possibilités qui s'offraient à lui ? Un instant, elle hésite, incertaine. Oui, se dit-elle, oui. Nous avons choisi la meilleure voie pour obéir à Dieu. Nous avons réussi à éliminer les luttes, la cupidité, le désordre ; nous faisons naître de nouvelles vies, nous prospérons, nous nous multiplions. Nous nous multiplions. Nous nous multiplions. Le doute la transperce. Elle plonge. Sa capsule s'ouvre et la laisse échapper. Nue, sans protection, elle dérive vertigineusement dans l'air glacé. Sous elle apparaissent les cinquante tours effilées des Chipitts. Mais maintenant il y en a une autre, une cinquante et unième. Elle fonce irrésistiblement vers le cône de bronze dangereusement pointu qui couronne le nouvel édifice. Elle pousse un long cri quand la flèche meurtrière la pénètre et l'empale. Elle s'éveille, moite et frissonnante. Sa bouche est sèche, son esprit brouillé par une vision d'horreur. Elle étreint Memnon. Il murmure quelques mots et la prend, sans se réveiller.

A présent, on commence à parler de plus en plus du nouveau bâtiment aux habitants de Monade 116. Aurea, dans le dormitoir, s'arrête soudain dans ses occupations matinales. Sous les motifs mouvants de couleurs, sur l'écran encastré dans le mur apparaît une tour inachevée. Des appareils de construction cernent le bâtiment, des bras de métal s'activent frénétiquement, des éclairs bleutés jaillissent des arcs électriques octogonaux. La voix tellement familière se fait entendre. « Amis, c'est Monade urbaine 158 que vous voyez là. Dans un mois et onze jours elle sera totalement achevée. Grâce à Dieu, elle sera bientôt la résidence d'un grand nombre de Chipittsiens heureux, qui auront l'insigne honneur d'y fonder la première génération. Louisville annonce que 802 résidents de votre propre Monade urbaine 116 ont déjà signé pour être transférés dans le nouveau bâtiment, dès qu'il... »

Le lendemain, c'est une interview de M. et Mme Dismas Cullinan de Boston qui, avec leurs neuf enfants, furent les premiers de Monade 116 à demander leur transfert. M. Cullinan, le visage sanguin, lourd d'aspect, est un spécialiste en équipement sanitaire. « Pour moi », explique-t-il, « j'y vois une occasion de m'élever statutairement. Je pense qu'à 158 je pourrai faire un bond de quatre-vingts ou quatre-vingt-dix étages d'un coup. » Pendant qu'il parle, Mme Cullinan se tâte complaisamment le ventre. Le numéro dix est en route. Elle parle en vibrant des immenses avantages sociaux que ce transfert procurera à sa progéniture. Ses yeux sont trop brillants ; sous le nez pointu, la lèvre supérieure est beaucoup plus épaisse que la lèvre inférieure. « Elle ressemble à un oiseau de proie », fait remarquer quelqu'un dans le dormitoir. « Il est évident qu'elle est misérable ici », ajoute quelqu'un d'autre. « Là-bas, elle espère grimper les niveaux le plus vite possible. » L'âge des enfants s'échelonne entre deux et treize ans. Malheureusement pour eux, ils ressemblent à leurs parents. Sans souci des spectateurs, une gamine, le nez coulant, mord son frère.

« Monade 116 ne se portera que mieux du départ de ceux-ci ou de leurs semblables », annonce Aurea fièrement.

Suivent des interviews d'autres volontaires... Le quatrième jour de la campagne passe un reportage complet de l'intérieur de Monade 158, montrant ses équipements ultra-modernes. Irrigation thermique pour tous, ascenseurs et descenseurs super-rapides, écrans tridimensionnels, un système révolutionnaire de programmation de livraison des repas à partir des cuisines centrales, et tant d'autres merveilles, représentant les dernières nouveautés du progrès urbain. A ce jour, le nombre de volontaires pour être transférés est de 914.

Dans un fol espoir, Aurea pense que peut-être il y aura assez de volontaires pour atteindre le quota.

« C'est du bidon leurs chiffres », dit Memnon. « Siegmund m'a avoué qu'ils n'ont que quatre-vingt-onze volontaires jusqu'ici. »

« Alors pourquoi... ? »

« Pour encourager les autres. »

La deuxième semaine, les nouvelles concernant le nouveau bâtiment indiquent que le nombre de volontaires a atteint 1 060. En privé Siegmund est obligé de reconnaître que la vérité est en dessous de ce chiffre, mais qu'elle ne s'en écarte pas de beaucoup, aussi surprenant que cela puisse paraître. A présent il va devenir de plus en plus difficile de trouver encore des volontaires. C'est pourquoi maintenant les commentaires laissent indiquer la possibilité d'un recours au tirage au sort. On voit la retransmission d'une discussion entre deux administrateurs de Louisville et deux dispatchers de Chicago aux termes de laquelle il apparaît comme impératif d'apporter un brassage génétique approprié dans la nouvelle tour. Un éthicien de Shangai vient parler de l'importance de se montrer onctueux en toutes circonstances. C'est l'être que d'obéir aux desseins divins et aux représentants de Dieu sur Terre, affirme-t-il. Dieu est votre ami et veut votre bien. Dieu aime les onctueux. La qualité de la vie à Monade urbaine 158 risque d'être amoindrie si la population initiale n'atteint pas les pourcentages requis. Ce serait un crime contre ceux qui se sont portés volontaires. Et un crime contre son semblable est un crime contre Dieu! Qui voudrait *lui* nuire? C'est pourquoi le devoir de chacun envers la société est d'accepter d'être transféré si cela lui est offert.

Vient ensuite une interview de Kimon et Freya Kurtz, âgés respectivement de quatorze et treize ans. Ils sont jeunes époux, et vivent dans un dormitoir de Bombay. Ils ne se porteront pas volontaires, reconnaissent-ils, mais ils ne regretteraient pas d'être choisis. « En ce qui nous concerne », déclare Kimon Kurtz, « cela représenterait une grande chance. Parce que quand nous aurons des enfants, nous serons en mesure de les faire accéder aussitôt à un statut élevé. Là-bas, c'est un monde tout neuf — rien ni personne ne peut freiner votre ascension. Bien sûr, au début il faudrait un certain temps d'adaptation, mais ce ne serait pas bien long. Et quand nos enfants seraient en âge de se marier, nous aurions la certitude qu'ils n'auraient pas à s'entasser dans un dormitoir. Ils accéderaient automatiquement à un logement personnel, sans même attendre d'avoir des enfants. C'est pourquoi, bien que nous ne désirions pas quitter nos amis et ce qui nous attache ici, nous sommes prêts à partir si la chance nous désigne. » A côté de lui, oppressée d'extase, Freya répète : « Oui. C'est vrai. C'est vrai. »

Le conditionnement continue avec les détails administratifs suivants : 3 878 personnes en tout seront choisies ; pas plus de 200 par cité et pas plus de trente par dormitoir. Elles seront élues parmi les hommes et les femmes mariés, entre douze et dix-sept ans, sans enfants. Une grossesse en cours n'étant pas comptée comme un enfant. La sélection se fera par tirage au sort.

Enfin, un jour, vient la liste.

La voix enjouée, venue de l'écran, annonce : « Les onctueux suivants, du dormitoir du 735e étage, de Chicago, ont été choisis. Puisse dieu leur accorder la fertilité dans leur nouvelle vie.

« Brock, Aylward et Alison.

« Feyermann, Sterling et Natacha.

« Holston, Memnon et Aurea. »

Elle va être rejetée de son milieu matriciel. Toute sa mémoire, ses affections, tout ce qui constitue son identité va lui être arraché. La terreur la submerge.

Elle luttera contre ce choix.

« Memnon, fais appel ! Fais quelque chose, vite ! » Ses ongles griffent les murs scintillants du dormitoir. Il la regarde, comme s'il ne la voyait pas. Il va partir travailler. Il a déjà dit qu'il n'y avait rien à faire. Il sort.

Elle le suit dans le couloir. C'est la ruée matinale quotidienne ; les habitants du 735e étage passent autour d'eux. Aurea sanglote. Les gens font mine de l'ignorer. Elle les connaît presque tous. Toute sa vie, elle l'a passée ici, parmi eux. Elle tire la main de son époux. « Ne me quitte pas ! » chuchote-t-elle, d'une voix brisée. « Nous ne pouvons pas les laisser nous chasser de chez nous ! »

« C'est la loi, Aurea. Ceux qui n'obéissent pas à la loi dévalent la chute. C'est cela que tu veux ? Finir comme du combustible pour les génératrices ? »

« Je ne partirai pas ! Memnon, j'ai toujours vécu ici ! Je... »

« Tu parles comme une anomo », dit-il, baissant le ton. Il la ramène difficilement au dormitoir. Elle lève les yeux vers lui ; elle aperçoit les deux cavités sombres des narines. « Prends une pilule. Pourquoi n'irais-tu pas parler au conseiller de l'étage ? Garde ton calme, Aurea, et conforme-toi. »

« Je veux que tu fasses appel. »

« Cela ne se peut pas. »

« Je refuse de partir. »

Il la prend par les épaules. « Considère objectivement le problème, Aurea. Un autre bâtiment ou celui-là, quelle différence cela fait-il ? Nous aurons quelques-uns de nos amis là-bas. Et nous nous en ferons de nouveaux. Nous... »

« Non ! »

« Il n'existe aucune alternative, Aurea. Ou bien dévaler la chute. »

« Alors, je choisis la chute ! »

Pour la première fois depuis leur mariage, il manifeste un mouvement de recul devant elle. Il ne tolère pas son irrationalisme. « Ne sois pas stupide », l'admoneste-t-il. « Va voir le conseiller, prends une pilule, réfléchis calmement. Je dois partir à présent. »

Il s'en va, et cette fois elle ne court pas après lui. Elle se laisse glisser sur le sol. Le plastique est froid sous sa peau brûlante. Les autres dans le dormitoir font mine, par délicatesse, de l'ignorer. Des images défilent devant elle : son école, son premier amant, ses parents, ses sœurs et ses frères ; toutes se fondent et se confondent. Les personnages aimés emplissent bientôt la pièce, nimbés d'âcres et acides fumées.

Elle presse ses poings sur ses yeux. Non, elle ne sera pas rejetée. Petit à petit, elle s'apaise. J'ai des relations, se dit-elle. Si Memnon ne veut pas agir, j'agirai pour nous. Sera-t-elle capable de pardonner sa lâcheté à Memnon? Son opportunisme si évident? Elle va rendre visite à son oncle.

Elle enlève sa robe matinale et passe une prude chasuble de jeune fille. Elle va dans l'armoire à hormones où elle choisit une capsule. Une fois qu'elle l'aura absorbée, il émanera d'elle l'odeur qui inspire aux hommes l'envie de protéger. Elle a un air doux, timide, virginal; si ce n'était la maturité épanouie de son corps, on ne lui donnerait pas plus de dix ou onze ans.

L'ascenseur la transporte jusqu'au 975e étage, au centre nerveux de Louisville.

Ici, seuls l'acier et le verre ont été utilisés. Les couloirs sont spacieux et clairs. Pas de foule qui se presse et se bouscule; quand à l'occasion passe une silhouette humaine, elle semble incongrue et déplacée dans ce monde de machines luisantes et silencieuses, perdues dans leurs interminables calculs. Là règnent ceux qui administrent. C'est en quelque sorte la matérialisation du *mana* des maîtres; tout a été conçu pour impressionner, pour confondre. Tout est sobre, ouaté, lisse, confortable. Si on pouvait détacher les neuf dixièmes inférieurs de l'immeuble, Louisville décrirait une orbite sereine, sans jamais rien oublier.

Aurea s'arrête devant une porte scintillante, incrustée de bandes de métal automoirant d'un blanc brillant. Des détecteurs invisibles la fouillent, la questionnent, l'évaluent, puis l'autorisent à passer dans une salle d'attente. Finalement, le frère de sa mère consent à la recevoir.

La pièce est presque aussi grande qu'un appartement résidentiel. Son oncle est assis derrière un énorme bureau polygonal d'où avancent des tableaux miroitant de cadrans de commandes. Il porte la tenue stricte réservée à son haut rang : une tunique grise à larges plis, agrémentée d'épaulettes irradiant des infrarouges. D'où elle se trouve, Aurea sent les ondes de chaleur. Il se tient froid, distant, poli. Son visage semble être fait de cuivre bruni.

« Il y a tant de mois, Aurea », dit-il. Un sourire protecteur effleure sa bouche. « Comment te portes-tu ? »

« Bien, Oncle Lewis. »

« Ton époux ? »

« Bien. »

« Pas encore d'enfants ? »

« Oncle Lewis », lâche-t-elle, « nous avons été tirés au sort pour être transférés en 158 ! »

Le sourire ne vacille pas. « Quelle bénédiction ! Dieu soit loué, vous allez pouvoir commencer une nouvelle vie avec les meilleures chances ! »

« Mais je ne veux pas partir. Aidez-moi ! Faites-moi radier de la liste. N'importe quoi ! » Elle se précipite vers lui. Une enfant apeurée ; ses larmes coulent, ses jambes s'entrechoquent. A deux mètres du bureau, un champ de forces l'arrête. Ses seins les premiers s'écrasent douloureusement contre la barrière invisible, puis elle se cogne la tête. La joue meurtrie, elle tombe à genoux, gémissante.

Il vient à elle, la relève. Il lui dit d'être brave, de faire son devoir envers Dieu. Au début il se montre doux et tendre. Mais elle continue à se plaindre et protester, alors sa voix se fait glacée, et pointe une note d'irritation amère. Aurea éprouve soudain un sentiment de remords ; elle se sent indigne de l'attention qu'il lui porte. Il lui rappelle ses obligations vis-à-vis de la société. A mots couverts, il insinue que la chute attend ceux qui persistent à vouloir corrompre le bienheureux équilibre de la communauté. Le sourire réapparaît sur ses lèvres, ses yeux bleus glacés plongent en elle et la subjuguent. Il lui répète de se montrer brave et de partir. Elle obéit, écœurée, honteuse de sa faiblesse.

Dans le descenseur qui plonge de Louisville, elle se libère de l'emprise de son oncle, et son indignation resurgit. Peut-être pourra-t-elle trouver un autre recours. Autour d'elle son avenir semble s'écrouler comme d'immenses édifices éboulés, l'enterrant sous des nuages de poussières rouge brique. De demain souffle un vent terrible étouffant qui fait vaciller les longues tours. Dans le dormitoir, elle se change en toute hâte. Elle corrige aussi son équilibre hormonal ; une ou deux gouttes d'un fluide doré qui vont réagir dans les profondeurs mystérieuses de l'appareil féminin. Elle porte une robe irisée à grosses mailles à travers lesquelles apparaissent par intermittence ses seins, ses cuisses ou ses fesses. Sa peau exhale une senteur de sexualité distillée. Sur le pupitre électronique elle compose sa requête d'un entretien privé avec Siegmund Kluver de Shangai. En attendant, elle arpente le dormitoir. Un des jeunes époux, les yeux brillants, s'approche d'elle et pose ses mains sur ses hanches. Il désigne sa plate-forme de repos. « Non », murmure-t-elle, « je dois sortir. » Quelques refus sont autorisés. Il hausse les épaules et s'éloigne. De loin il lui jette un regard lourd de regrets. Huit minutes plus tard, lui arrive la réponse ; Siegmund consent à la rencontrer dans un des boxes de rendez-vous du 790e étage. Elle monte.

Il est là, le visage fermé. Dans sa poche de poitrine, l'agenda fait bosse. Il semble contrarié et impatient. « Pourquoi m'as-tu dérangé dans mon travail ? » demande-t-il.

« Tu sais que Memnon et moi avons été... »

« Oui, bien sûr. » Le ton est brusque. « Mamelon et moi serons désolés de perdre votre amitié. »

Elle essaye de prendre une attitude provocante. Elle sait très bien que le seul fait de s'offrir ne suffira pas à gagner l'aide de Siegmund ; il n'est pas homme à se laisser facilement influencer. Ici les corps sont aisément disponibles, alors que les débouchés professionnels sont rares et précieux. Elle ne dispose pas d'armes efficaces. Elle pressent le refus qui va lui être opposé. Mais peut-être peut-elle vaincre la résistance de Siegmund ; l'amener à regretter sa disparition de façon à ce qu'il l'aide. « Siegmund, fais quelque chose pour que nous ne partions pas. »

« Mais comment ? »

« Tu as des relations. Change un tout petit peu le programme. Appuie notre appel. Tu es en pleine ascension dans notre bâtiment. Tu as des amis haut placés. Tu peux le faire. »

« Personne ne peut faire une chose pareille. »

« Je t'en prie, Siegmund. » Elle s'approche de lui, les épaules rejetées en arrière. Deux mamelons pointent à travers les mailles de la robe. Inutile. Comment ces deux petites éminences turgescentes de chair rose pourraient-elles le subjuguer ? Elle mouille ses lèvres, plisse ses yeux. Trop théâtral. Il va rire. « Ne désires-tu pas que je reste ? » demande-t-elle d'une voix voilée. « N'aimerais-tu pas aller et venir avec moi ? Tu sais que je ferais n'importe quoi si tu nous aidais. *N'importe quoi.* » Les narines palpitantes, le visage passionné semblent promettre d'inconcevables fêtes érotiques. Elle lui offre des plaisirs encore jamais inventés.

Elle perçoit le rapide sourire vite réprimé, et elle réalise son échec ; il n'est pas tenté, seulement amusé par son audace. Elle se détourne, le visage ravagé.

« Tu ne me désires pas », souffle-t-elle.

« Aurea, je t'en prie ! Tu demandes l'impossible. » Il la prend par les épaules et l'attire à lui. Ses mains glissent sous la robe et la caressent. Elle n'est pas dupe ; ce n'est qu'une imitation de désir destinée à la consoler. « S'il y avait un moyen d'arranger les choses pour vous, je le ferais », dit-il. « Mais nous serions tous jetés dans la chute. » Les doigts de l'homme la touchent en sa chair vive. Elle se sent moite malgré elle. Elle ne veut pas, pas de cette façon. Pas par pitié ! D'une secousse des hanches, elle essaye de se libérer. L'étreinte se relâche. Elle pivote sur elle-même, raide. « Non », dit-elle.

Tout est désespéré. Elle sait que plus jamais une autre chance ne se représentera, alors elle se retourne et se donne à lui.

« Siegmund m'a raconté ce qui s'est passé aujourd'hui », dit Memnon. « Et ton oncle aussi. Il faut que tu arrêtes, Aurea. »

« Plongeons dans la chute, Memnon. »

« Viens avec moi chez le conseiller. Je ne t'ai jamais vu agir ainsi. »

« Jamais je ne m'étais sentie aussi menacée. »

« Pourquoi l'acceptes-tu ? » demande-t-il. « Sincèrement, c'est une grande chance pour nous. »

« Non, je ne peux pas ! Je ne peux pas ! » Elle s'effondre soudain, défaite, brisée.

« Arrête ! » ordonne-t-il. « Ces idées noires sont stérilisantes. Tu ne veux pas t'égayer un peu ? »

Elle refuse ses conseils, aussi sensés qu'ils soient. Interrogé, l'ordinateur recommande de la conduire chez le conseiller. Les bras de caoutchouc orange des robots la guident délicatement à travers les couloirs. Elle subit un examen : analyse et mesure des métabolismes. Elle raconte son histoire au conseiller. C'est un homme entre deux âges, doux, l'air aimable quoique quelque peu ennuyé. Un nuage de cheveux blancs auréole son visage poupin. Elle se demande s'il la déteste derrière le masque de gentillesse. « Les conflits stérilisent », dit-il finalement. « Vous devez apprendre à vous plier et accepter les impératifs de la société ; celle-ci vous tournera le dos si vous refusez de jouer le jeu. » Il prescrit un traitement.

« Je ne veux pas de traitement », refuse-t-elle lourdement, mais Memnon donne son autorisation. On l'emmène. « Où m'emporte-t-on ? » s'inquiète-t-elle. « Pour combien de temps ? »

« Au 780e étage, pour une semaine à peu près. »

« Chez les ingénieurs moraux ? »

« Oui. »

« Non, pas là ! Pas là, je vous en prie ! »

« Ils sont gentils. Ils guérissent ceux qui souffrent. »

« Ils vont me changer. »

« Ils vous amélioreront. Venez. Venez. Venez. »

Pendant une semaine elle vit recluse dans une pièce hermétiquement close, pleine de fluides chauds et miroitants. Elle flotte mollement dans un calme courant. Elle se voit assise au faîte de l'immense tour qui lui sert de merveilleux piédestal. Des images suintent de son esprit et tout devient délicieusement nébuleux. On communique avec elle par l'entremise des terminaisons auditives encastrées dans les cloisons du caisson. Parfois elle aperçoit un œil qui la regarde à travers un objectif optique pendu au-dessus d'elle. Ils extirpent d'elle ses tensions et ses résistances. Le huitième jour, Memnon vient. On ouvre le caisson. Elle se retrouve nue, ruisselante. De petites gouttes de fluide scintillent et roulent sur sa peau. La pièce semble soudainement emplie d'hommes étranges. Ils sont tous habillés. Sa nudité devant eux lui donne l'impression de vivre un rêve, mais elle ne s'en inquiète pas vraiment. Ses seins sont ronds et fiers, son ventre lisse et plat, pourquoi avoir honte ? Des bras mécaniques la sèchent et l'habillent. Memnon la prend par la main. Elle sourit continuellement. « Je t'aime », dit-elle doucement à Memnon.

« Dieu soit loué », soupire-t-il. « Tu m'as tellement manqué. »

Le jour est venu. Elle a fait ses adieux. Elle a eu deux mois pour cela ; d'abord à sa famille, puis à ses amis de son village, ensuite à ceux de Chicago, et enfin à Siegmund et Mamelon Kluver, les seuls amis qu'elle ait en dehors de sa cité. Elle a revécu son passé en un rapide panoramique. Elle a visité l'appartement de ses parents et sa vieille école ; elle a même fait un tour du bâtiment comme un visiteur venu de l'extérieur. Pour la dernière fois de sa vie, elle a vu les centrales génératrices, la colonne des services et les stations de conversion de sa monade natale.

Pendant ce temps, Memnon n'est pas resté inactif. Chaque soir il lui rapporte ses occupations de la journée. Les 5 202 habitants de Monade urbaine 116 qui ont été choisis pour être transférés dans la nouvelle tour ont élu douze délégués au comité de direction de Monade urbaine 158, et Memnon est un des douze. C'est un grand honneur. Toutes les nuits, les douze participent à des séances en duplex avec tous les délégués des Chipitts afin de planifier les structures sociales du bâtiment qu'ils vont partager. Il a été décidé, raconte Memnon, de diviser la tour en cinquante cités de vingt étages chacune. Ces cités ne porteront pas des noms de villes disparues de l'ancienne Terre, comme cela était la coutume, mais des noms d'hommes célèbres du passé : Newton, Einstein, Platon, Galilée, et ainsi de suite. Memnon aura la responsabilité de tout un secteur s'occupant de la diffusion calorifique. Son rôle sera plus administratif que technique, grâce à quoi ils habiteront à Newton, la cité supérieure.

Memnon s'agite et se dépense avec un enthousiasme sans cesse croissant. Il attend avec impatience le signal du départ. « Nous serons vraiment importants », dit-il à Aurea, en exultant. « D'ici dix ou quinze ans, nous serons devenus des personnages légendaires. Les pionniers de Monade 158. Les Fondateurs. Dans un siècle, les gens écriront des poèmes sur nous. »

« Et moi qui ne voulais pas partir », répond doucement Aurea. « Je n'arrive pas à comprendre comment j'ai pu me conduire de façon aussi insensée ! »

« C'est toujours une erreur de réagir par la peur tant que l'on ne s'est pas rendu vraiment compte de la réalité des choses. A l'époque ancienne, on pensait qu'une population de 5 000 000 000 serait une catastrophe. Nous sommes aujourd'hui quinze fois plus nombreux, et regarde comme nous sommes heureux ! »

« Oui. Très heureux. Et nous serons toujours heureux, Memnon. »

Le signal vient enfin. Des machines attendent devant la porte. Memnon leur indique la boîte qui contient leurs rares biens. Aurea rayonne. Elle contemple le dormitoir. Pour la première fois, elle remarque l'encombrement, la promiscuité de tous ces gens dans un espace aussi exigu. A 158 nous aurons notre appartement personnel, pense-t-elle.

Ceux qui restent se sont alignés et donnent à Memnon et Aurea une dernière accolade.

Memnon suit les machines, et Aurea suit Memnon. Ils montent jusqu'à l'aire d'atterrissage au milième niveau. Il y a déjà une heure que le soleil d'été s'est levé, et il éclabousse de lumière les cônes des Chipitts. L'opération de transfert a déjà débuté ; des rapides pouvant transporter 100 passagers feront toute la journée la navette entre les Monades 116 et 158.

« Nous partons enfin ! » s'exclama Memnon. « Nous commençons une nouvelle vie. Loué soit dieu ! »

« Dieu soit loué ! » pleure Aurea.

Ils pénètrent dans l'appareil, et celui-ci décolle presque aussitôt. Les pionniers de la nouvelle monade s'émerveillent au fur et à mesure qu'ils découvrent leur monde pour la première fois. Que les tours sont belles, réalise Aurea. Elles scintillent littéralement. Vues d'en haut, elles apparaissent disposées en une parfaite couronne ; cinquante et une lances dressées sur un immense tapis vert. Aurea se sent très heureuse. Les mains de Memnon enserrent les siennes. Elle se demande comment elle a pu craindre ce jour béni. Elle voudrait demander pardon à l'univers pour sa folie.

Elle dégage une de ses mains et la pose doucement

sur son ventre qui commence à s'arrondir. Une vie nouvelle est en train d'éclore en elle. Sans arrêt, de minuscules cellules se divisent et grandissent. L'enfant a été conçu le soir de sa sortie de cure. Elle a réalisé combien il est vrai que les conflits stérilisent. Maintenant, le poison du refus a été extirpé d'elle; elle est prête à remplir sa destinée de femme.

« Comme cela va nous changer », dit-elle à Memnon, « de vivre dans un bâtiment vide. Nous serons seulement 250 000 ! Combien de temps faudra-t-il pour le remplir ? »

« Douze ou treize ans. Nous aurons peu de décès, puisque nous sommes tous jeunes — et beaucoup de naissances. »

Elle rit. « Bien. J'aime le monde. »

Une voix résonne dans les haut-parleurs. « Nous nous dirigeons maintenant vers le sud-est. Derrière vous, sur votre gauche, vous pouvez apercevoir Monade urbaine 116 une dernière fois. »

Les passagers se retournent pour regarder. Aurea ne se donne pas cette peine. Monade 116 ne la concerne plus.

3

Ce soir ils jouent à Rome, dans le nouveau centre sonore du 530e étage. Il y a bien longtemps que Dillon Chrimes n'est pas venu aussi haut dans le bâtiment. Cela fait des semaines que lui et son groupe tournent dans les niveaux inférieurs : Reykjavik, Prague, Varsovie — les cités de paupos. Enfin ! Eux aussi ont bien le droit de s'amuser. Dillon, lui, vit à San Francisco — ce n'est guère plus reluisant. Au 370e étage ; l'épicentre du ghetto culturel. Mais cela ne le gêne pas. Sa vie à lui ne manque pas de divertissement. Tout au long de l'année, il n'arrête pas de voyager d'une extrémité à l'autre de la tour ; cette période de cités inférieures n'est ni plus ni moins qu'une anomalie statistique. Il y a de grandes chances que le mois prochain ce soit Shangai, Chicago, Édimbourg. Avec, comme toujours après le spectacle, la cour habituelles d'élégantes jeunes beautés.

Dillon a dix-sept ans. Il est d'une taille au-dessus de la moyenne, avec de longs cheveux blonds soyeux qui lui tombent sur les épaules. L'Orphée traditionnel. Des yeux bleus. Il aime voir se multiplier à l'infini les petits globes azurés quand il se regarde dans un miroir multiple. C'est un époux heureux. Sa femme, Electra, lui a déjà donné trois enfants, Dieu soit loué ! Elle peint des tapisseries psychédéliques.

Il lui arrive parfois de l'accompagner quand il part en tournée, mais cela est assez rare. Pas cette fois-ci. Il n'a connu qu'une seule femme qui lui plaise autant. A Shangai; c'est l'épouse d'une grosse tête qui finira un jour ou l'autre à Louisville. Elle s'appelle Mamelon Kluver. Pour Dillon, les autres femmes sont tout juste bonnes à aller et venir avec, mais celle-ci c'est différent. Il n'a jamais parlé de Mamelon à Electra. La jalousie rend stérile.

Il joue du vibrastar dans un groupe cosmique. Cela lui confère un statut spécial. « Je suis unique, comme une sculpture fluide », lui arrive-t-il parfois de se glorifier. En fait il n'est pas le seul musicien de vibrastar dans Monade 116; ils sont deux en tout, mais personne ne pourrait nier qu'être un sur un total de deux constitue déjà une certaine réussite. Il n'existe que deux groupes cosmiques dans le bâtiment. Il n'y a pas place pour un autre. Dillon n'a pas une très haute opinion du groupe rival, encore qu'il entre beaucoup plus de préjugés que d'objectivité dans son jugement — il les a entendus trois fois en tout et pour tout. Des rumeurs avaient circulé selon lesquelles il aurait été question que les deux groupes jouent ensemble pour un super-concert balançant, peut-être à Louisville, mais personne n'a jamais cru sérieusement à cette histoire. Quoi qu'il en soit, ils suivent tous les deux leurs propres itinéraires programmés, montant et descendant au gré des impératifs culturels. Le contrat habituel est de cinq nuits dans une cité. Cela permet à tous leurs admirateurs, à Bombay par exemple, d'aller les écouter la même semaine, afin qu'ils puissent en discuter entre eux et partager leurs émotions. A ce rythme, le groupe peut théoriquement faire le tour de l'édifice en six mois. Mais il arrive que certains contrats soient prorogés. Il a été remarqué que les niveaux inférieurs avaient besoin d'un excédent de distractions. Alors le groupe circulera une quinzaine dans Varsovie. Une sérieuse décompression psychique s'impose-t-elle aux étages supérieurs ? Douze nuits de récital dans Chicago, peut-être. Il arrive aussi que les membres du groupe aient besoin de repos, ou que les instruments doivent être réaccordés et réglés — c'est alors un arrêt de deux semaines ou plus. C'est à cause de tous ces impedimenta qu'il existe deux groupes circulant dans la tour — grâce à quoi, chaque cité peut balancer au moins une fois par an un show cosmique. Dillon sait qu'en ce moment les autres sont à Boston pour la troisième semaine consécutive. La preuve que ça doit barder là-bas — déviationnismes sexuels, et tout le cirque !

Il est midi quand il se réveille. Electra est loyalement couchée à côté de lui. Les enfants sont partis à l'école depuis longtemps, sauf le bébé qui gazouille sur sa natte. Les artistes et les gens de spectacle ont le loisir de choisir leurs horaires. Les lèvres d'Electra se posent sur les siennes. Une cascade de cheveux lui noie le visage. Les mains de son épouse glissent sur ses reins, l'étreignent. « Aime-moi », chante-t-elle, le griffant doucement. « Ne m'aime pas. Oh si, aime-moi. »

« Tu es une vraie sorcière médiévale. »

« Et toi, tu es si beau quand tu dors, Dill. Tes longs cheveux. Ta peau si douce. On dirait presque une fille. Tu me rendrais lesbienne. »

« C'est vrai ? » Il rit, et coince ses parties génitales entre ses longues cuisses fuselées. « Alors, prends-moi ! » Il serre les jambes, et plisse sa poitrine pour montrer deux ersatz de seins. « Viens », halète-t-il. « C'est l'occasion. Allez, à la manœuvre. Fais voir ta langue. »

« Idiot. Arrête ! »

« Je croyais que tu me trouvais très belle. »

« Tes hanches sont trop minces. » Elle lui dénoue les pieds et ouvre ses jambes. En demi-érection, le pénis se dresse. Doucement, du bout des doigts, elle le taquine et le caresse. Le membre viril se durcit, mais ils savent qu'ils ne feront pas l'amour maintenant. C'est rare qu'ils le fassent à cette heure-là, surtout avant une représentation. Et puis ce n'est pas l'ambiance qu'il faut — c'est une ambiance présexuelle, enfantine, faite de rigolades et d'espiègleries. Electra saute de la plate-forme de repos et la dégonfle d'un coup rapide sur la pédale, alors que Dillon est encore dessus. Un brusque souffle d'air et il se retrouve allongé sur le sol. Il la regarde marcher en dansant vers la douche. Il contemple ses fesses splendides, rondes et claires — la raie profonde et troublante —, la cambrure élégante de ses reins. Il s'avance sur la pointe des pieds et pince doucement, pour ne pas laisser de marques, les merveilleux globes de chair. Puis il glisse avec elle sous la douche. Le bébé commence à pousser de petits cris. Dillon tourne la tête pour l'admirer. « Dieu soit loué, dieu soit loué, dieu soit loué! » chantonne-t-il, d'une voix d'abord basse puis de plus en plus haute. Quelle bonne vie, pense-t-il. Comme l'existence peut être belle. « Veux-tu fumer? » lui demande-t-elle, tout en s'habillant. Elle a ceint sa poitrine d'un bandeau transparent. Ses tétons bruns semblent le narguer. Il ne regrette pas qu'elle se soit arrêtée d'allaiter; le processus biologique est merveilleusement émouvant, mais ces taches blanchâtres de lait qu'elle laissait partout commençaient à l'agacer. Encore un préjugé ridicule!

Il faisait le délicat, et elle aimait allaiter. D'ailleurs elle laisse encore le bébé téter son sein. Elle prétend que c'est pour le bien et le plaisir de l'enfant; Dillon n'est pas dupe — il sait que c'est elle qui en jouit, mais il ne s'en formalise pas.

« Tu peins aujourd'hui? » demande-t-il, tout en cherchant ses vêtements.

« Ce soir. Quand tu seras en scène. »

« Tu n'as pas beaucoup travaillé ces derniers temps. »

« Les vibrations n'étaient pas bonnes. »

C'est son idiome particulier. Elle doit se sentir

enracinée à la terre pour pratiquer son art. Que les vibrations émises du centre de la planète la pénètrent, la transpercent de part en part, la torturent, et s'écoulent par les conduits de ses mamelons. Son corps embrasé et écartelé sécrète les images au rythme de la rotation planétaire. C'est du moins ce qu'elle prétend; Dillon ne se permettrait jamais de mettre en doute le processus de création d'un artiste, surtout si ce quelqu'un est son épouse. D'ailleurs il admire son œuvre. Quelle folie c'eût été d'épouser une musicienne du groupe! Et pourtant, à onze ans, il avait failli se marier avec la fille qui jouait de la harpe cométaire. A l'heure qu'il est, il serait veuf. Elle avait dévalé la chute! La chute! Elle l'avait bien méritée, cette infecte anomo! Elle avait aussi entraîné dans sa chute un merveilleux incantateur, Peregrun Nonnelly. Ç'aurait pu être moi. Ç'aurait pu être moi. Ne vous mariez jamais entre confrères, les gars; pas de blasphèmes!

« *No fumar?* » Dernièrement, Electra s'est passionnée pour les langues anciennes. « *Porque?* »

« Je travaille ce soir. Les fluides galactiques s'évanouissent si je m'abandonne trop tôt. »

« Cela ne te dérange pas que je fume? »

« Non, je t'en prie. »

Elle prend un fumot dont elle fait sauter l'extrémité d'un coup d'ongle acéré. Très vite son visage s'empourpre, ses pupilles se dilatent. C'est une de ses qualités les plus adorables: sa facilité à se dérouler. Elle souffle des volutes vers le bébé qui glousse de joie. Le purificateur d'atmosphère bourdonne doucement avant de purifier l'air autour de l'enfant. « *Grazie mille, mama!* » C'est Electra qui a parlé, mais il semble que les mots viennent du nourrisson. « *E molto bello! E delicioso! Was für schönes Wetter! Quella gioia!* » Elle danse dans la pièce, psalmodiant des langues inconnues, puis, riant, elle se laisse tomber sur la plate-forme dégonflée. Ses dessous ruchés se retroussent; un pubis ombré s'offre au regard de

Dillon. Il est tenté de la prendre malgré sa résolution, mais il se ressaisit et se contente de l'embrasser de loin. Comme si elle suivait le cheminement de sa pensée, Electra tire chastement sur ses jupes et se rajuste. Il allume l'écran. Il a choisi la chaîne abstraite et aussitôt des motifs colorés jaspent le mur. « Je t'aime », lui dit-il. « Puis-je avoir quelque chose à manger ? »

Après avoir programmé son petit déjeuner, elle sort. Elle a, paraît-il, rendez-vous cet après-midi chez le sanctificateur. En lui-même il est content de se trouver seul ; à certains moments, comme celui-ci, la vitalité d'Electra lui est contraignante. Il doit se mettre dans l'ambiance du concert, et cela lui impose certains sacrifices spartiates. Il programme sur le pupitre électronique une oscillation tonale. Son crâne s'emplit de schémas sonores et il glisse doucement dans l'atmosphère propice. Pendant ce temps le bébé est bercé et choyé dans son alvéole. Dillon ne craint pas de le laisser seul quand, à 1600, il doit partir pour le concert.

L'ascenseur le jette 160 niveaux plus haut. Il est à Rome. Des halls et des couloirs surpeuplés de visages fermés. Les gens d'ici sont en majorité de petits fonctionnaires — ceux qui n'ont pas réussi et ne réussiront jamais, qui n'iront jamais à Louisville sauf pour porter un rapport. Ils n'ont même pas suffisamment d'ambition pour guigner Chicago, Shangai ou Édimbourg. Ils resteront toute leur vie dans leur cité grisâtre, englués dans une stase qu'ils chérissent, faisant un travail déshumanisé que n'importe quel ordinateur accomplirait quarante fois mieux. Dillon éprouve une pitié cosmique pour tous ceux qui ne sont pas artistes, mais ce sont les habitants de Rome qu'il plaint le plus. Parce qu'ils ne sont rien. Parce qu'ils n'utilisent ni leur intelligence ni leurs muscles. Des infirmes ; des zéros sur pattes ; bons pour la chute. Il se tient sur le seuil de l'ascenseur, considérant cette foule pitoyable, quand un

Romain le bouscule. Il doit avoir une quarantaine d'années ; ses yeux vides ne reflètent aucune lueur spirituelle. Un mort vivant. Un mort pressé. « Pardon », marmonne-t-il, sans même s'arrêter.

« La vérité ! » lui crie Dillon. « L'amour ! Déroulez-vous ! Baisez ! » Il rit. Mais à quoi cela sert-il ? Le Romain ne l'a peut-être même pas entendu. D'autres, en tous points identiques, arrivent en rangs serrés. Ils semblent ne pas remarquer les cris de Dillon. « *La vérité ! L'amour !* » La marée humaine ronronnante amortit, affadit, étouffe les sons. Je vais vous défoncer ce soir, leur dit Dillon silencieusement. Je vais vous faire sortir de vos existences pitoyables, et vous m'aimerez pour cela. Si je pouvais brûler vos cerveaux ! Si je pouvais enflammer vos âmes !

Il pense à Orphée. Ils me mettraient en pièces, réalise-t-il, si j'étais capable de vraiment les toucher.

Puis il part tranquillement vers le centre sonore.

Il s'arrête soudain à mi-chemin de l'auditorium, à une intersection de couloirs. La monade dans son intégralité vient de lui apparaître dans toute sa splendeur en une vision extatique. Il la voit comme un mât gigantesque suspendu entre ciel et terre. Lui se trouve en plein centre, avec un peu plus de cinq cents étages au-dessus de lui, et un peu moins sous ses pieds. Tout autour de lui des êtres humains bougent, copulent, mangent, donnent la vie, accomplissent un million de choses bénies, chacun parmi les 800 et quelques mille décrivant sa propre orbite. Dillon se sent pris d'un amour immense pour Monade 116. La multiplicité de toutes ces vies contenues dans le bâtiment ! Il s'en enivrerait comme d'autres planent avec les drogues ! Se coucher en son équateur et absorber le divin équilibre — oh, oui ! Oui ! Le moyen existe d'expérimenter l'entière complexité de l'édifice en un seul flash sauvage. Il ne l'a jamais encore essayé. Il fume de temps en temps, mais il s'est toujours tenu à l'écart des drogues les plus élaborées — celles qui dénouent l'esprit et l'ouvrent béant à tous les vents. Pourtant, ici au cœur de la tour, il sait que cette nuit qui vient est la nuit pour essayer le multiplexer. Après le spectacle, si tout marche bien, il ira à Bombay, au 500e étage. Une pilule à avaler, et toutes ses barrières mentales s'effondreront. L'immensité multiple de Monade Urbaine 116 et sa conscience vont s'interpénétrer. Bien sûr, il aurait été préférable de rester dans la cité où aura lieu le concert, mais Rome s'arrête au 521e niveau. Le lieu idéal est au 500e étage. C'est là qu'il doit aller, pour la symétrie mystique de l'expérience. D'ailleurs, ce n'est pas tout à fait exact. Le véritable point médian d'un bâtiment de 1 000 étages se situe entre le 499e et le 500e. Mais tant pis, le 500e niveau devra faire l'affaire. Il faut apprendre à vivre avec des à-peu-près.

Voilà le centre sonore.

Le dernier cri de la technique. Construit sur trois étages, avec au centre une scène en forme de champignon, entouré de gradins circulaires concentriques. Des sources lumineuses autonomes dérivent lentement au-dessus. Des milliers de haut-parleurs sont encastrés dans le plafond voûté fait de matériaux les plus modernes. C'est une bonne salle, accueillante et chaude, due à l'infinie bonté de Louisville pour apporter un peu de joie dans le cœur de ces pauvres Romains desséchés. Pour un groupe cosmique, c'est certainement la meilleure salle de tout le bâtiment.

Quand Dillon entre, les autres membres du groupe sont là, accordant leurs instruments. La harpe cométaire, l'incantateur, le plongeur orbital, l'avale-gravité, l'inverseur fréquentiel, le dresseur spectral. Déjà l'auditorium résonne de vibrations sonores et de taches dansantes de couleur — un tourbillon de matière impalpable et purement abstraite s'élève du cône central de l'inverseur fréquentiel. Ses camarades le saluent en plaisantant. « T'es en retard, vieux », ou « où étais-tu ? » ou bien « on croyait que tu t'étais envolé ».

« Je traînais dans les couloirs, hurlant mon amour aux Romains », répond-il, ce qui les fait se tordre de rire. Il grimpe sur le plateau. Les pylônes repliés, toutes lumières éteintes, son vibrastar est là au bord de la scène. A côté, une machine élévatrice se tient prête à le manœuvrer pour le mettre en place. C'est elle qui l'a amené jusqu'ici; elle pourrait le régler et l'accorder si Dillon le désirait, mais il veut le faire lui-même. C'est une habitude sacrée chez les musiciens que d'accorder eux-mêmes leurs instruments. Pourtant il lui faudra au moins deux heures pour le faire, alors qu'il suffirait de dix minutes à la machine. Les ouvriers du service d'entretien et autres manuels de la classe des paupos ont le même souci de préserver leur dignité, et par là même leur raison d'être en luttant constamment contre la désuétude qui menace leurs emplois.

« Par ici », ordonne Dillon.

Délicatement la machine apporte le vibrastar jusqu'au relais et fait les branchements. Il eût été impossible à un homme de déplacer l'énorme instrument de trois tonnes. C'est là où la machine a son utilité, mais c'est là aussi où doit s'arrêter son rôle. Dillon pose ses mains sur le manipulatrix. Le clavier vibre de puissance contenue. Bon. « Allez », dit-il à la machine, et celle-ci s'éloigne, glissant silencieusement. Dillon caresse et pétrit les projectrons du manipulatrix. On pourrait croire qu'il les trait. C'est un contact réellement physique et sensuel qu'il a avec son instrument. Chaque crescendo lui procure un léger orgasme. Ouais. Ouais. Ouais.

Il avertit ses compagnons. « On y est, les gars ! »

Chaque musicien procède à un dernier réglage. En effet, la connexion entre le vibrastar et leur instrument risquerait de provoquer de sérieux dégâts aux appareils et à eux-mêmes. L'un après l'autre ils lui font signe qu'ils sont prêts. Quand l'avaleur de gravité, le dernier, opine de la tête, Dillon peut enfin balancer la sauce. Ouais ! La salle s'emplit de lumière. Des étoiles jaillissent des murs. Le plafond se couvre de nébuleuses ouatées. Le vibrastar constitue l'instrument de base du groupe — la pierre angulaire, fournissant les fondations sur lesquelles les autres pourront construire leurs improvisations. D'un œil exercé, Dillon vérifie la mise au point. Terrible! Nat, le dresseur spectral, lui dit : « Mars est un peu terne, Dill. » Dillon cherche Mars. Oui. Oui. Il ajoute un éclair d'orange. Jupiter? Ce globe étincelant de blanc embrasé. Et puis Vénus, Saturne, toutes les étoiles. Les visuels sont bons.

« Et maintenant, le son! »

Ses paumes se posent sur le clavier de contrôle. Un souffle neutre, acide et moelleux, oscille dans l'air. La musique des sphères. Dillon la colore, augmentant le volume galactique, tandis que les rafales stellaires s'impriment en de stridentes nuances tonales. Puis d'un coup violent sur les projectrons, il projette les sons planétaires. Saturne siffle comme une rafale de poignards. Jupiter tonne. « Ça va? » demande-t-il. « La clarté? »

« Grossis un peu les astéroïdes », répond Sophro, le plongeur orbital.

Dillon obéit, et Sophro acquiesce d'un air béat, grimaçant de plaisir.

Après une demi-heure, les réglages préliminaires sont au point. Mais pour Dillon ce n'est qu'un préambule — sa partie de soliste. Il s'agit maintenant de coordonner avec les autres. Arriver à une réciprocité parfaite — mettre au point un tissu serré de relations internes et simultanées — une union heptagonale. Tâche combien lente et délicate si on songe que, par le jeu des effets Heisenberg, l'entrée de chaque instrument nécessite toute une nouvelle série de réglages et de mises au point. Un seul facteur en plus ou en moins et c'est tout l'ensemble qu'il faut réajuster. Tous les instruments, par les liens qui les unissent les uns aux autres, sont à la fois autonomes et solidaires. Dillon s'occupe d'abord du dresseur spectral. Facile! Il ouvre un jet de comètes et Nat les module agréablement en soleils. L'incantateur vient se joindre à eux. Une légère stridence, vite corrigée. Ça marche. Puis l'avale-gravité. Pas de problème. Maintenant la harpe cométaire. Deg! Deg! Les récepteurs se troublent et l'ensemble se désunit brusquement. Dillon et l'incantateur doivent se réaccorder séparément, se rejoindre, réabsorber la harpe cométaire. Cette fois, c'est bon! De larges cambrures sonores s'arquent dans l'espace. Puis le plongeur orbital. Durant quinze minutes interminables, les oscillographes s'agitent follement. Dillon craint qu'un des systèmes ne défaille d'une seconde à l'autre, mais non, ils s'accouplent finalement et les aiguilles se stabilisent. A présent, le plus difficile de tous : l'inverseur fréquentiel. C'est un instrument double, générateur — c'est-à-dire ne se modulant pas seulement sur une autre structure — de visuels et de sons. Le risque est qu'il entre en période avec lui-même, et cela le rend particulièrement délicat. Ils ont presque atteint la fusion quand la harpe cométaire s'égare. Cela fait un bruit plaintif et aigu qui se casse net. Ils reprennent deux phases en arrière et recommencent. Les balances frôlent sans cesse le point critique. Il y a encore cinq ans, les groupes cosmiques ne comprenaient que cinq instruments; il était impossible d'en coordonner plus. C'eût été comme ajouter un quatrième acteur à une tragédie grecque; une acrobatie techniquement impossible, c'est du moins ce qu'Eschyle prétendait.

Maintenant, on arrive à réunir six instruments assez facilement. Pour sept, la symbiose est plus difficile à réussir — les circuits doivent être reliés à un ordinateur d'Edimbourg. « Viens, viens, *viens*! » hurle Dillon, agitant violemment son épaule gauche pour encourager l'inverseur fréquentiel à les rejoindre. Ça y est! Ils ont réussi! L'ensemble est stable. Il est 1840.

« Si on y allait, maintenant? » chantonne Nat. « Allez, maestro, donne-nous le *la*. »

Dillon se penche et empoigne les projectrons. Il fait passer en eux son énergie. Dans les paumes de ses mains, les rondeurs lui rappellent les fesses d'Electra — un frisson sensuel le transperce. Il sourit de la réminiscence. Souples, rebondies, fraîches. Allez! On décolle! Tout l'univers en un éclair brûlant de son et de lumière. La salle s'inonde d'images. Des étoiles bondissent, se croisent et s'unissent. L'incantateur se met en branle, augmentant, multipliant, intensifiant à faire trembler toute la monade. La harpe cométaire se glisse en contrepoints vertigineux d'arabesques stridentes et saccadées, et propose un nouvel arrangement des constellations de Dillon. Le plongeur orbital reste neutre, puis plonge brusquement, et soudain toutes les aiguilles des cadrans deviennent folles, mais son entrée en tornade possède une telle force dévastatrice que Dillon s'en émerveille intérieurement. Doucement, l'avale-gravité aspire le ton. L'inverseur fréquentiel s'introduit, projetant son propre schéma lumineux, grésillant et bouillonnant pendant à peu près une demi-minute, avant que le dresseur spectral ne s'en empare à son tour et joue avec. Tous les sept maintenant participent à l'improvisation échevelée, chacun essayant de pousser les autres encore plus loin. Les sons et les lumières jaillissent avec une telle profusion qu'ils doivent être perceptibles de Boshwash jusqu'à Sansan.

« Arrêtez! Arrêtez! Arrêtez! » hurle Nat. « Gardons-en pour tout à l'heure, les gars! *On va se vider!* »

Ils stoppent et redescendent lentement. Ils restent silencieux, en sueur, les nerfs vibrants, douloureux. Comment quitter une telle beauté sans souffrir ? Mais Nat a raison : il serait stupide de se vider avant le spectacle.

Ils prennent un repas léger sans quitter la scène. Personne n'a vraiment faim. Bien entendu les instruments ne sont ni débranchés ni désaccordés. Ce serait de la folie de défaire ce qu'ils ont eu tant de mal à construire. Laissés à eux-mêmes, il arrive qu'un des instruments passe brusquement en surcharge et émette une tache de lumière ou un cri aigu. Ils joueraient tout seuls si on les laissait, pense Dillon. Quelle défonce, si on restait assis là, à rien faire, pendant que les instruments donneraient le concert, se programmant eux-mêmes! Peut-être qu'il se passerait des choses vraiment étonnantes. L'esprit de la machine révélé. D'un autre côté, ce pourrait être vachement frustrant de découvrir que nous ne sommes pas nécessaires. Comme notre prestige est fragile! Aujourd'hui nous sommes célèbres, mais que le secret s'ébruite, et demain nous nous retrouverons à Reykjavik parmi les paupos.

Il est 1945 quand le public commence à entrer. Ce ne sont pas des jeunes. Pour leur première à Rome, les allocations de billets sont faites selon l'âge; il n'y a pas de moins de vingt ans. Dillon se tient sur scène. Il ne fait rien pour cacher le mépris qu'il éprouve pour ces gens ternes et grisâtres qui s'assoient ici et là. La musique les atteindra-t-elle? D'ailleurs se peut-il que quelque chose les atteigne? Ou bien resteront-ils assis passivement, sans chercher à entrer dans le spectacle? Toutes leurs pensées obnubilées par leur fécondité. Ignorant les musiciens exaltés, leurs fesses calées dans un bon fauteuil, ils ne verront rien du feu d'artifice que nous leur allumons. Nous vous projetons l'univers entier, et vous ne le recevez pas. Est-ce parce que vous êtes vieux? Quel effet peut produire un show cosmique sur une mère de famille nombreuse de trente-trois ans, bien grassouillette? Non, l'âge n'a rien à y voir. Dans les cités plus raffinées, il n'existe pas ce décalage entre l'œuvre artistique et le public, qu'il soit jeune ou vieux. Non, c'est un problème d'attitude vis-à-vis de l'art en général. Dans les niveaux inférieurs, les paupos reçoivent physiquement. Aux éclairs de couleurs et aux sons sauvages, c'est tout leur corps qui répond : leurs yeux, leurs entrailles, leurs couilles. Ils sont fascinés, ou déconcertés et hostiles, mais jamais indifférents. Dans les cités supérieures où l'usage de l'intelligence est non seulement toléré, mais recherché, ils entrent activement dans le spectacle, sachant que plus ils y apporteront, plus ils en retireront. N'est-ce pas la meilleure politique de la vie — tirer le plus possible de perceptions sensorielles de tous les événements auxquels nous sommes confrontés? Il n'y a rien d'autre. Mais ici, aux niveaux moyens, tout est fade et sans relief. Des morts vivants. Pour eux, ce qui est important est d'*être présent ce soir*, pour se montrer, pour ne surtout pas laisser son billet à quelqu'un d'autre. Le spectacle lui-même n'a aucune importance. Qu'une cacophonie de bruits et de lumières — des jeunes échevelés de San Francisco qui font les idiots sur scène. Alors ils viennent ces Romains, ces malheureux dépossédés de leur esprit et de leur sensualité? Les vrais n'étaient certainement pas comme ça, je parie! C'est un crime contre l'histoire d'avoir nommé cette cité Rome. Dillon les balaye d'un regard flamboyant. Puis, d'un effort de volonté, il les efface de sa vue; il refuse de voir leurs visages avachis et gris, de peur qu'ils ne pervertissent son inspiration. Il est là pour donner. Même s'ils ne sont pas capables de prendre.

« On y va maintenant », murmure Nat. « T'es prêt, Dill ? »

Il est prêt. Il lève ses mains — ses doigts frémissent — et les abat sur les projectrons. La même sensation comme toujours d'éclatement! En rugissant, la lune, le soleil, les planètes et les étoiles jaillissent de son instrument. L'univers scintillant fait irruption dans la salle. Dillon n'ose pas regarder le public. Balancent-ils? Mordent-ils ou tiraillent-ils leurs lourdes lèvres inférieures? Venez, venez, venez! Les autres musiciens, comme s'ils avaient senti son état particulier, le laissent prendre un solo d'introduction. Des tempêtes se déchaînent dans son cerveau. Il cogne sur le manipulatrix. Pluton! Saturne! Bételgeuse! Deneb! A ceux qui jusqu'à leur mort vivront dans le même unique bâtiment, je donne toutes les étoiles en une seule impulsion exaltante! Qui a prétendu qu'on ne pouvait commencer par l'apogée? La consommation d'énergie est immense — ça doit briller jusqu'à Chicago... Et alors? Beethoven s'inquiétait-il de la consommation d'énergie? Allez! Allez! Allez! Balance des étoiles partout. Fais-les frissonner et trembler. Une éclipse de soleil — et pourquoi pas? Que la couronne craque et éclate! Et que le son éclabousse tout! Un interminable point d'orgue pour les noyer de bruits — un pieu sonore de cinquante périodes pour les empaler vivants. Qu'ils digèrent leur dîner! Que je les secoue, remuant la vieille merde qui leur bouche les intestins! Dillon éclate de rire. Il regrette de ne pas pouvoir se voir en ce moment — son visage doit être démoniaque. Et ce solo, quand va-t-il finir? Qu'est-ce qu'ils attendent pour attaquer sur lui? Il va se consumer, c'est sûr. Il s'en fout! Il est prêt à faire passer tout lui-même à travers l'instrument. Un sentiment légèrement paranoïaque s'infiltre dans son esprit : et si les autres le laissaient volontairement aller au-delà de ses limites pour s'y abîmer? Prostré tout le reste de sa vie comme une larve, balbutiant stupidement. Non, pas moi! Il libère toutes les sécurités de l'instrument. Fantastique! Il n'a encore jamais été aussi loin. Ce doit être la rage que lui inspirent ces horribles Romains qui le pousse ainsi. Et pourtant ils restent insensibles et sans réaction. Mais l'important n'est pas là; ce qui compte est ce qui se passe à l'intérieur de lui — son véritable accomplissement d'artiste. Bien sûr, ce serait mieux s'il pouvait les faire bouger — mais tant pis pour eux. L'extase! L'univers tout entier vibre autour de lui. C'est un solo gigantesque. Seul dieu a pu connaître cette sensation, quand il commença son œuvre le premier jour. Les haut-parleurs lancent des gerbes d'aiguilles bruyantes. Un puissant crescendo lumineux et sonore. Il sent son énergie sourdre de lui. Son euphorie est si intense qu'il bande, et il se renverse en arrière sur son siège pour que son sexe pointe plus visiblement sous ses vêtements. Quelqu'un a-t-il déjà accompli cela, cette symphonie improvisée pour vibrastar solo ? Salut, Bach ! Salut, Mick ! Salut, Wagner ! Flinguez-vous ! Décollez ! Il a dépassé l'apogée. Maintenant il commence à redescendre. Ce n'est plus le torrent brutal et impétueux, mais un ruisseau au chant plus subtil. Jupiter se barbouille de taches dorées, les étoiles deviennent des points blancs glacés, de courtes phrases mélodiques en écho ont remplacé les sonorités tonnantes. Il fait triller Saturne comme s'il appelait les autres. C'est une ouverture bien étonnante pour un concert, mais ils se connectent à lui.

Les voici ! Ils entrent ! L'inverseur fréquentiel improvise librement sur un thème à lui, où se retrouve quelque chose des structures stellaires de Dillon en decrescendo. Aussitôt la harpe cométaire le couvre d'une série extraordinaire de tons vibrants qui immédiatement se transmutent en éclats croisés de lumière verte. Le dresseur spectral s'en empare, les monte au maximum et, grimaçant de plaisir, les lance vers l'ultraviolet en une pluie sifflante et gercée. Sophro, le plongeur orbital, se joint à eux — un piqué suivi d'une percée dans une sinusoïde invariable — il joue contre le dresseur spectral, mais tellement finement que seule une personne du groupe peut en apprécier la virtuosité. L'incantateur fait son entrée, sinistre, grondant, envoyant des tremblements se réverbérer contre les murs, outrant les portées tonales et astronomiques jusqu'à une convergence d'une beauté presque insoutenable. C'est ce qu'attendait l'avale-gravité pour rompre la stabilité de tous les instruments en libérant de sauvages et merveilleuses salves énergétiques. Dillon est revenu à son rôle de coordinateur et d'unificateur du groupe, transmettant un écheveau mélodique à celui-ci, une boucle lumineuse à celui-là, embellissant tout ce qui passe à sa portée. Il joue à présent en demi-teintes. Son excitation fiévreuse est tombée. Libéré et calme, il est autant spectateur que musicien, appréciant les variations et divagations de ses partenaires. Il n'éprouve plus le besoin d'attirer l'attention sur lui. Il resterait bien toute la nuit ainsi... *wromp, wromp, wromp, wromp*... sans arrêt. Mais c'est impossible ; tout l'édifice audiovisuel s'écroulerait s'il ne fournissait pas de nouvelles informations toutes les dix ou quinze minutes. C'est bien son tour de se laisser planer.

L'un après l'autre, chacun de ses camarades prend un solo. Dillon a oublié le public. Il se balance, pivote, transpire, sanglote — il caresse furieusement les projectrons — s'enferme dans un cocon de lumière embrasée — jongle avec la lumière et l'obscurité. Son sexe s'est détendu. Au milieu de l'orage, il est calme — professionnel véritable — jouant sérieusement sa partition. Il lui semble que son moment d'extase lui soit arrivé une autre fois, à un autre concert, peut-être même à un autre que lui. Combien de temps avait-il joué seul ? Il a perdu le sens du temps. Le spectacle continue cependant — Nat, le méthodique, saura respecter l'horaire.

Après son départ frénétique, le concert s'est installé dans la monotonie. L'inverseur fréquentiel domine pour l'instant, exécutant une série d'éclairs interférents. C'est beau, mais tout cela semble du réchauffé, trop de fois rabâché, dépourvu de toute spontanéité. La facilité a réussi à contaminer les autres. Le groupe continue son train-train routinier pendant une vingtaine de minutes, répétant les mêmes clichés qui engourdissent l'esprit et lassent l'âme, jusqu'à ce que finalement Nat les réveille spectaculairement. Son cri sauvage lumineux traverse le spectre, partant d'un point au sud de l'infrarouge jusque vers ce qui pourrait être la fréquence des

rayons X, s'il existait quelqu'un qui puisse le dire. Il a non seulement voulu ainsi stimuler l'invention assoupie de ses camarades, mais leur signaler la fin du concert. Ils se raccordent tous à lui, et se retrouvent, tournoyants et flottants, réunis en une entité unique à sept têtes — tandis qu'ils bombardent de surcharges leur auditoire amorphe. Oui oui oui oui oui. Wow wow wow wow wow. Flash flash flash flash flash. Oh oh oh oh oh. Venez, venez, venez, venez, venez. Dillon est au cœur de cette féerie cosmique, constellant d'étincelles empourprées, absorbant des soleils qu'il mâche. Il se sent encore plus engagé que pendant son grand solo d'ouverture ; ce qui se passe maintenant est une œuvre commune, un mélange, une fusion. Il sait que ce qu'il ressent à la minute présente est l'explication de tout — c'est cela le tout de la vie — la voilà la raison de tout. S'accorder à la beauté, plonger droit dans la source brûlante de la création, s'ouvrir pour que tout vous pénètre, puis tout redonner. Donner donner donner donner
    donner
    donner
et finir ! A lui le dernier accord. Tout faire sauter ! Il termine sur une conjonction planétaire hexagonale et une triple fugue — un ultime paroxysme de dix secondes... et il coupe. Aussitôt s'élève un mur de silence de quatre-vingt-dix kilomètres de hauteur. Cette fois-ci, c'est fait. Il a vidé les cerveaux, décervelé les crânes creux. Tremblant, ébloui par les lumières, il reste assis, se mordant les lèvres pour réprimer son envie de pleurer. Il n'ose même pas lever les yeux sur ses camarades musiciens. Combien de temps passe-t-il ainsi ? Cinq minutes, cinq mois, cinq siècles, cinq millions d'années ? Puis arrive la réaction. C'est un tonnerre d'applaudissements. Tout Rome s'est levé, hurlant, se frappant les joues (la marque d'estime la plus élevée) — 4 000 personnes se dressant de leurs sièges confortables pour frapper leurs joues de leurs paumes ouvertes. Dillon jette sa

tête en arrière dans un rire éclatant. Il se lève, salue, désigne de la main Nat, Sophro, et les autres. C'est vrai que nous étions meilleurs ce soir. Même ces Romains s'en sont aperçus. Pourtant en quoi l'ont-ils mérité ? En étant aussi lourdauds ? Peut-être est-ce à cause de cela, pense Dillon, qu'ils ont extirpé le meilleur de nous. Pour les retourner. Et c'est ce que nous avons fait. Nous les avons projetés hors de leurs misérables crânes poreux.

L'ovation continue.

Bien. Bien. Nous sommes de grands artistes. Maintenant il faut que je sorte de là, avant de redescendre trop bas.

Il évite toujours la compagnie des autres membres du groupe après un concert. Ils ont découvert que moins ils se voyaient en dehors de la scène, mieux ils collaboraient professionnellement. Il n'y a pas d'amitié à l'intérieur du groupe, pas même de relations sexuelles. Ils sentent que toute liaison sexuelle, hétéro, homo, ou multiple serait leur fin — ils font l'amour en dehors — ils ont leur musique pour les unir.

Le public commence à se presser vers les sorties. Sans dire au revoir à personne, Dillon descend par la trappe d'évacuation des artistes et se retrouve à l'étage inférieur. La transpiration a froissé et mouillé ses vêtements — ils sont humides et inconfortables. Il faut qu'il s'en occupe au plus vite. Il ouvre la première porte qu'il trouve au 529e. Un couple est là, seize, dix-sept ans, accroupi devant l'écran. Lui est nu. Elle n'est vêtue que de bonnets sur ses seins. Il est évident qu'ils sont en train de voyager tous deux sous une drogue des plus dures, mais ils ne planent pas encore assez haut pour ne pas le reconnaître. « Dillon Chrimes », hoquette-t-elle. Son cri aigu réveille deux ou trois enfants.

« Salut », répond-il. « Je veux seulement utiliser la douche. D'accord ? Je ne veux pas vous déranger. Je ne veux même pas parler. Je plane encore. » Il se déshabille et passe sous la douche. Les particules bourdonnent doucement et crépitent sur sa peau, le débarrassant de ses impuretés. Quand il a terminé, c'est au tour de ses vêtements. La fille s'approche de lui en rampant. Elle a ôté ses bonnets; les marques blanches du métal sur les proéminences dansantes de chair rose virent rapidement au rouge. Elle s'agenouille devant lui. Ses mains remontent le long des cuisses. Ses lèvres se posent sur ses reins. « Non », l'arrête-t-il. « Non. »

« Non ? »

« Je ne peux pas ici. »

« Pourquoi ? »

« Je voulais simplement me nettoyer. Je puais. Ce soir, je dois aller au 500ᵉ étage. » Les mains cherchent à s'immiscer entre ses jambes. Il les enlève gentiment, puis il se rhabille. La fille le regarde faire, atterrée.

« Tu ne veux pas ? »

« Non. Pas ici. Pas ici. » Elle le suit des yeux tandis qu'il se dirige vers la porte. Elle a l'air secouée. Dillon en est attristé, mais cette nuit il a un but : le centre du bâtiment. Il *doit* y aller. Demain, décide-t-il, je reviendrai la voir, et je lui expliquerai tout. Il note mentalement le numéro de la porte. 52908. Personne n'est censé choisir, mais il s'en fiche — il reviendra la voir ; il le lui doit. Demain.

Il va au distributeur d'extase qui se trouve dans le hall et passe sa commande, composant son coefficient de métabolisme sur le clavier électronique. La machine enregistre sa demande et, quelques secondes plus tard, la pilule est là. C'est une dose pour cinq heures, réglée pour commencer à faire son effet dans douze minutes. Il l'avale, et entre dans le descenseur.

500ᵉ niveau.

C'est le point médian de l'immeuble, ou du moins ce qui s'en approche le plus. Peut-être est-ce une lubie métaphysique, mais il s'en fiche. C'est ce qu'il veut. Il n'a pas perdu la faculté de jouer. C'est pourquoi nous autres artistes connaissons le bonheur, parce que nous savons rester jeunes. Il lui reste onze minutes à attendre. Il prend un couloir et commence à ouvrir les portes. Dans le premier appartement il découvre un trio, deux hommes et une femme. « Excusez-moi », dit-il. Dans le second, trois filles. Un instant, il est tenté, puis il renonce. De toute façon, elles semblent très occupées toutes les trois. « Pardon, pardon, pardon. » Dans le troisième, c'est un couple d'âge moyen. Ils lui jettent un regard d'espoir, mais il ne reste pas.

Enfin, il trouve ce qu'il cherche. Une fille brune, seule. Elle semble triste. Son époux est certainement parti en promenade nocturne, et personne n'est venu pour elle. C'est la raison de son humeur maussade. Elle doit avoir une vingtaine d'années — un nez joliment droit, des yeux brillants, une belle poitrine, une carnation mate. Ses paupières lourdes, qui l'enlaidiront peut-être d'ici à une dizaine d'années, lui donnent un regard profond et sensuel. Elle doit ruminer ses sombres pensées depuis des heures, pense Dillon, parce qu'elle ne se dégèle pas tout de suite — il se passe bien quinze secondes avant qu'elle ne réalise qu'il vient pour elle. « Salut », dit-il. « Souriez. Pourquoi ne souriez-vous pas ? »

« Je vous connais. Vous êtes du groupe cosmique ? »

« Oui. Je suis Dillon Chrimes. Le vibrastar. On a joué à Rome ce soir. »

« A Rome, et vous venez à Bombay ? »

« Quelle importance ? J'ai des raisons personnelles philosophiques. Je veux me trouver au centre de la tour, vous comprenez ? Ou du moins le plus près possible. Ne me demandez pas d'expliquer. » Il regarde autour de lui. Six enfants sont dans leur couchette. Un est réveillé. C'est une petite gamine maigrichonne, d'au moins neuf ans, possédant le même teint olivâtre que sa mère. Si l'enfant a neuf ans, la mère ne doit pas être aussi jeune qu'elle le paraît. Vingt-cinq ans, peut-être. Dillon ne s'en formalise pas. Bientôt, il va pouvoir s'accoupler avec toute la monade, tous les êtres de tous les âges, de tous les sexes, de tous les genres. « Tu dois savoir que je vais voyager. Je suis sous multiplexer. Je vais partir dans six minutes. »

« Alors nous n'avons pas beaucoup de temps », dit-elle, se caressant les lèvres. « Il faut que tu sois dans moi avant de décoller. »

« C'est ainsi qu'il faut partir ? »

« Tu ne le savais pas ? »

« C'est la première fois », avoue-t-il. « Je n'en ai jamais pris encore. »

« Moi non plus. J'ignorais même qu'on continuait à en prendre. Mais j'ai entendu parler de ce qu'il faut faire. »

Elle se dévêt prestement. Ses seins sont lourds avec de larges aréoles brunes. Ses jambes sont étonnamment minces, presque maigres, formant un creux à l'intérieur de ses cuisses. Il existe une légende à propos des filles bâties de cette façon, mais Dillon n'arrive pas à se la rappeler. Il se déshabille à son tour. La drogue a commencé à faire son effet un peu plus tôt que prévu — les murs se mettent à frissonner, les lumières deviennent floconneuses. Étrange. Pourtant le dosage avait dû être calculé en fonction de son état d'excitation après le concert. Peut-être son métabolisme avait-il légèrement basculé, se concentrant particulièrement sur les sons et les lumières. Ce n'est pas grave. Il s'avance sur la plate-forme de repos. « Quel est ton nom ? »

« Alma Clune. »

« J'aime ce nom. Alma. » Elle le prend dans ses bras. Il craint que ce ne soit pas pour elle une expérience sexuelle bien extraordinaire. Quand le multiplexer se sera emparé de lui, il doute d'être encore capable de répondre correctement à ses désirs de femme — de toute façon, l'élément temps lui interdit toute forme de prélude érotique. Elle semble d'ailleurs en être consciente. « Pénètre-moi », dit-elle. « Ne crains rien. Je suis déjà excitée. » Il entre en elle. Leurs deux langues se cherchent. Elle l'encercle de ses cuisses nerveuses. Il s'allonge sur elle. « Tu décolles ? » demande-t-elle.

Il va et vient en elle pendant un moment sans répondre. « Je crois que ça commence. C'est comme si j'avais deux filles à la fois. Comme s'il y avait un écho. » Son sexe s'enflamme. Il ne voudrait pas tout gâcher en jouissant avant que la drogue fasse son effet. D'un autre côté, si elle est du type rapide, il aimerait l'amener à l'orgasme. Il doit lui rester encore une minute et demie. Tous ces calculs le refroidissent quelque peu, mais soudain plus rien n'a d'importance. « Ça arrive », chuchote-t-il. « Oh ! Dieu, je décolle ! »

« Doucement, doucement », murmure la femme. « Ne te presse pas. Lentement... lentement... C'est bon. Ne t'inquiète pas pour moi. Pars, si tu veux. »

Va-et-vient. Va-et-vient. Il se sent se multiplier. Son esprit se dilate. La drogue le rend psychosensitif, abolissant les barrières chimiques dans son cerveau qui bloquent les trajets télépathiques. Dorénavant, il peut percevoir les informations sensorielles de ceux qui l'entourent. A chaque instant, son champ de perception s'élargit de plus en plus. Au paroxysme, prétend-on, chaque œil et chaque oreille dans la monade devient vôtre — une infinité de réponses vous assaille — on est tout le monde à la fois. Est-ce vrai ? Les autres esprits peuvent-ils se transvaser dans le sien ? Il commence à le croire. Il voit son âme avide et immense engloutir et absorber Alma. Maintenant, il est lui et elle ensemble — chaque fois qu'il s'enfonce dans le chaud fourreau de la femme, il sent aussi le glaive embrasé vibrer dans ses propres entrailles. Ce n'est que le début. Maintenant, il englobe les enfants d'Alma. La petite fille de neuf ans encore impubère. Le bébé gazouillant. Il est les six enfants et leur mère. Comme c'est facile! Il est aussi la famille de l'appartement contigu. Huit enfants, la mère, le promeneur nocturne venu du 485e étage. Il s'étend au niveau supérieur et à celui du dessous. Dans les couloirs. De multiples en multiples de lui-même, il prend possession de tout le bâtiment. Des strates d'images de toutes sortes le recouvrent : 500 étages au-dessus, 499 en dessous lui apparaissent en une vertigineuse pile de 999 sillons horizontaux, telles de minuscules stries peuplées de fourmis formant une colonne géante. Et il est toutes les fourmis à la fois. Pourquoi a-t-il tant attendu pour tenter cette expérience? Devenir une monade urbaine à lui tout seul!

Maintenant il est capable de couvrir vingt étages vers le haut et vers le bas. Et il s'étend toujours. De lui s'étirent des cirrhes dans toutes les directions. Ce n'est que le commencement. Sa substance se mélange avec la totalité du bâtiment.

Sous lui, Alma chavire et bascule. Pelvis contre pelvis. Il a vaguement conscience d'elle, tandis qu'elle gémit doucement de plaisir. Mais une seule particule de lui est engagée dans leur corps à corps. Le reste de lui rôde dans les cités de Monade urbaine 116. Aucun endroit ne lui est étranger. Il est à Boston, Londres, Rome, Bombay. Des centaines d'intérieurs. Des milliers. Un essaim gigantesque d'abeilles bipèdes. Il est cinquante nourrissons piaillant dans trois appartements londoniens. Il est deux Bostoniens âgés dans leur 5 000e congrès sexuel. Il est un garçon de treize ans en pleine puberté, errant au 483e étage à la recherche d'une femme. Il est six couples s'échangeant dans un dormitoir de Londres. Il s'étire encore — il va de San Francisco à Nairobi. Le processus s'accélère. Il essaime de plus en plus loin. Il contient Tokyo. Il contient Chicago. Il contient Prague. Il annexe Shangai. Il annexe Vienne. Il annexe Varsovie. Il annexe Tolède. Paris! Reykjavik! Louisville! *Louisville!* Du plus bas au plus haut ! Il est devenu 881 000 personnes disséminées sur mille étages. Son âme s'est étirée à ses limites. Son cerveau absorbe toujours et toujours. Les images défilent dans son crâne — multiples réalités — des traînées huileuses de fumée charrient des visages, des yeux, des doigts, des sexes, des sourires, des langues, des coudes, des profils, des sons, des peaux. Ils s'engrènent mollement les uns dans les autres, s'unissent et se déparent. Il est tout et partout à la fois. Dieu soit loué ! Pour la première fois de sa vie, il comprend la nature de cette organisation si délicate qu'est une société. Il voit les groupes et les classes sociales, et le jeu subtil des arrangements qui lient l'ensemble. Et tout est merveilleusement beau. C'est la même chose d'harmoniser cet ensemble de cités que d'accorder un groupe cosmique : tout doit être relié, chaque être et chaque chose appartenant à tout le reste. Le poète de San Francisco est partie intégrante du paupo de Reykjavik et inversement. Le petit arriviste volontaire de Shangai est partie intégrante du Romain ayant accepté son échec et inversement. Que restera-t-il de tout cela, s'inquiète Dillon, quand je redescendrai ? Ses milliers d'âmes tourbillonnent en un manège insensé.

Il est esprit et sexe. Il vit aussi les centaines de milliers d'actes tels qu'ils se déroulent autour de lui. Les cuisses ouvertes, les croupes offertes, les bouches haletantes. Il perd sa virginité et en prend une ; il se donne à des hommes, des femmes, des garçons, des filles ; il est agresseur et agressé ; il fait jouir, ne fait pas jouir ; il empale triomphalement et débande honteusement, il pénètre et est pénétré, il prend du plaisir et en donne, il demande l'orgasme et le refuse.

Il transperce mentalement la tour. Il monte ! Monte ! 501, 502, 503, 504, 505 ; 600 ! 700 ! 800 ! 900 ! Il est sur l'aire d'atterrissage, au sommet, contemplant la nuit. Tout autour de lui, des tours, les monades voisines, 115, 117, 118. Une foule. Il lui est arrivé de se demander à quoi ressemblait la vie dans les autres bâtiments de la constellation des Chipitts. A présent il s'en fiche. Il y a tant de merveilles dans 116. Plus de 800 000 existences s'y entrecroisent. Certains de ses amis à San Francisco prétendent parfois que ce fut une infamie de transformer ainsi la Terre, d'entasser des milliers et des milliers d'êtres dans de gigantesques unités d'habitation, d'avoir créé ces ruches humaines. Comme ils ont tort, ces grincheux! S'ils pouvaient seulement vivre ce qu'il vit et voir ce qu'il voit — goûter la riche complexité de notre monde vertical.

Il fait le trajet inverse! 480, 479, 476, 475! Une cité sous l'autre. A chaque niveau, un millier de boîtes recelant des surprises délicieuses. Bonjour, je suis Dillon Chrimes. Puis-je être vous un moment? Et vous? Et vous? Et vous? Êtes-vous heureux? Non? Mais avez-vous *vu* ce monde fantastique dans lequel vous vivez?

Quoi? Vous voudriez un plus grand intérieur? Vous voulez voyager? Vous n'aimez pas vos enfants? Ni votre travail? Vous éprouvez un vague sentiment d'insatisfaction? Idiot. Venez avec moi, venez d'étage en étage, et voyez! Décollez! Aimez! Aimez!

« C'est tellement bon? » lui demande Alma. « Tes yeux brillent. »

« Je ne peux pas décrire. » Sa voix n'est qu'un murmure. A travers la colonne des services, il plonge en deçà de Reykjavik, puis il flotte à nouveau jusqu'à Louisville. Tous les points entre les fondations et le faîte s'entrecoupent simultanément. C'est un océan d'esprits ardents. Un crépitement d'identités enchevêtrées. Il se demande l'heure qu'il peut être. Son voyage est censé durer cinq heures. Il est toujours soudé à la femme — il croit en déduire qu'il n'y a pas plus de dix ou quinze minutes qu'il a commencé, mais peut-être y a-t-il plus longtemps. A présent les choses deviennent très tangibles. Tout en dérivant dans le bâtiment, il touche des murs, des sols, des écrans, des visages, des étoffes. Il craint que ce ne soit le signe de la descente. Mais non. Non. Au contraire, il grimpe encore. La simultanéité augmente. Il est noyé de perceptions. Des êtres se déplacent, parlent, dorment, dansent, s'accouplent, se penchent, attrapent, mangent, lisent. Je suis vous tous. Vous êtes partie de moi. Il peut aussi se concentrer parfaitement sur certaines personnalités à son gré. Voici Electra, voici Nat le dresseur spectral, voici Mamelon Kluver, voici un sociocomputeur inquiet du nom de Charles Mattern, voici un administrateur de Louisville, voici un paupo de Varsovie, voici... voici celui-ci... voici celui-là... les voici... me voici. Voici la monade bénie tout entière.

Oh, que c'est beau ! Oh, que j'aime ! Oh, la voici, la vérité ! Oh !

Quand il redescend, il voit une femme brune couchée en boule dans un coin d'une plate-forme. Elle dort. Il ne peut se rappeler son nom. Il touche sa cuisse et elle se réveille presque aussitôt, les yeux papillotants. « Bonjour », dit-elle. « Bon retour. »

« Comment vous appelez-vous ? »

« Alma. Clune. Tes yeux sont tout rouges. »

Il hoche la tête. Il sent peser sur lui le poids du bâtiment. 500 étages appuyant sur son crâne, 499 poussant sous ses pieds. Les deux forces se rejoignent quelque part assez précisément du côté de son pancréas. S'il ne part pas en vitesse, ses organes vont sûrement éclater. Il ne lui reste plus que des bribes de son voyage. Des flammèches éparses de débris obscurcissent sa pensée. Derrière ses yeux, il perçoit la vague impression de colonnes de fourmis émigrant d'étage en étage.

La femme s'approche de lui. Elle veut l'apaiser. Il se dégage de son étreinte et se précipite sur ses vêtements. Un cône de silence l'isole. Il va aller vers Electra, décide-t-il, et essayer de lui expliquer où il était et ce qui lui est arrivé. Peut-être alors pleurera-t-il et se sentira-t-il mieux. Il quitte la femme sans la remercier pour son hospitalité. Au lieu du descenseur qu'il cherchait, il trouve un ascenseur et le prend. Il accepte d'obéir au hasard. Il arrive au 530ᵉ. Rome! Il marche vers le centre sonore. L'obscurité règne ici. Les instruments sont toujours sur scène. Il se dirige calmement vers le vibrastar. Il le branche. Ses yeux sont humides. Il fouille en lui et exhume quelques images fantomatiques de son voyage. Les visages. Les mille étages. L'extase. Oh, que c'est beau! Oh, que j'aime! Oh, la voici, la vérité! Oh! Il a dû ressentir cela. Mais c'est bien fini. Il ne lui reste qu'un léger sédiment de doute. Est-ce ainsi que ce devait être? se demande-t-il. Est-ce ainsi qu'il faut que ce soit? Est-ce le mieux? Ce bâtiment? Cette ruche disproportionnée? Ses mains caressant les projectrons; ils sont chauds et vibrants sous ses doigts. Il les presse à l'aveuglette et des couleurs aigres fusent de l'instrument. Il branche les sons; les bruits qui sourdent lui font penser au frottement de vieux os sur des chairs molles. Quelque part, quelque chose a mal tourné. Il aurait dû s'en douter. On monte, on monte, puis il faut tout dégringoler. Mais pourquoi faut-il que la chute soit tellement vertigineuse? Il n'a plus envie de jouer. Il reste quelques minutes ainsi avant d'éteindre l'instrument et partir. Il va rentrer à pied. San Francisco est à 160 niveaux d'ici. Ce n'est pas tellement; il sera chez lui avant l'aube.

4

Jason Quevedo habite à Shangai... enfin, tout juste ; son appartement est au 761e niveau. Un étage plus bas, et il se trouverait à Chicago, ce qui n'est pas un endroit convenable pour un intellectuel. Son épouse Micaela lui reproche souvent son incapacité professionnelle, cause, d'après elle, de leur statut inférieur dans la cité. Micaela est bien le genre de femme à répéter fréquemment ce genre de choses à son époux.

Jason passe la plus grande partie de ses heures de travail à Pittsburgh. C'est là que sont conservées les archives. Étant historien, il a besoin de consulter les documents qui rapportent comment cela s'est passé avant. Il effectue ses recherches dans un petit box froid et humide de Pittsburgh, au 185e étage presque au milieu. En réalité, rien ne l'oblige à se déplacer ainsi ; il pourrait très bien recevoir toutes les informations nécessaires sur le pupitre électronique de son appartement. Mais il considère que c'est flatteur d'un point de vue professionnel d'avoir un bureau personnel où il peut compulser, analyser, et étudier sa documentation. C'est à peu près les arguments qu'il avait employés quand il avait fait la demande d'un bureau. « La tâche qui consiste à recréer des époques antérieures est particulièrement délicate et complexe, et elle doit être accomplie dans des conditions optimales pour... »

La vérité est que s'il n'avait pas une bonne raison lui permettant d'échapper chaque jour à Micaela et à leurs cinq enfants, il deviendrait certainement anomo. Les frustrations et les humiliations accumulées le pousseraient à commettre des actes antisociaux, peut-être même violents. Il sait trop bien que les asociaux n'ont pas leur place dans une monade urbaine. Si jamais il perdait son sang-froid et se laissait aller à une conduite blasphématoire, ils le jetteraient dans la chute et récupéreraient sa masse en énergie. C'est pourquoi il se montre prudent.

C'est un homme de petite taille. Des yeux verts. Des cheveux blonds clairsemés. Il parle doucement, sans jamais élever le ton. Un jour de l'été dernier, à une party, la belle Mamelon Kluver lui avait dit de sa voix de gorge : « Vous ressemblez à un volcan endormi. Vous explosez brusquement, étonnamment, passionnément. » Il pense qu'il se peut qu'elle ait raison, et le craint.

Il est désespérément amoureux de Mamelon Kluver depuis peut-être trois ans — en tout cas, certainement depuis cette fameuse party. Il n'a jamais osé la toucher. L'époux de Mamelon est le célèbre Siegmund Kluver. Bien qu'il n'ait pas encore quinze ans, celui-ci est déjà considéré partout comme un des futurs maîtres de la monade. Ce n'est pas que Jason appréhende une objection quelconque de l'époux légitime. Dans une monade urbaine, nul homme n'a le droit de refuser son épouse au désir d'un autre. Jason ne s'inquiète pas non plus de Micaela. Il connaît ses privilèges. Il a simplement peur de Mamelon. Et peut-être de lui.

Pour réflexion. Sexe en monade urbaine.
Accessibilité sex. universelle.
Déclin sentiment propriété dans mariage, désuétude concept adultère. Promenade nocturne : quand a-t-elle été acceptée socialement ? Limite tolérance frustra-

tion : comment est-elle déterminée ? Sexe-panacée. Sexe — compensation à appauvrissement qualité vie. (Danger ! Attention chute !) Séparation sexe-procréation. Intérêt des échanges partenaires max. en société haute densité. Inter. : qu'est-ce qui est encore interdit (rien ? tout ?) Examiner tabou échanges sex. extracités. Est-il puissant ? Largement respecté ? Vérifier effets liberté sex. univ. sur créativité artistique. Chute tension dramatique ? Manque matériaux émotionnels par suppression conflits ? Quest : struct. éthique monadiale est-elle amorale, post-morale, pré-, im- ?

Il arrive à Jason de dicter des mémorandums tels que celui-ci n'importe où et à n'importe quel moment, dès qu'une nouvelle hypothèse structurale lui passe par la tête. Ce soir, sa quête l'a amené dans Tokyo, au 155ᵉ étage. Il est avec une jeune brunette assez corpulente, du nom de Gretl. Il s'est arrêté en plein préambule érotique, et elle reste là, haletante, prête, bouche ouverte, les yeux presque fermés.

« Excuse-moi », dit-il, se penchant par-dessus deux seins lourds et tremblotants, pour attraper un style. « Je dois noter quelque chose. » Il programme le pupitre électronique — l'ordinateur transmettra un exemplaire dactylographié de son mémorandum à son box d'études de Pittsburgh — et, ses lèvres pincées ruminant nerveusement les mots au fil de sa pensée, il commence à écrire.

Il part souvent en promenades nocturnes, mais jamais dans sa cité de Shangai. C'est sa seule audace. Violer la tradition qui veut que l'on reste près de chez soi pour partir en chasse. C'est une coutume généralement acceptée, mais pas une loi urbaine, et personne ne le punira jamais pour sa conduite non conventionnelle. Personne ne le critiquerait en face non plus pour cela. Toutefois, ses vagabondages lui procurent l'agréable frisson de commettre ce qui est interdit. Il explique sa conduite en prétendant que l'enrichissement transculturel est plus fort quand on couche avec des femmes d'autres cités. En lui-même, il soupçonne que c'est surtout parce qu'il n'est pas à l'aise avec les femmes de sa connaissance, comme Mamelon Kluver par exemple. Mamelon Kluver spécialement.

C'est pourquoi les nuits il emprunte les descenseurs dans lesquels il s'enfonce dans les profondeurs du bâtiment, vers des cités telles que Pittsburgh, Tokyo, ou bien Prague la pauvre, ou même Reykjavik la crasseuse. Il pousse d'étranges portes toujours ouvertes et prend place à côté de femmes inconnues, exhalant de mystérieux effluves particuliers aux classes inférieures. La loi veut qu'elles l'étreignent de leur plein gré. « Je suis de Shangai », leur dit-il, et elles poussent des cris de respect mêlé de crainte. « Ooooh ! Ooooh ! » Alors il les enfourche comme un cavalier intrépide, dédaigneusement, tout gonflé de son statut.

Gretl, à la grosse poitrine, attend patiemment tandis qu'il enregistre ses notes. Puis il se tourne vers elle. Son époux soûlé d'un équivalent local quelconque du piquant ou du déconscient les ignore. Il est couché, le ventre en l'air, à l'autre bout de la plate-forme de repos. Gretl considère Jason de ses grands yeux noirs, luisants d'admiration. « Qu'est-ce que vous en avez dans la tête, vous de Shangai ! » dit-elle, juste avant qu'il ne s'abatte sur elle. Il la prend d'une violente poussée rapide.

Après, il rentre chez lui au 761e. Des ombres sillonnent comme lui les couloirs faiblement éclairés. Ce sont d'autres citoyens de sa cité, rentrant de leur promenade nocturne. Jason pousse sa porte. Il habite dans un appartement de quarante-cinq mètres carrés ; ce n'est pas vraiment suffisant pour un couple avec cinq enfants, mais il ne se plaint pas. Suffisez-vous de ce que vous avez, Dieu soit loué ; d'autres ont moins. Micaela dort, ou, du moins, fait semblant. C'est une femme de vingt-trois ans, longue de jambes, basanée de peau, encore très attirante, en dépit des rides qui commencent à se creuser sur son visage. Ceci parce qu'elle plisse trop souvent le front. Elle est étendue, nue et découverte, ses longs cheveux noirs et brillants étalés autour d'elle. Ses seins sont menus mais parfaits; Jason les compare mentalement aux grosses mamelles de Gretl. Micaela et lui sont mariés depuis neuf ans. Il l'a beaucoup aimée avant de découvrir le lourd dépôt d'amertume et de hargne qu'elle emmagasine au fond de son cœur.

Elle se sourit dans son sommeil, s'étire et écarte les cheveux qui lui tombent sur les yeux. Son expression dénote une femme qui vient de vivre une expérience sexuelle particulièrement satisfaisante. Il est impossible à Jason de savoir si Micaela a eu de la visite pendant son absence et, bien sûr, il ne peut pas le lui demander. (Chercher des preuves? Des froissements sur la plate-forme, par exemple? Ou des traces sur ses cuisses? Non! Quelle vulgarité!) Il sait très bien que même si personne n'est venu, elle essayera de le lui faire croire — et si quelqu'un est venu, et lui a donné ne serait-ce qu'un modeste plaisir, elle lui adressera un sourire comme si elle avait été étreinte par Zeus lui-même. Il connaît Micaela.

Les enfants semblent calmes. Ils s'échelonnent de deux à huit ans. Il faudra bientôt qu'ils songent à en avoir un autre. Cinq enfants constituent déjà une assez belle famille, mais Jason est conscient de son devoir. Créer la vie est un devoir sacré. Quand on cesse de croître, on commence à périr; ce qui est vrai d'une seule personne l'est tout autant de la population d'une monade urbaine, ou d'une constellation urbaine — d'un continent — d'un univers. Dieu est la vie et la vie est dieu.

Il s'allonge à côté de son épouse.

Il dort.

Il rêve que Micaela a été condamnée à la chute pour conduite antisociale.

Et hop, dans le gouffre! « Pauvre Jason », murmure Mamelon Kluver, venue lui présenter ses condoléances. Sa peau si blanche le fait frissonner. Son parfum musqué. L'élégance de ses traits. L'emprise totale qu'elle possède sur elle-même. Même pas dix-sept ans et déjà totalement et impérieusement entière. « Aidez-moi à me débarrasser de Siegmund, et nous serons l'un à l'autre », dit-elle. Ses yeux brillent diaboliquement, le conviant à devenir sa créature, son esclave. « Jason », chuchote-t-elle. « Jason, Jason, Jason. » Sa voix est une caresse. Sa main vient frôler le sexe viril. Il se réveille, tremblant, en sueur, horrifié et proche de l'orgasme. Il s'assied et pratique une des anciennes méthodes oubliées pour chasser les idées impures. Dieu soit loué, pense-t-il, Dieu soit loué, Dieu soit loué, Dieu soit loué. Je ne pensais pas réellement cela. C'était inconscient. Mon esprit monstrueux libéré de ses chaînes. Il termine l'exercice spirituel et se recouche. Cette fois-ci ses rêves sont plus inoffensifs.

Le lendemain matin, après la ruée tumultueuse et bruyante des enfants vers l'école, Jason se prépare à partir à son bureau quand soudain Micaela lui dit : « Cela ne t'a jamais frappé que tu doives *descendre* 600 étages pour aller travailler, alors que Siegmund Kluver, lui, grimpe jusqu'au sommet, à Louisville ? »

« Dieu soit loué, que veux-tu dire par là ? »

« J'y vois une image très symbolique. »

« Il n'y a aucun symbole là-dessous. Siegmund est dans la branche administrative ; il va là où sont les administrations. Moi je suis historien ; je vais où je peux faire de l'histoire. »

« Tu n'aimerais pas un jour travailler à Louisville ? »

« Non. »

« Pourquoi n'as-tu aucune ambition ? »

« Ta vie est-elle si misérable ici ? » demande-t-il, faisant un effort pour se contrôler.

« Je voudrais que tu me dises pourquoi Siegmund, à quatorze ou quinze ans, est déjà arrivé si haut, alors que toi, à vingt-six ans, tu es toujours un gagne-petit. »

« Siegmund est ambitieux, et moi je suis plutôt passif — je le reconnais. Peut-être est-ce chromosomique. Siegmund se trouve bien de cette vie de lutte perpétuelle. D'autres ne le supportent pas — la plupart. Les luttes stérilisent, Micaela. C'est un besoin primitif. Dieu soit loué, que reproches-tu à ma carrière ? Quel mal y a-t-il à vivre à Shangai ? »

« Un niveau plus bas, et nous serions à... »

« A Chicago », la coupe-t-il. « Je sais. Mais nous n'y sommes pas. Maintenant puis-je m'en aller travailler ? »

Il part. En chemin il se demande s'il doit envoyer Micaela chez le conseiller. Il est impérieux qu'elle se réajuste à la réalité. Son seuil de consentement a dangereusement baissé, tandis que son niveau de désirs a considérablement grimpé. Jason est parfaitement conscient qu'il faut prendre en considération de telles variations avant qu'elles ne deviennent incontrôlables et ne conduisent à une conduite antisociale et à la chute. Micaela a sans aucun doute besoin des soins d'un éthicien. Mais Jason repousse cette éventualité. L'idée que quelqu'un tripote dans l'esprit de son épouse lui répugne. C'est du moins ce qu'il prétend, mais en lui-même une voix moqueuse insinue qu'il laisse aller parce qu'il espère secrètement voir Micaela commettre des actes définitivement antisociaux qui lui feront dévaler la chute. Il pénètre dans le descenseur et programme l'étage de son bureau, à Pittsburgh. Le corps léger, il plonge à travers les cités qui forment Monade urbaine 116. Chicago, Édimbourg, Nairobi, Colombo.

Tout autour de lui, il éprouve la masse énorme, réconfortante dans sa solidité. C'est son monde qu'il traverse. Jamais il n'est sorti de la tour. Pour quoi faire ? Ses amis, sa famille, toute sa vie, sont contenus ici. Rien n'y manque : théâtres, stades, écoles, hôpitaux, maisons du culte. Devant son pupitre électronique il a accès à n'importe quelle œuvre d'art considérée comme humainement sanctifiante. Aucune personne de sa connaissance n'a jamais quitté le bâtiment sauf ceux tirés au sort, il y a quelques mois, pour aller peupler la nouvelle Monade urbaine 158 — et ceux-ci, bien sûr, ne reviendront jamais. Selon certaines rumeurs, les administrateurs urbains iraient parfois en voyages d'études de tour en tour, mais Jason n'est pas certain que ce soit vrai — il ne voit pas non plus la nécessité ou l'intérêt de telles tournées. N'existe-t-il pas des réseaux intermonadiaux de communication instantanée capables de transmettre toutes les informations nécessaires ?

C'est un système parfait. Étant historien, donc en position privilégiée pour étudier les documents de l'époque pré-monadiale, il se rend mieux compte que les autres de la perfection intrinsèque. Il connaît l'épouvantable chaos qui régnait auparavant. Les libertés horribles ; l'atroce nécessité d'avoir à choisir, L'insécurité. La confusion. Le manque de guidages. L'informité des contextes.

185e étage. Il se rend à son lieu de travail, à travers les couloirs endormis de la cité. C'est une pièce modeste, mais il s'y trouve bien. Des murs miroitants. Une fresque murale peinte sur le plafond. Et, bien sûr, les écrans et claviers indispensables.

Sur son bureau, cinq petits cubes étincelants. Chacun d'eux représente le contenu de plusieurs bibliothèques. Il y a deux ans maintenant qu'il travaille dessus, pour sa grande idée : *La Monade Urbaine en tant qu'Évolution Sociale : Paramètres de l'Esprit Définis Par la Structure Communautaire*. Son argumentation est la suivante : la transition à une société monadiale a apporté une transformation fondamentale de l'esprit humain — chez les Occidentaux, tout au moins. Une sorte d'orientalisation, ayant permis à ces peuples autrefois agressifs d'accepter leur nouvel environnement. Des réactions et des réponses plus souples, plus consentantes, aux événements.

L'ancienne philosophie expansionniste-individualiste a été abandonnée ainsi que ses conséquences (à savoir l'ambition territoriale, la mentalité *conquistador*, la poussée vers le toujours plus loin) au profit d'une sorte de conscience collective centrée sur la croissance ordonnée et illimitée de la race humaine. Une évolution psychique indubitable — une étape vers l'acceptation totale de la future société. Les opposants avaient été évincés des générations plus tôt. Nous qui n'avons pas dévalé la chute acceptons l'inéluctable. Oui. Oui. C'est un sujet d'une immense importance, Jason en est persuadé. Micaela n'avait pas été du même avis quand il lui en avait parlé. « Tu veux dire que tu vas écrire des pages et des pages pour prouver que des gens habitant dans des cités différentes sont eux-mêmes différents de ceux qui vivent dans la jungle ? Quelle idée révolutionnaire ! Je peux en dire autant que toi en quelques mots. » Il n'avait pas non plus rencontré un grand enthousiasme quand il avait proposé son sujet au Conseil — il avait toutefois réussi à obtenir leur accord. Jusqu'à présent il s'est essentiellement occupé de se plonger dans les images du passé, afin de devenir lui-même un citoyen d'une société pré-monadiale. Il espère ainsi acquérir la parallaxe nécessaire, la perspective sur sa propre société dont il aura besoin pour son étude. Il ne compte pas commencer la rédaction avant deux ou trois ans.

Il consulte ses notes, choisit un cube et l'insère dans le compartiment.

Une sorte d'extase s'empare de lui tandis que les premières vues de l'ancien monde apparaissent sur l'écran. Il s'approche du micro et commence à dicter. Son débit est tellement précipité qu'il en bafouille — c'est ainsi qu'étaient les choses.

Des maisons et des rues... un monde horizontal... des unités d'habitations individuelles : ma maison, mon château... fantastique ! Trois personnes vivant sur mille mètres carrés à peu près... des rues. Le concept de rue nous semble difficile à concevoir — comme un énorme couloir sans fin... des véhicules privés... où se dépêchent-ils ? Pourquoi vont-ils si vite ? Pourquoi ne restent-ils pas chez eux ? Fracas ! Du sang ! Une tête qui heurte du verre et le fait éclater. Encore un fracas ! Un fluide sombre se répand dans la rue et brûle... Une journée de printemps... en plein jour... une ville importante... scène de rue... quelle cité ? Chicago, New York, Istanbul, Le Caire... des gens marchent en PLEIN AIR... *des rues pavées... les êtres et les véhicules se frôlent et se croisent... quelle horreur ! Estimation approximative : 10 000 personnes sur une bande de huit mètres de large sur quatre-vingts de long. Vérifier estimation. Coude à coude. Dire qu'ils pensaient que notre monde serait surpeuplé ! Du moins nous ne nous marchons pas sur les pieds comme eux, nous n'empiétons pas sur notre voisin — nous avons appris à garder nos distances à l'intérieur de notre vie entièrement urbaine. Au milieu de la rue, des véhicules en mouvement... le bon vieux chaos... activité principale : la recherche des biens... consommation personnelle... image vectorielle interne d'une boutique donnée par cube 11 A b 8 — échange argent-marchandises. Pas de grandes différences excepté la nature circonstancielle de la transaction... ont-ils besoin de ce qu'ils achètent ? où le* METTENT-*ils ?*

Il n'y a rien de neuf là-dedans. Jason a déjà vu de semblables scènes plusieurs fois, et pourtant sa fascination n'est pas émoussée. Tendu, transpirant par tous les pores de sa peau, il essaye de comprendre ce monde où chacun choisit de vivre où il veut, où les êtres se déplacent à pied ou en véhicule en plein air, où rien n'est planifié, où il n'existe ni ordre ni contrainte. Il doit doublement faire preuve d'imagination : d'abord voir ce monde disparu de l'intérieur comme s'il y vivait, et deuxièmement essayer de considérer la société monadiale avec les yeux d'un homme du xxᵉ siècle. L'ampleur de sa tâche l'effraye. Il sait d'une façon approximative quels seraient les sentiments d'un voyageur venu du temps devant Monade urbaine 116, par exemple : une sorte d'enfer où s'entassent des vies atrocement étriquées et barbares, où toute philosophie civilisée est irrémédiablement basculée, où la prolifération démographique est diaboliquement encouragée pour obéir à on ne sait quel incroyable concept d'une déité éternelle réclamant toujours plus d'adorateurs, où tout refus est formellement interdit et les dissidents impitoyablement détruits. Jason connaît les termes, les mots exacts qu'emploierait un Américain libéral intelligent de, mettons, 1958. Pourtant il ne peut pas vraiment se mettre à sa place. Il s'efforce de considérer son propre monde comme un enfer invivable, mais en vain — il ne le ressent pas véritablement. Logique avant tout, il sait pourquoi la vieille civilisation horizontale a dû évoluer vers la verticale, et pourquoi alors il devint obligatoire d'éliminer — de préférence avant qu'ils ne soient en âge de se reproduire — tous ceux qui refusaient ou ne pouvaient s'adapter à la nouvelle société. Comment tolérer des fauteurs de troubles à l'intérieur de structures aussi serrées, aussi subtiles, aussi soigneusement élaborées que celles d'une monade urbaine ? Il sait que deux siècles passés à jeter les anomos dans la chute ont créé un nouvel homme. Mais après cette sélection, ce nouvel homme, placide, adapté, parfaitement intégré, cet *Homo urbmonadis* existe-t-il réellement ? Ce sont ces questions qu'il a l'intention d'éclairer dans son livre. Mais la difficulté, l'absurde difficulté, est d'arriver à les appréhender selon l'angle de vue d'un homme de l'ancienne époque !

Jason lutte et s'acharne à comprendre la hantise de la surpopulation qui régnait autrefois. Il a découvert dans les archives des piles de textes plaidant contre la démographie galopante — tous puants de hargne, écrits à une époque où moins de quatre milliards peuplaient le monde. Il n'ignore pas, bien sûr, qu'en s'étalant horizontalement comme ils le faisaient, ils risquaient d'engorger la planète tout entière ; mais pourquoi craignaient-ils autant l'avenir ? Ils ne pouvaient manquer de présager les beautés de la civilisation verticale !

Eh bien, non ! Non ! C'est justement là que le raisonnement achoppe. Ils refusaient les perspectives. Au lieu de quoi, ils parlaient de limitation des naissances, en édictant, si nécessaire, des lois gouvernementales pour réduire le taux de natalité. Jason en frissonne. « Ne vous rendez-vous pas compte », demande-t-il à ses cubes, « que seul un régime totalitaire peut faire respecter de telles normes ? Vous prétendez que *nous sommes* une société répressive, mais quel genre de société auriez-vous édifié sans l'avènement des monades urbaines ? »

« Nous préférons limiter les naissances et accorder une entière liberté sur les autres plans », lui répond la voix des anciens hommes. « Vous avez accepté la liberté de vous multiplier, mais au détriment des autres libertés. Ne voyez-vous pas... »

« C'est vous qui ne voyez rien », se fâche Jason. « Une civilisation ne peut conserver son élan (et si elle n'accélère pas, elle meurt) qu'en exploitant la fertilité que dieu nous a donnée. Nous avons résolu le problème de la place pour tous. La terre porte une population dix ou vingt fois supérieure à ce que vous imaginiez comme le maximum absolu. Vous y voyez une répression et un autoritarisme. Mais que faites-vous des milliards de vies qui n'auraient jamais existé dans votre système ? N'est-ce pas cela la pire répression, interdire de vivre à des êtres humains ? »

« Quel est l'intérêt de leur permettre d'exister si c'est pour les entasser dans une boîte à l'intérieur d'une autre boîte, elle-même à l'intérieur d'une autre boîte, et ainsi de suite ? Que faites-vous de la qualité de la vie ? »

« Je ne vois pas ce qu'on peut reprocher à la qualité de la vie. Nous nous accomplissons dans le libre jeu des échanges et des relations humaines. Pourquoi irais-je en Chine ou en Afrique, si je peux les trouver dans un même bâtiment ? N'est-ce pas un signe de destruction interne que de se sentir contraint à rôder à travers la planète ? A votre époque, tout le monde voyageait, maintenant plus personne. Laquelle des deux sociétés est la plus stable ? Laquelle est la plus heureuse ? »

« Laquelle est la plus humaine ? Laquelle exploite le mieux et le plus totalement la potentialité humaine ? N'est-ce pas dans notre nature de chercher, de lutter, d'atteindre l'inaccessible ? »

« Et la recherche intérieure ? L'exploration de la vie profonde ? »

« Mais ne voyez-vous pas ? »

« Mais ne voyez-vous pas ? »

« Si seulement vous vouliez écouter... »

« Si seulement vous vouliez écouter... »

Jason et son interlocuteur se taisent, à bout d'arguments. Aucun des deux ne veut écouter. Ils n'arrivent pas à communiquer. Jason continue ainsi tout le reste de la journée à examiner, analyser et annoter. Ce n'est qu'au moment de partir qu'il se rappelle le mémorandum de la veille au soir. L'étude des anciennes coutumes sexuelles lui permettra peut-être de pénétrer plus intimement dans cette civilisation disparue. Il compose sa demande d'archives ; les cubes seront sur son bureau quand il arrivera demain matin.

Il rentre à Shangai ; vers Micaela.

Ce soir les Quevedo ont des invités à dîner : Micael, le frère jumeau de Micaela, et son épouse Stacion. Micael est un analo-électronicien ; il vit à Édimbourg avec son épouse, au 704e étage. Jason apprécie sa compagnie, tonique et vivifiante, bien que la ressemblance physique entre Micaela et son frère — qui dans le passé l'avait amusé — l'inquiète et le dérange à présent. Micael porte les cheveux longs, tombant aux épaules, et il ne mesure guère qu'un centimètre de plus que sa sœur si longue et si élancée. Ce sont, bien sûr, de faux jumeaux, et pourtant leurs traits sont presque copiés. L'identité est encore plus frappante dans les expressions quand ils sourient ou se renfrognent. S'ils lui tournent le dos, Jason éprouve les pires difficultés à les distinguer, à moins qu'ils ne soient côte à côte — le même maintien, les poings sur les hanches, la tête jetée en arrière. On peut même les confondre de profil, étant donné la poitrine menue de Micaela. Il est souvent arrivé à Jason de rester un court instant interloqué, ne sachant s'il se trouvait devant Micael ou Micaela. Si seulement Micael se laissait pousser la barbe! Mais ses joues sont douces et glabres.

Impossible de le nier, Jason éprouve une sorte d'attirance physique pour son beau-frère. C'est tout à fait naturel, considérant le désir que lui a toujours inspiré son épouse. Rien que de la voir là, à l'autre bout de la pièce, tournée de trois quarts, penchée sur le pupitre électronique, son dos nu et lisse, le petit globe d'un sein pointant sous l'arc de son bras, il ressent le besoin d'aller vers elle et de la caresser. Et si c'était Micael? Ses mains se poseraient sur une poitrine, et la découvriraient plate et musclée? Et s'ils se liaient en une étreinte passionnée? Sa main remonterait le long de la cuisse et rencontrerait, non pas le doux nid chaud, mais le lourd membre de chair. Qu'il la/le retourne? Toucher ces fesse dures et nerveuses! Oh, l'étrange et brutale bouffée! Non. Jason repousse les images qui l'assaillent. Depuis les tendres années de l'enfance, il n'a plus connu charnellement de personnes de son sexe. Et il ne se le permettra pas. Ces relations ne sont pas interdites évidemment dans la société monadiale, où tous les adultes sont également accessibles. Beaucoup en profitent. Micael, lui-même, d'après ce qu'il a entendu dire. Si Jason le veut, Micael ne se refusera pas. Se refuser est un péché. Il suffit de demander. Mais Jason ne demande pas. Il lutte contre la tentation. Le caractère morbide de la situation ne lui échappe pas. L'homme que je désire est le sosie de mon épouse. Pourquoi est-ce que je résiste ? Si je le veux, pourquoi ne pas le prendre ? Non. Je ne le veux pas vraiment. C'est une échappatoire ; c'est mon désir de Micaela que je transfère sur lui. Mais la vision érotique réapparaît dans son esprit. Il se voit avec Micael leurs bouches ouvertes et soudées l'une à l'autre. L'image de ce baiser est trop précise, trop crue ; Jason se lève brusquement, bousculant la fiasque de vin, cadeau de Stacion, que celle-ci rattrape d'extrême justesse. En quelques enjambées rapides il se précipite vers Micaela essayant de cacher l'érection qui gonfle ses chausses vert et or, et enferme un des seins dans sa main. Le téton est doux et mou sous ses doigts. Il se colle contre elle, lui mordillant la nuque. Elle se laisse faire, sans arrêter pour autant de programmer le dîner. Il continue — sa main glisse dans l'ouverture du sarong, caresse le ventre avant de glisser sur les reins. Micaela se dégage d'un brusque mouvement des hanches. « Arrête ! » chuchote-t-elle, d'une voix rauque. « Arrête ! Pas avec *eux*, ici ! »

Enragé, Jason se jette sur le coffret à fumots et en offre à la ronde. Stacion refuse ; elle est enceinte. C'est une rousse, rondelette, gentille et douce de caractère — absolument déplacée dans cette réunion d'hypertendus. Jason aspire avidement la fumée. Au fond de lui, il sent tous ses nœuds se dénouer. Il peut à présent regarder Micael, sans que lui viennent à l'esprit des images scabreuses. Mais il ne peut oublier cette bouffée de désir. Micael se doute-t-il ? Rirait-il si je lui disais la vérité ? S'offusquerait-il ? M'en voudrait-il de m'être tu ? Et si c'était *lui* qui me le demandait, que ferais-je ? Jason prend un second fumot et son esprit se vide instantanément de toutes les questions auxquelles il ne veut/peut pas répondre. « Alors, pour quand est ce bébé ? » demande-t-il, avec une feinte bonne humeur.

« Quatorze semaines, Dieu soit loué », répond Micael. « Le numéro cinq. Une fille, cette fois. »

« Nous l'appellerons Céleste », dit Stacion, se tapotant le ventre. Sa tenue de grossesse est composée d'un court boléro jaune et d'une bande brune ceignant sa taille. Son ventre bombé est nu. Le nombril protubérant semble être le pédoncule de ce gros fruit de chair. Ses seins, gonflés de lait, apparaissent et disparaissent au rythme de la respiration sous la courte veste entrouverte. « Nous envisageons de demander des jumeaux pour l'année prochaine », ajoute-t-elle. « Un garçon et une fille. Micael me parle tout le temps de l'époque bénie et heureuse, quand lui et Micaela étaient jeunes. Comme s'il existait un monde spécial pour les jumeaux. »

Ces mots déclenchent aussitôt en Jason une série de visions érotiques, le ramenant à ses vieux fantasmes. Il voit les jambes de Micaela se tendant sous le corps souple et actif de son frère — il voit l'expression d'extase qui transforme le visage encore enfantin, fixant un point au-dessus de l'épaule du jeune homme. Oh oui, quel bon temps ils ont dû avoir tous les deux ! Micael, le premier à la pénétrer. A quel âge ? Neuf, dix ans, peut-être. Peut-être encore plus tôt ? Leurs expériences maladroites. Laisse-moi monter sur toi, cette fois-ci, Micael. Oh, ça va plus loin comme ça. Tu crois que c'est mal ce qu'on fait ? Mais non, idiote ; ne sommes-nous pas restés liés ensemble pendant neuf mois ? Mets ta main là. Et ta bouche... ici... encore. Oui. Tu fais mal à mes seins, Micael. Oh ! Oh ! C'est bon ! Attends, encore quelques secondes. Ah, le bon temps ! « Qu'y a-t-il, Jason ? » C'est la voix de son beau-frère qui lui parle. « Tu sembles tellement crispé. » Jason, de toutes ses forces, lutte pour se dominer. Ses mains tremblent. Un troisième fumot. C'est très rare qu'il en prenne autant avant de dîner.

Stacion aide Micaela à sortir le repas. « J'ai appris que tu t'étais lancé dans un nouveau sujet de recherches », dit Micael. « De quoi s'agit-il exactement ? »

Quelle délicatesse! Il a deviné que je suis mal à l'aise. Il essaye de me sortir de mes cauchemars. De toutes ces pensées morbides qui m'assaillent.

« Je pose la question de savoir si la vie urbmondiale engendre un nouvel être humain. Un homme parfaitement adapté aux deux données essentielles de notre société : un espace vital restreint et un très faible coefficient d'intimité privée. »

« Tu veux dire une mutation génétique ? » demande Micael, plissant le front. « Un héritage de caractéristiques sociales ? »

« C'est ce que je pense. »

« Mais cela est-il possible ? Peut-on parler de génétique quand des gens décident volontairement de se réunir en une société comme la nôtre et de...? »

« Volontairement ? »

« Tu ne crois pas ? »

Jason sourit. « Je doute que ce fût jamais volontaire. Au début, sais-tu, ce fut la nécessité qui les y poussa. A cause du chaos qui régnait dans le monde. Ou s'enfermer et se protéger dans des bâtiments clos, ou s'exposer aux périls extérieurs — je parle des années de famine. Et depuis, depuis que tout s'est stabilisé, crois-tu que ça ait changé ? Pouvons-nous vraiment choisir où vivre ? »

« Je suppose que nous pourrions sortir si nous le voulions vraiment, et vivre dans ce qui peut exister à l'extérieur. »

« Mais nous ne le choisissons pas. Parce qu'au fond de nous, nous savons que ce ne serait qu'une absurde fantaisie. Nous restons ici, que cela nous plaise ou non. Et ceux à qui cela ne convient pas, ceux qui éventuellement ne peuvent plus le supporter... eh bien, tu sais ce qui leur arrive. »

« Mais... »

« Attends. N'oublie pas ces deux siècles de sélection, de tamisage, Micael. La chute pour les anomos ! Et ceux certainement qui ont réussi à s'enfuir, du moins au début. Ceux qui sont restés se sont adaptés aux circonstances. Ils *aiment* la vie urbmonadiale. Cela leur semble naturel. »

« Mais est-ce réellement génétique ? On pourrait appeler cela un conditionnement psychologique, non ? Par exemple, en Asie, les gens n'ont-ils pas toujours vécu entassés comme nous le sommes, se multipliant sans cesse — dans de pires conditions : sans hygiène, sans régulation, sans rien — et pourtant ils l'acceptaient comme un état de choses naturel. »

« Bien sûr », opine Jason. « Parce que depuis des millénaires on leur avait inculqué de ne pas se rebeller contre cet état de choses-là. Ceux qui restaient, ceux qui se reproduisaient, étaient ceux qui acceptaient. Il en est de même chez nous. »

« Comment peux-tu faire la différence », demande Micael, d'un ton dubitatif, « entre le conditionnement psychologique et une modification génétique à long terme ? Comment savoir ce qui est du ressort de l'un ou de l'autre ? »

« Je n'ai pas encore étudié cet angle de vue », reconnaît Jason.

« Tu n'aurais pas intérêt à collaborer avec un généticien ? »

« Peut-être plus tard. Quand j'aurai établi les paramètres de recherches. Tu sais, je ne suis pas encore prêt à *soutenir* cette thèse. Je recueille des informations pour savoir simplement si on peut la soutenir. J'applique une méthode scientifique — c'est-à-dire que je me refuse à faire des suppositions a priori et chercher après les faits qui les corroborent. Au lieu de quoi, j'examine d'abord les faits et... »

« Oui, oui, je sais. Mais entre nous, tu penses vraiment que c'est ainsi que cela s'est passé, n'est-ce pas ? Une espèce nouvelle : l'homme monadial. »

« Oui, je le crois. Deux siècles de sélection, impitoyablement menée. Et le résultat ? Tous, autant que nous sommes, parfaitement adaptés à cette vie. »

« Ah... Oui... Tous autant que nous sommes... »

« Avec quelques exceptions », ajoute Jason, se reculant légèrement. Les deux hommes s'observent mutuellement. Quelles pensées, s'interroge Jason, se cachent derrière le regard froid de son beau-frère ? « Mais quoi qu'il en soit, ce phénomène d'adaptation est général. Où est passée l'ancienne philosophie expansionniste occidentale ? J'oserais dire : expurgée de la race. Le goût du pouvoir ? L'amour de la conquête ? La soif des biens et de la propriété ? Disparu. Disparu. Disparu. Ce ne peut être, d'après moi, l'aboutissement d'un processus de conditionnement. Je crois plutôt que l'espèce a été dépouillée de certains gènes qui la prédisposaient à... »

« ... dîner, professeur », appelle Micaela.

C'est un repas fastueux. Steaks aux protéines, salade, pudding soufflé, condiments, soupe de poissons. Rien de reconstitué et presque rien de synthétique. Micaela et lui vont devoir s'imposer des restrictions pendant au moins deux semaines pour résorber un tel trou dans leur budget loisirs. Il cache son irritation. Micael est toujours reçu somptueusement quand il vient chez eux ; Jason se demande pourquoi, étant donné que Micaela n'a pas l'habitude de se montrer aussi prodigue avec ses sept autres frères et sœurs. Elle en a déjà invité deux ou trois, mais très rarement, alors que Micael vient au moins cinq fois par an, et chaque fois c'est un festin en son honneur. Les soupçons de Jason se réveillent. Quelque chose de sale existe-t-il entre ces deux êtres si semblables ? Les vieilles passions enfantines se consument-elles encore ? Des jumeaux s'accouplant, ce peut être charmant, à l'âge de douze ans, mais qu'en est-il à vingt-trois ans et mariés ? Micael prenant ma place sur ma plate-forme ? Jason s'afflige. Il doit déjà lutter contre la fixation homosexuelle qui l'attire vers son beau-frère ; mais maintenant il se tourmente et craint que l'inceste ne soit consommé derrière son dos. Une vie de doutes et de soupçons ! Et pourtant, même si cela était ? Il n'y aurait rien là de socialement répréhensible. Prenez votre plaisir là où vous le voulez. Dans la couche de votre sœur si tel est votre désir. Micaela Quevedo serait-elle disponible pour tous les mâles de Monade urbaine 116, sauf pour son malheureux frère ? Le fait d'avoir été portée dans le même ventre que Micael la lui rend-elle intouchable ? Jason se force à réfléchir objectivement. Le tabou qui frappe l'inceste n'a de sens que s'il y a procréation. D'ailleurs rien n'affirme qu'ils l'ont commis ou le commettront jamais. Comment se fait-il que depuis quelque temps mon cerveau n'imagine que turpides et bassesses ? C'est la faute de cette garce, décide-t-il. Son attitude agressive, sa froideur à mon égard m'incitent à cette attitude sacrilège. Si elle continue à m'agacer, je vais...

Je vais quoi ? Séduire Micael pour le lui enlever ? La tortuosité de ses pensées le fait rire.

« Il y a quelque chose de drôle ? » demande soudain Micaela. « Fais-le-nous partager, Jason. »

Il lève la tête, le regard affolé. Que peut-il répondre ? « Oh, une idée idiote », improvise-t-il. « A propos de toi et Micael ; à quel point vous vous ressemblez. Je pensais qu'une nuit vous pourriez changer de plate-forme, et un promeneur nocturne viendrait pour toi, Micaela, et quand il se coucherait il réaliserait qu'il est avec un homme au lieu d'une femme, et alors... euh... il... » Jason réalise qu'il ne peut continuer. Il bredouille quelques sons inintelligibles et se tait.

« Quelle idée bizarre », remarque Micaela.

« De toute façon, et alors ? » intervient Stacion. « Cet homme serait surpris une minute peut-être, mais après il se ressaisirait et prendrait Micael. Ce serait préférable plutôt que de faire une scène ou être obligé de se lever et repartir ailleurs. C'est pourquoi je ne vois pas ce qu'il y a de drôle. »

« Laissez tomber », grogne Jason. « Je vous ai dit que c'était idiot. Micaela a insisté pour que je raconte ce qui m'était passé par la tête, et je vous l'ai dit, mais ce n'est pas ma faute si cela n'a aucun sens, n'est-ce pas? N'est-ce pas? » Il attrape la fiasque de vin et verse presque tout le restant dans sa coupe. « C'est du bon », marmonne-t-il.

Après le dîner, ils partagent un épanouissant; excepté Stacion, bien sûr. Pendant à peu près deux heures, ils planent librement. Puis, quelques minutes avant minuit, Micael et Stacion partent. Jason préfère ne pas regarder les embrassades d'adieu entre son épouse et son beau-frère. Dès que leurs invités sont sortis, Micaela se dépouille de son sarong et lui lance un long regard féroce et brûlant, comme si elle le défiait de la prendre ce soir. Jason a conscience de sa muflerie en ignorant l'invitation muette de son épouse, mais l'expérience tout intérieure qu'il a vécue pendant la soirée le pousse à la fuite. « Excuse-moi », lui dit-il, « mais j'ai envie de bouger. » Sur le beau visage féminin l'expression érotique s'efface pour faire place à l'ahurissement, puis à la rage. Jason n'attend pas. Il sort en toute hâte et se précipite dans le descenseur. 59e étage. Varsovie. Il pénètre dans un appartement. Une femme dort sur une plate-forme de repos défaite. Elle a la trentaine, des cheveux blonds ébouriffés, un corps doux et pulpeux. Elle est seule. Dans leurs couchettes, une multitude d'enfants — huit au moins. Jason la réveille. Il se présente. « Jason Quevedo. Shangai. »

Elle cligne nerveusement des yeux, comme si elle avait du mal à sortir de son sommeil. « Shangai? Mais avez-vous le droit d'être ici? »

« Qui prétend le contraire? »

Elle réfléchit un moment. « Personne. Mais ceux de Shangai ne viennent jamais ici. Shangai vraiment? Vous? »

« Faut-il que je vous montre ma plaque d'identité? » demande-t-il rudement.

Son intonation d'érudit fait fondre les dernières résistances de la femme. Elle sourit, arrange sa chevelure, se vaporise un nuage cosmétique sur le visage, pendant qu'il se déshabille. Il grimpe sur la plate-forme. Elle l'attend, présentant son sexe, les genoux tirés sur sa poitrine. Il la prend grossièrement, impatiemment. Micael, pense-t-il. Micaela. Micael. Micaela. Dans un râle, il déverse son fluide dans le ventre de la femme.

Le lendemain matin, à son bureau, il commence son nouveau programme, portant sur les anciennes mœurs sexuelles. Comme il le fait toujours, il se borne au XXe siècle qu'il considère comme l'apogée de l'ère ancienne. Donc le plus signifiant — révélant les schémas d'attitudes et de réponses édifiés tout au long de la période industrielle pré-monadiale. Pour son propos le XXIe siècle offre moins d'utilité, ayant été, comme toutes les périodes de transition, essentiellement chaotique et confus. Le XXIIe, début de l'âge urbmonadial, appartient déjà aux temps modernes. C'est pourquoi il a choisi le XXe comme champ privilégié d'études. Sur la tapisserie psychédélique apparaissent déjà les taches de l'effondrement, et des zébrures d'apocalypse la sillonnent pernicieusement comme des menaces informulées mais réelles.

Jason a bien soin de ne pas tomber dans le piège de l'historien : la fausse perspective. Le XXe siècle, vu de si loin, semble une entité simple, mais il sait que c'est une erreur d'évaluation due à une schématisation excessive. Il est vrai que certains courants essentiels traversent paisiblement l'ensemble du siècle, mais il ne faut pas oublier pour autant certains changements qualificatifs engendrant des discontinuités historiques majeures s'échelonnant de décennie en décennie. La libération de l'énergie atomique a été un de ces changements. Le développement des transports intercontinentaux rapides en a été un autre. Sur un autre plan, la mise au point et la diffusion de moyens contraceptifs simples et efficaces ont provoqué un changement fondamental du problème sexuel, une véritable révolution. Et la venue de l'âge psychédélique, avec ses problèmes et ses joies propres, marque une autre cassure importante, scindant le siècle en deux, avant et après. Ainsi 1910, 1930, 1950, 1970 et 1990 constituent des dates à l'intérieur du siècle, auxquelles Jason peut se référer dans son étude.

Le matériel ne lui fait pas défaut. En dépit des destructions pendant et après l'effondrement, il subsiste une immense documentation sur les ères prémonadiale ensevelie dans quelque chambre forte souterraine. Jason ignore où se trouve cette banque centrale d'archives (s'il n'y en a qu'une et non une multitude d'entre elles éparpillées un peu partout dans le monde) mais elle n'est certainement pas dans Monade urbaine 116, ni même dans la constellation des Chipitts. Cette question est sans importance, pourvu qu'il puisse obtenir ses informations le plus vite possible. La seule difficulté est de savoir comment formuler sa demande pour avoir satisfaction.

A présent, Jason est suffisamment au fait des usages pour remplir pertinemment les formulaires d'obtention d'archives. Il sait comment les composer sur son clavier — et les cubes arrivent aussitôt. Livres. Films. Programmes de télévision. Affiches. Publicités. Il n'ignore pas non plus que pendant plus de la moitié du siècle tout ce qui touchait au sexe a emprunté deux voies : une licite et une illicite. D'un côté les romans et films commercialisés publiquement, et d'un autre tout le courant érotique clandestin interdit. Jason se documente aux deux sources. L'éros de l'époque est à cheval sur ces deux réalités ; ce n'est qu'à travers cette double pesée que la vérité objective peut être appréhendée. Ne pas oublier non plus les codes légaux, avec leurs cortèges d'interdictions. New York, par exemple : Toute personne s'étant exposée nue ou ayant exposé ses parties génitales complaisamment et lubriquement dans tout endroit public, ou dans tout autre endroit où se trouvent d'autres personnes, ou ayant incité un tiers à s'exhiber sera coupable de... Dans l'État de Georgie, lit-il, tout passager de wagon-lit, qui occupe un compartiment autre que le sien se rend coupable de délit contraventionnel et est punissable d'une amende maximale de 1 000 dollars ou de douze mois d'emprisonnement. Les lois de l'État du Michigan stipulent que toute personne qui, pendant le traitement médical d'une personne du sexe féminin, lui aura fait accroire qu'il est, ou sera nécessaire, ou bénéfique pour sa santé d'entretenir des relations sexuelles avec un homme — et/ou tout homme qui, n'étant pas l'époux de cette femme, commettra l'acte sexuel avec cette femme grâce à ce subterfuge, sera coupable de forfaiture et punissable d'une peine maximale de dix ans. Bizarre. Encore plus bizarre : Toute personne qui connaîtra charnellement, ou entretiendra des relations sexuelles de toutes sortes avec un animal ou un oiseau, sera reconnue coupable de sodomie... Pas étonnant que tout cela ait disparu ! Et ceci ? Quiconque commettra l'acte sexuel avec une personne du sexe masculin ou féminin par l'anus (rectum) ou avec la bouche ou la langue, ou tentera de le commettre avec un cadavre... Et le plus inquiétant : dans le Connecticut l'usage des contraceptifs est interdit, sous peine d'une amende minimale de 50 dollars ou de soixante jours à un an de prison — dans le Massachusetts : quiconque vend, loue, donne, expose (ou offre) tout instrument, ou médicament, ou drogue, ou tout autre moyen destiné à prévenir la conception sera passible d'un maximum de cinq ans de prison ou d'une amende maximale de 1 000 dollars. Comment ? Comment ? Envoyer un homme en prison parce qu'il a pratiqué le cunnilingus sur son épouse, et punir aussi légèrement les prosélytes de la contraception ! De toute façon, où se trouvait le Connecticut ? Le Massachusetts ? Jason qui est pourtant historien, ne sait pas très précisément. Dieu soit loué, pense-t-il, mais ces malheureux méritaient bien l'apocalypse qui vint les frapper. Quelles étranges lois qui se montraient si clémentes envers les partisans de la limitation des naissances !

D'abord quelques livres et films. Bien qu'il n'en soit qu'à son premier jour de recherches, Jason perçoit déjà certaines grandes lignes — une sorte de relâchement des mœurs qui se poursuit tout au long du siècle, ce processus s'accélérant entre 1920 et 1930 et après 1960. La cheville montrée timidement au début fait vite place aux seins nus. Dans ce domaine tellement curieux de la prostitution, on assiste à cette même érosion au fur et à mesure que les libertés se généralisent. La disparition des tabous dans le vocabulaire sexuel populaire. Jason a du mal à croire ce qu'il lit et voit. Si comprimées étaient leurs âmes ! Si refoulés, leurs désirs ! Pourquoi ? Pourquoi ? Bien sûr, on ne peut nier l'évolution, mais d'atroces restrictions persistent et continuent à prévaloir pendant toutes ces années lugubres, sauf vers la fin où l'effondrement est proche et les barrières s'écroulent. Mais même à ce moment-là subsiste quelque chose de faux. Jason y voit plus d'une volonté consciente et forcée d'amoralité. Ces nudistes timides. Ces débauchés tourmentés. Ces libertins cherchant à se justifier. Étrange. Étrange. Étrange. Il ne peut lutter contre la fascination qu'exercent sur lui les concepts sexuels de ce XXe siècle. L'épouse considérée comme propriété de l'époux. Le prix attaché à la virginité (encore qu'il semble qu'ils se soient débarrassés de *cela* !). L'intervention de l'État dans le choix de certaines positions praticables et d'autres interdites. Les restrictions imposées même sur les mots. Dans un ouvrage prétendument sérieux de critique sociale de l'époque, il relève cette phrase : « Parmi les progrès enregistrés durant la dernière décennie, le moindre n'est pas la liberté, enfin, pour les écrivains, de pouvoir utiliser des mots tels que *baiser* ou *con* dans leurs travaux. » Comment se peut-il que ce fût ainsi ? Accorder tant d'importance à de simples mots ? Dans son box d'études, Jason prononce les vieux mots tabous : « Baiser... Con... baiser... con... » Leur sonorité elle-même a un petit goût démodé, inoffensif. Il essaye les équivalents modernes : « Défoncer... fente... défoncer... fente... défoncer. » Pas plus d'impact. Comment les mots ont-ils jamais pu contenir une telle charge explosive qu'un esprit apparemment intelligent ait cru nécessaire de célébrer la liberté d'en user publiquement ? Dans ce domaine, Jason est conscient des limites de l'historien. Il se sent fondamentalement incapable de comprendre l'obsession que le xxe siècle manifestait à l'égard des mots. Par exemple le D majuscule pour Dieu, comme s'il avait été déshonoré de s'appeler dieu ! Interdire des livres où étaient imprimés c.n, e.....r, b....r, f...e !...

Plus il avance dans son étude, plus il est convaincu de la validité de sa thèse. Il s'est passé une révolution sexuelle fondamentale durant les trois cents dernières années, et les critères culturels n'en sont pas seuls responsables. Nous sommes profondément différents, pense Jason. Nous avons changé — cette modification est cellulaire, une transformation du corps comme de l'esprit. Ils n'auraient jamais pu encourager, ni même tolérer, atteindre à notre totale et entière accessibilité. Nos promenades nocturnes, notre nudité, notre suppression de tous les tabous, notre méconnaissance de toute jalousie irrationnelle, tout cela leur eût paru impossible, répugnant, abominable. Même ceux qui tentaient de vivre un peu à notre façon le faisaient pour de fausses raisons. C'était plus une réaction contre un système répressif existant qu'un besoin positif. Nous sommes différents... Fondamentalement différents.

Fatigué, satisfait de sa journée de travail, Jason quitte son bureau une heure plus tôt que d'habitude. Micaela n'est pas à l'appartement quand il arrive.

Cela l'intrigue. A cette heure-ci elle est toujours là. Les enfants sont seuls, jouant avec leurs jouets. Bien sûr, il est un peu en avance, mais tout de même... Serait-elle sortie pour bavarder avec une amie ? Je ne comprends pas. Et elle n'a laissé aucun message.

« Où est Mamo ? » demande-t-il à son aîné.

« Sortie. »

« Où ? »

« En visite », répond son fils en haussant les épaules.

« Il y a longtemps qu'elle est partie ? »

« Une heure, ou deux peut-être. »

Pas très utile comme renseignement ! Nerveux, l'esprit agité, Jason appelle des amies de Micaela, habitant le même étage qu'eux. Aucune d'elles ne l'a vue. Le garçon lève les yeux et regarde son père. « Elle a été voir un homme. » Jason fixe l'enfant : « Un homme ? C'est elle qui l'a dit ? Quel homme ? » Mais il ne peut rien en tirer de plus. Serait-elle allée retrouver Micael ? Jason brûle d'envie d'appeler Édimbourg. Rien que pour voir si elle y est. En lui-même, il en débat passionnément. Des images furieuses lui transpercent le crâne. Micaela et Micael mêlés, unis, enflammés, enroulés l'un dans l'autre. Confondus dans leur passion incestueuse — comme tous les après-midi (peut-être). Depuis quand cela dure-t-il ? Et chaque soir, elle revient ici, contre moi, embrasée et moite de *lui*. Il compose le numéro à Édimbourg et le visage de Stacion apparaît sur l'écran. Elle semble calme, sereine dans sa grossesse. « Micaela ? Non, elle n'est pas là, évidemment. Pourquoi, elle devait venir ? »

« Je croyais que peut-être... en passant... euh... »

« Je n'ai pas eu de ses nouvelles depuis l'autre soir, chez vous. »

Jason hésite. Il se décide quand il voit Stacion avancer la main pour couper la communication. « Avez-vous idée où peut être Micael en ce moment ? » lâche-t-il précipitamment.

« Micael ? Il travaille. Équipe Dièdre Neuf ! »

« Vous en êtes certaine ? »

Stacion le considère, sidérée. « Bien sûr que je suis sûre. Où voulez-vous qu'il soit ? Son équipe s'arrête à 1730. » Elle rit. « Vous ne pensez tout de même pas que Micael et Micaela... »

« Non, bien sûr. Vous me croyez idiot ? Je pensais simplement que... si peut-être... euh... » Il bafouille. « Oubliez cela, Stacion. Étreignez-le pour moi quand il rentrera. » Il coupe sèchement. Sa tête le fait souffrir. Il a beau lutter, il ne peut arrêter le flot d'images atroces — les longues mains de Micael étreignant les seins de sa sœur — les petits mamelons rouges et durcis pointant entre les doigts — deux silhouettes semblables face à face comme un reflet dans un miroir — des langues lovées et entremêlées. Non ! Mais où est-elle alors ? Il est tenté d'appeler l'Équipe Dièdre Neuf pour savoir si Micael est vraiment présent, ou s'il est dans un compartiment de rendez-vous en train de défoncer sa sœur.

Jason se jette à plat ventre sur la plate-forme. Il essaye de réfléchir. Quelle importance que Micaela se laisse prendre par son frère ? Aucune. Il ne va tout de même pas se laisser coincer dans une attitude primitive très XXe siècle. D'un autre côté, Micaela a violé une coutume de première importance en allant coucher dans l'après-midi. Si elle veut Micael, pense Jason, qu'elle le fasse venir après minuit comme des gens corrects, mais pas ces cachotteries, ces ruses, ces mensonges. Croit-elle vraiment que je serais choqué d'apprendre qui est son amant ? Devait-elle se cacher ainsi devant moi ? C'est honteux ! Quelle déception ! L'adultère à l'ancienne mode ; les rendez-vous secrets ! Quelle laideur ! Je voudrais lui dire combien...

La porte s'ouvre et Micaela entre. Elle ne porte rien sous sa blouse légère et transparente. Le visage empourpré, ébouriffée, elle arbore un sourire narquois, sous lequel couve la haine.

« Eh bien ? » questionne Jason.

« Eh bien ? »

« J'ai été surpris de ne pas te trouver quand je suis rentré. »

Impassible, elle se déshabille, et passe sous la douche. A la façon dont elle se lave et se frotte, il est évident qu'elle sort de faire l'amour. « Oui, je suis un peu en retard », dit-elle, au bout d'un moment. « Navrée. »

« D'où viens-tu ? »

« Siegmund Kluver. »

Il est stupéfait et en même temps soulagé. Qu'est-ce que cela signifie ? Une promenade *diurne* ? Et la femme prenant l'initiative ? Du moins ce n'était pas Micael. Doit-il la croire ? « Siegmund ? » demande-t-il. « Que veux-tu dire, Siegmund ? »

« Je suis allée lui rendre visite. Les petits ne te l'ont pas dit ? J'avais du temps de libre aujourd'hui, alors je suis allée le voir. Très sanctifiant, je dois reconnaître. Un expert en la matière. Ce n'était pas la première fois avec lui, bien sûr, mais de loin la meilleure. »

Elle sort de la douche, prend deux enfants, les déshabille et les envoie sous le jet de molécules pour leur nettoyage du soir. Tout cela sans prêter la moindre attention à Jason. Celui-ci, atterré, contemple le corps nu et svelte qui bouge devant lui. Il a envie de la sermonner, lui faire la morale, mais il pince les lèvres, se refermant sur lui-même. Non sans mal, il était arrivé à accepter cette passion incestueuse inacceptable entre Micaela et son frère, mais maintenant il lui faut tout réviser. Ce n'est pas Micael, mais Siegmund ! C'est elle qui lui a couru après ? En plein jour. *En plein jour !* N'a-t-elle aucune pudeur ? Pourquoi a-t-elle fait cela ? Par dépit, décide-t-il, rien que par dépit. Pour me narguer. Pour m'énerver. Pour me montrer combien elle tient peu à moi. Elle se sert du sexe comme d'une arme contre moi. Elle affiche, se vante de son heure

121

d'extase avec Siegmund. Mais lui, lui, devrait faire preuve de plus de bon sens. Un homme ambitieux comme lui, se laisser aller à violer les usages ! Peut-être Micaela l'a-t-elle à ce point subjugué qu'il n'ait pu refuser ? Elle en est capable, tout Siegmund qu'il soit ! La garce ! La garce ! Il lève la tête et la voit qui lui fait face, les yeux étincelants, la bouche plissée en un sourire hostile. Elle le provoque. Elle le pousse à la bagarre. Non, Micaela, je n'entrerai pas dans ton jeu. Elle est en train de laver les petits quand il demande d'une voix calme : « Que programmes-tu pour dîner ce soir ? »

A son bureau, le lendemain, il se passe un film tourné en 1969 — Il pense que c'est une comédie. C'est l'histoire de deux couples en Californie qui décident d'échanger les partenaires pour une nuit, mais ils découvrent qu'ils n'ont pas le courage d'aller jusqu'au bout. Jason est pris par le film, non seulement les scènes en intérieurs et en extérieurs, mais le caractère profondément différent de la psychologie des personnages le stupéfie et le fascine — leurs fanfaronnades, la profonde et violente angoisse qui les étreint quand il s'agit de savoir qui va prendre qui et comment, leur ultime lâcheté. Il comprend mieux la crise d'hilarité qui les secoue nerveusement quand ils font l'expérience de ce que Jason pense être du cannabis (étant donné que le film date des tout premiers temps de l'ère psychédélique). Mais ce sont les attitudes sexuelles des personnages qui atteignent le comble du grotesque. Jason visionne deux fois le film, prenant beaucoup de notes. Pourquoi ces gens sont-ils tellement timides ? Que craignent-ils tant ? Une grossesse non désirée ? Une maladie honteuse ? Non, le film est postérieur à l'époque vénérienne. Serait-ce le plaisir lui-même qui leur fait peur ? Ou la punition tribale pour aller à l'encontre du concept monopolisant du mariage au XXe siècle ? Et même si tout se passe dans le secret le plus absolu ! Oui, ce doit être cela, pense Jason. Le sexe est fondamentalement interdit en dehors du mariage, et ce sont ces lois qu'ils se refusent à violer. Le souvenir atavique des vieux châtiments : pilori, lapidation, décollation... La mise au ban de la société... Partout des yeux cachés qui vous épient. La vérité honteuse découverte un jour ou l'autre. Alors ils font marche arrière, s'enfermant un peu plus dans leur petite cellule maritale.

Soudain Micaela s'inscrit dans ce contexte bourgeois XXe siècle. Bien sûr, elle ne ressemble pas aux personnages timides et timorés du film. Elle est, au contraire, cynique, insolente — se vantant de sa visite à Siegmund pour diminuer et rabaisser son époux. Mais Jason y voit une attitude typique du XXe siècle, se situant à l'opposé de l'accommodement harmonieux du monde urbmonadial. Seul un être considérant le sexe comme un moyen pouvait faire ce que Micaela avait fait : réinventer l'adultère dans une société qui n'en connaît pas la signification ! Sa colère augmente ! Sur 800 000 personnes vivant dans Monade urbaine 116, pourquoi avait-il fallu qu'il tombe sur la seule brebis galeuse ? Une femme qui flirte avec son propre frère, non pas parce qu'elle a envie de lui, mais parce qu'elle sait que cela ennuie son époux. Qui va chercher Siegmund au lieu d'attendre qu'il vienne la trouver ! La barbare ! Mais je vais lui montrer. Moi aussi, je sais jouer à son petit jeu sadique !

A midi (il y a à peine cinq heures qu'il s'est mis au travail), il quitte son bureau. L'ascenseur l'emporte jusqu'au 787e étage. Devant l'appartement de Siegmund et Mamelon Kluver, il est soudain pris d'un atroce vertige qui manque le faire tomber. Tant bien que mal, il récupère son équilibre ; mais la panique subsiste en lui, le poussant à fuir. Il lutte contre lui-même, contre sa stupide timidité. Pense aux personnages du film. Pourquoi as-tu peur ? Mamelon est un sexe, une fente comme les autres. Tu en as eu des centaines aussi belles qu'elle. Mais elle est intelligente. Elle est capable de me faire perdre mes moyens en un ou deux coups de patte. Pourtant je la veux. Il y a si longtemps que je me la refuse. Alors que pendant ce temps, Micaela s'enroulait joyeusement avec Siegmund, *l'après-midi!* La garce. La garce. Pourquoi devrais-je souffrir? Dans notre monde, nous sommes censés ne nous priver de personne. Je veux Mamelon, donc... Il pousse la porte.

L'appartement est vide. Dans sa couchette, un bébé dort. Il n'y a pas d'autre signe de vie.

« Mamelon ? » appelle Jason, d'une voix qui se brise.

L'écran s'allume et l'image pré-enregistrée de Mamelon apparaît. Qu'elle est belle, pense-t-il. Son sourire est radieux. « Bonjour », dit-elle. « Je suis à mon cours de polyrythme. Je serai de retour à 1500 heures. Les messages urgents peuvent m'être laissés au Centre d'Accomplissement Somatique de Shangai, ou à mon époux Siegmund, à la Connexion Centrale de Louisville. Merci. » L'image s'évanouit.

1500 heures. Il a presque deux heures à attendre. Que faire ?

La contempler encore. « Mamelon ? » appelle-t-il.

Elle réapparaît sur l'écran. Jason étudie chaque détail du visage adorable : les traits aristocratiques, les yeux sombres et mystérieux. Une femme indépendante, libre, insensible aux démons. Une véritable personnalité, pas une névropathe balayée par les vents psychiques comme Micaela. « Bonjour. Je suis à mon cours de polyrythme. Je serai de retour à 1500 heures. Les messages urgents peuvent... »

Jason est décidé. Il attendra.

Ce n'est pas la première fois qu'il vient ici, mais la décoration de l'appartement ne cesse de l'impressionner. Les rideaux et draperies faits de riches tissus, les objets d'art soigneusement choisis. Autant de marques de statut; il est évident que Siegmund sera bientôt à Louisville, et ces biens personnels sont les preuves avant-coureuses de son imminente accession à la caste dirigeante. Pour tromper son impatience, Jason joue avec les cloisons mobiles, inspecte les meubles, compose des programmes odoriférants. Il va voir le bébé qui s'est réveillé et gazouille dans sa couchette. L'autre enfant des Kluver doit avoir à peu près deux ans maintenant, pense-t-il en faisant les cent pas. Il va bientôt rentrer de la crèche. Jason ne se sent pas disposé à jouer les nourrices tout l'après-midi.

Il allume l'écran et suit le programme abstrait. Le flot de formes et de couleurs l'emporte pendant une autre heure d'impatience. Mamelon ne va plus tarder.

1450. La voici, tenant son enfant par la main. Jason se lève, le cœur battant. La gorge sèche. Mamelon est vêtue simplement et sobrement d'une tunique bleue qui tombe en cascades jusqu'à ses genoux. Elle a un air quelque peu débraillé qui ne lui est pas habituel. Et pourtant, pourquoi pas? Elle a passé son après-midi en exercices physiques; on ne peut attendre d'elle qu'elle soit la Mamelon impeccable et scintillante des soirées.

« Jason? Que se passe-t-il? Pourquoi... »

« Une simple visite », profère-t-il. Il reconnaît difficilement sa voix.

« Vous semblez à moitié anomo, Jason! Seriez-vous malade? Puis-je vous servir quelque chose? » Elle ouvre sa tunique, l'enlève et la jette en boule sous la douche moléculaire. Dessous, elle ne porte qu'un collant absolument transparent. Jason détourne le regard de sa triomphale nudité, tandis qu'elle se dépouille aussi du collant. Après s'être lavée, elle passe un déshabillé, et se tourne vers lui.
« Vous agissez très étrangement, le savez-vous? »

Plonger d'un coup.

« Laissez-moi vous défoncer, Mamelon! »

Surprise, elle rit. « Maintenant? En plein après-midi? »

« Est-ce tellement outrageant ? »

« Inhabituel, plutôt. Surtout de la part d'un homme qui n'est jamais venu me visiter la nuit. Mais je suppose que rien ne s'y oppose. D'accord, venez... »

Aussi simple que ça. Elle ôte son déshabillé et gonfle la plate-forme de repos. Elle ne se refusera pas à lui, bien sûr ; ce serait impie et sacrilège. Une femme de son époque, vivant en harmonie avec la loi, mais sachant ne pas se limiter à l'obéissance trop stricte des règles. Même s'il a choisi une heure bizarre, elle se donnera à lui — sa peau blanche, ses seins hauts et pleins, le nombril profondément ourlé, la toison brune qui boucle sur le ventre à l'embranchement des cuisses. De la plate-forme, elle s'incline vers lui, souriante. Elle frotte ses genoux l'un contre l'autre pour se préparer à l'accueillir.

Jason enlève ses vêtements, qu'il plie soigneusement. Il s'étend à côté d'elle. Sa main nerveuse va envelopper un sein, tandis qu'il mordille le lobe d'une oreille. Il veut désespérément lui dire qu'il l'aime. Mais cela serait une folie bien pire que celles qu'il a commises jusqu'ici. Dans un sens, pas au sens xxe siècle, elle appartient à Siegmund, et il n'a pas le droit d'interposer ses émotions entre eux — il n'a que le droit d'enfoncer son membre rigide en elle. Il grimpe sur elle d'un brusque coup de reins. Comme toujours, la panique est là qui le presse. Il la pénètre et commence à bouger. Je défonce Mamelon Kluver. Réellement. Enfin. Il récupère son sang-froid et ralentit son mouvement. Il se force à ouvrir les yeux et, ô joie, il découvre que ceux de Mamelon sont fermés. Les narines palpitantes, les lèvres ouvertes comme écartelées. Que ses dents sont blanches ! Il semble qu'elle soit prête à jouir. Il tombe sur elle, la serrant dans ses bras — il sent les seins aplatis contre sa poitrine — et bouge plus vite. Et tout à coup, avec une violence stupéfiante, quelque chose explose extraordinairement en elle. Elle crie, pousse son ventre vers lui, le griffe en poussant de sourds grognements de bête. La fureur de son orgasme le surprend tellement qu'il en oublie de remarquer le sien. Et c'est le noir.

Tandis qu'il repose exténué sur elle, elle caresse doucement ses épaules mouillées de sueur. Puis, quand vient le moment du dégel, il réalise que cela n'a pas été très différent de ce qu'il a connu ailleurs. Un moment peut-être un peu plus sauvage, c'est tout. Sinon, la même routine. Même avec Mamelon Kluver, celle qui depuis trois ans embrase son esprit, ce n'a été que la vieille bête à deux dos : je vais, elle vient, et nous partons. Et voilà pour le romantisme. Un vieux proverbe du XXe siècle dit que la nuit tous les chats sont gris. Ainsi, maintenant je l'ai eue. Il se retire d'elle, et ils vont ensemble sous la douche.

« Ça va mieux, maintenant ? » demande-t-elle.

« Je crois. »

« Vous étiez tellement tendu quand je suis arrivée. »

« Je m'en excuse. »

« Désirez-vous quelque chose ? »

« Non. »

« Voulez-vous que nous parlions ? »

« Non. Non. » A nouveau, il détourne les yeux de son corps qu'elle ne cherche pas à vêtir. « Je crois que je vais partir », dit-il, en s'habillant.

« Revenez une autre fois. Pourquoi pas pendant les heures de promenade nocturne ? Ce n'est pas que cela me gêne que vous veniez dans l'après-midi, Jason, mais la nuit, ce serait peut-être plus... tranquille. Vous voyez ce que je veux dire ? »

Son indifférence, son calme l'effraient subitement. Réalise-t-elle seulement que c'est la première fois qu'il couche avec une femme de sa propre cité ? Et s'il lui racontait que toutes ses autres aventures se passent à Varsovie, ou Reykjavik, ou Prague, ou dans d'autres cités de paupos ? Mais que craignait-il donc ? Il reviendra la voir, c'est sûr. Il accompagne sa sortie d'un jeu complet de sourires, de hochements, de clignements, de regards furtifs et chargés. Mamelon lui envoie un baiser.

Il se retrouve dans le couloir. C'est encore trop tôt dans l'après-midi. S'il rentre à l'heure, il perdra le bénéfice de ce pour quoi il est venu. Il prend le descenseur, et passe deux heures à ne rien faire dans son bureau. Il est encore trop tôt. Il remonte à Shangai un peu après 1800 et va au Centre d'Accomplissement Somatique où il se plonge dans un bain d'images. Les chauds courants ondulatoires ne lui procurent pas l'apaisement habituel; il répond négativement aux vibrations psychédéliques inférieures. Des visions de monades urbaines détruites — sombres blocs de béton éclaté et noircis — envahissent son cerveau. Il est 1920 quand il en ressort. Dans le vestiaire, ses émanations ayant été relevées, l'écran l'appelle : « Jason Quevedo, votre épouse vous cherche. » Bon. Je suis en retard pour le dîner. Qu'elle s'échauffe bien. Il salue l'écran et sort. C'est encore trop tôt, estime-t-il. Il décide de flâner un peu; de hall en couloir, sa promenade l'emmène jusqu'au 792e étage. Une heure supplémentaire s'est bien passée quand il débarque à son niveau et se dirige chez lui. Dans le hall, un écran l'avertit à nouveau que des détecteurs le cherchent. « Je viens, je viens », marmonne-t-il irrité. Le visage de Micaela reflète l'inquiétude quand il rentre — bonne surprise! « Où étais-tu? » demande-t-elle aussitôt.

« Oh, par-ci, par-là. »

« Tu n'as pas travaillé tard, je le sais. J'ai appelé à ton bureau. J'ai mis des détecteurs sur ta piste. »

« Comme si j'étais un gamin perdu. »

« Ce n'est pas ton genre de disparaître comme cela en plein après-midi. »

« Tu as déjà dîné? »

« Non, j'attendais », répond-elle amèrement.

« Alors, mangeons. Je meurs de faim. »

« Tu ne veux rien me dire? »

« Plus tard », laisse-t-il tomber, avec une expression mystérieuse soigneusement mise au point.

Il remarque à peine ce qu'il mange. Après le dîner, il passe quelque temps avec les enfants comme il le fait d'habitude, avant qu'ils n'aillent se coucher. Mentalement, il répète ce qu'il va dire à son épouse, modelant et remodelant sans cesse les phrases qu'il a préparées. Il s'essaye aussi à un sourire fat et satisfait de soi. Pour une fois, c'est lui qui sera l'agresseur. Pour une fois, c'est lui qui *la* blessera.

Micaela est absorbée par ce qui se passe sur l'écran. L'anxiété qu'elle manifestait semble avoir complètement disparu. C'est lui qui est obligé d'attaquer. « Veux-tu que nous parlions de ce que j'ai fait aujourd'hui ? » demande-t-il.

Elle lève la tête : « Ce que tu as fait ? Ah, tu veux dire cet après-midi ? » C'est à croire qu'elle s'en moque ! « Bon. Eh bien ? »

« J'ai couché avec Mamelon Kluver. »

« Une visite en plein jour ? Toi ? »

« Moi. »

« A-t-elle été bonne ? »

« Formidable », proclame-t-il. Mais le cœur n'y est pas. Il ne sait plus où il en est. « Elle a été entièrement ce que j'imaginais d'elle. »

Micaela rit.

Il se dresse. « C'est drôle ? »

« Ce n'est pas drôle. *Toi*, tu l'es. »

« Qu'est-ce que cela signifie ? »

« Cela signifie que pendant tant d'années tu t'es interdit de te promener la nuit dans Shangai, préférant aller plonger dans les femmes paupos. Et maintenant, tu t'offres finalement Mamelon, mais pour la raison la plus stupide... »

« Tu savais que je ne restais jamais ici ? »

« Bien sûr, je le savais. Les femmes parlent entre elles. J'ai demandé à mes amies. Tu n'en avais défoncé aucune. Alors je me suis posé des questions — j'ai fait enquêter. Varsovie. Prague. Pourquoi es-tu allé *là-bas*, Jason ? »

« A présent, cela n'a plus d'importance. »

« Et qu'est-ce qui en a ? »

« Que j'aie passé l'après-midi dans la couche de Mamelon. »

« Idiot. »

« Garce. »

« Raté. »

« Stérilisante ! »

« Paupo ! »

« Attends », l'arrête-t-il. « Attends. Pourquoi es-tu allée voir Siegmund ? »

« Pour t'ennuyer », admet-elle. « Parce qu'il est un gagnant et toi pas. Je voulais t'exciter — te faire bouger. »

« C'est pourquoi tu t'es permis de violer une coutume, en allant, de façon provocante, visiter de jour l'homme que tu t'étais choisi ? Ce n'est pas joli, Micaela. Pas du tout féminin, ajouterai-je. »

« Nous formons vraiment le couple idéal, tu ne trouves pas ? Un époux féminin et une épouse masculine ! »

« Les insultes ne te font pas peur, n'est-ce pas ? »

« Pourquoi es-tu allé chez Mamelon ? »

« Pour te rendre furieuse. Pour me venger de ce que tu as fait avec Siegmund. Remarque, je me moque que tu te sois laissé défoncer par lui. Nous avons dépassé ce genre de sentiments. Mais, tes *motivations* ! Se servir du sexe comme d'une arme. Choisir délibérément de jouer le mauvais rôle, dans le but de me pousser à bout. C'était laid, Micaela. »

« Et tes motivations à *toi* ? Le sexe comme une revanche ! Les visites nocturnes sont censées apaiser les tensions, non les créer. Nocturnes ? En plein jour ! Tu voulais Mamelon ? Bien ; elle est belle, et désirable. Mais rentrer ici et t'en *vanter*, comme si j'avais quelque chose à faire de quelle fente tu ramones... »

« Ne sois pas grossière, Micaela ! »

« Écoutez-le ! Écoutez-le ! Puritain ! Moraliste ! »

Les enfants se mettent à pleurer — ils n'ont jamais entendu des cris semblables. Micaela leur fait signe négligemment de se taire.

« Moi, *au moins*, j'ai des principes », gronde Jason. « Ton frère et toi ne pouvez en dire autant ! »

« Mon frère et moi ? »

« Oui. Il ne t'a peut-être jamais défoncée ? »

Micaela rougit. « Oui, je le reconnais. Une ou deux fois quand nous étions jeunes. Et alors ? Tu n'as jamais pris tes sœurs, toi ? »

« Pas seulement quand vous étiez jeunes. Ça continue de plus belle. »

« Tu es malade, Jason ? »

« Ose dire le contraire ! »

« Micael ne m'a pas touchée depuis dix ans. Ce n'est pas que nous nous le soyons interdit, mais ça n'est pas arrivé, c'est tout. Oh, Jason, Jason, Jason ! Tu passes tellement de temps plongé dans tes archives que tu es devenu un homme du XXe siècle. Tu es jaloux, Jason. Tu te tritures l'esprit pour savoir si Micael et moi sommes incestueux, ou si je fais preuve ou non d'initiative, étant une femme. Et toi et tes plongées dans les bas-fonds ? N'avons-nous pas des règles en ce qui concerne une certaine égalité entre partenaires ? Tu voudrais qu'il y ait deux poids et deux mesures, Jason. Que tu fasses ce qui te plaît, mais que moi j'obéisse aux règles. Tu es furieux à cause de Siegmund, à cause de Micael. Tu es jaloux, Jason. *Jaloux !* Il y a cent cinquante ans que nous avons détruit la jalousie ! »

« Et toi, tu en veux toujours plus. Une insatisfaite. Une anomo en puissance. Shangai ne te suffit plus, tu veux Louisville. Eh bien, sache que l'ambition est aussi un sentiment dépassé. N'oublie pas non plus que c'est toi qui as commencé ce petit jeu d'utiliser le sexe pour marquer des points contre l'autre. En allant voir Siegmund et en t'arrangeant pour que je l'apprenne. Tu prétends que je suis un puritain ? Toi, tu es une réactionnaire rétrograde. Bouffie de moralité pré-urbmonadiale. »

« Si je suis ainsi, c'est à cause de toi ! » Des larmes ruissellent sur le visage de Micaela.

« Non, c'est toi qui m'as contaminé. Tu portes ce poison en toi ! Quand tu... »

La porte s'ouvre à cet instant. Un homme apparaît. Charles Mattern, du 799e. Jason le connaît ; c'est un sociocomputeur avec lequel il a travaillé sur plusieurs projets de recherches. Son débit empressé et son urbanité excessive l'ont toujours un peu agacé.

Son air embarrassé prouve qu'il a certainement entendu des échos de leur scène de ménage. « Dieu soit loué », dit-il mielleusement, « je suis en promenade nocturne et je pensais que... »

« Non ! » hurle Micaela. « Pas maintenant ! Sortez ! »

Mattern recule sous le choc. Il essaye de dire quelque chose, secoue la tête comme assommé et sort, après avoir marmonné de vagues excuses pour son intrusion.

Jason est atterré. Se refuser pareillement à un visiteur nocturne légitime ? L'éjecter comme ça ?

« Sauvage ! » crie-t-il, lui envoyant une gifle. « Comment as-tu pu faire une chose pareille ? »

Elle recule, se frottant la joue. « Sauvage ? Moi ? Et toi qui me frappes ? Je pourrais te faire jeter dans la chute pour... »

« C'est moi qui pourrais te faire jeter dans la chute pour... »

Il se tait. Tous deux restent silencieux.

« Tu n'aurais pas dû refuser Mattern », dit-il, un peu plus tard, quand il est calmé.

« Tu n'aurais pas dû me battre. »

« C'était la colère. Mais certaines règles sont inviolables. S'il te signale au... »

« Il ne le fera pas. Il a très bien vu que nous nous disputions. Que je n'étais vraiment pas disponible. »

« Et hurler ainsi tous les deux... même en se disputant. Cela pourrait très bien nous envoyer en cure morale. »

« J'arrangerai les choses avec Mattern, Jason. Laisse-moi faire. Je vais lui dire de venir me voir, je lui expliquerai la situation, et je lui procurerai l'extase de sa vie. » Elle rit doucement. « Espèce de fou d'anomo », dit-elle, mais sa voix est tendre et affectueuse. « On a certainement stérilisé la moitié de l'étage avec nos glapissements. A quoi tout cela rimait-il, Jason ? »

« J'essayais de te faire comprendre quelque chose sur toi. Ta personnalité psychologique est essentiellement archaïque, Micaela. Si seulement tu pouvais te voir objectivement — la mesquinerie dont tu as fait preuve récemment. Non, je ne veux pas relancer une nouvelle bagarre, j'essaye simplement de t'expliquer... »

« Et tes motivations, Jason ? Si je suis archaïque, comme tu le prétends, tu l'es autant que moi. Nous sommes tous les deux des êtres n'appartenant pas à notre époque. Nos réflexes sont conditionnés par des restes de morale primitive. Tu ne penses pas ? Tu ne t'en rends pas compte ? »

Il s'éloigne d'elle. Lui tournant le dos, il presse ses mains contre la plaque apaisante encastrée dans le mur à côté du jet moléculaire. Il sent certaines tensions s'échapper de lui, comme aspirées. « Oui », dit-il, après un long moment, « oui, je m'en rends compte. Nous avons un vernis d'éthique urbmonadiale, mais en dessous... la jalousie, l'envie, le sens de la propriété... »

« Oui. Oui. »

« Tu imagines, bien sûr, la répercussion de cette découverte sur mes travaux ? » Il hausse les épaules. « Ma thèse selon laquelle la sélection en monade urbaine aurait donné naissance à une nouvelle espèce d'humains ? Peut-être, après tout, mais alors *je* n'appartiens pas à cette espèce. *Tu* n'y appartiens pas non plus. *Eux*, peut-être, quelques-uns d'entre eux. Mais combien ? Combien vraiment ? »

Micaela s'approche et se colle contre lui. Il sent le bout de ses seins durcis qui se pressent délicieusement contre son dos. « La plupart, peut-être », dit-elle. « Ta thèse est toujours valable. C'est nous qui avons tort. Nous ne sommes pas à notre place. »

« Oui. Tu as raison. »

« Nous appartenons à une époque obtuse et laide. »

« Oui. »

« Alors, il faut que nous arrêtions de nous torturer mutuellement, Jason. Nous devrons nous déguiser un peu mieux. Tu me comprends ? »

« Oui. Sinon, nous finirons par dévaler la chute. Nous sommes sacrilèges, Micaela. »

« Oui. Tous les deux. »

« Tous les deux. »

Jason se retourne. Ses bras se nouent autour de Micaela. Ils se sourient.

« Barbare rancunier », dit-elle tendrement.

« Sauvage vindicative », murmure-t-il, tout en embrassant le lobe de son oreille.

Ils glissent ensemble sur la plate-forme de repos. Les visiteurs nocturnes devront attendre.

Jamais il ne l'a aimée comme à cet instant-là.

5

A Louisville, Siegmund Kluver se sent encore un tout petit garçon. Il n'arrive pas à se persuader du bien-fondé de sa présence dans la cité supérieure. Il se voit comme un rôdeur, un intrus. Dans la cité des maîtres de la monade, une étrange timidité puérile l'envahit qu'il doit s'efforcer de dissimuler. Cette envie perpétuelle de regarder nerveusement derrière lui, dans l'attente glacée de la patrouille qui va l'arrêter (d'épaisses silhouettes au garde-à-vous bouchant toute la largeur du couloir. Que fais-tu ici, petit ? C'est interdit de se promener dans ces étages. Louisville est réservée aux administrateurs, tu ne le sais pas ? Et, rouge de confusion, il balbutiera des excuses, et se précipitera dans le descenseur).

Il essaye de garder secret ce sentiment irraisonné de gêne, sachant qu'il ne cadre pas avec l'image que les autres se font de lui. Siegmund l'impassible. Siegmund le prédestiné. Siegmund, depuis l'enfance, voué à la classe des maîtres. Siegmund, le conquérant, se frayant imperturbablement son chemin à travers les plus belles femmes de Monade urbaine 116.

Si seulement, ils savaient. En dessous se cache un petit garçon vulnérable, fragile — un Siegmund apeuré, faible. S'inquiétant de son ascension trop rapide. Honteux intérieurement de son succès. Siegmund l'humble. Siegmund l'incertain.

Est-ce bien la vérité? Parfois il lui arrive de penser que ce Siegmund enfoui et privé n'est qu'une seconde façade qu'il s'est construite pour continuer à s'aimer; et que sous ce placage souterrain de timidité, quelque part au-delà de sa perception de lui-même, est tapi le véritable Siegmund, tout aussi impitoyable, orgueilleux et ambitieux que celui qui apparaît aux yeux du monde.

Maintenant, il se rend à Louisville presque tous les matins. Il y est appelé en consultation auprès de quelques-uns des maîtres, de ceux appartenant aux plus hauts rangs de la hiérarchie — Lewis Holston, Nissim Shawke, Kipling Freehouse qui en ont fait leur favori. Il n'ignore pas qu'ils l'exploitent, se déchargent sur lui de toutes les tâches les plus ingrates et pénibles dont ils ne veulent pas. Son ambition est telle qu'il ne refuse jamais. Siegmund, préparez-moi un rapport sur les mouvements et déplacements dans la classe ouvrière. Siegmund, il me faudrait un état des taux d'adrénaline, dans les cités moyennes. Siegmund, un bilan proportionnel des régénérations de déchets ce mois. Siegmund. Siegmund. Siegmund. Mais, en retour, lui aussi se sert d'eux. Très vite, il est devenu indispensable. Il est devenu leur cerveau, leur intelligence. D'ici un ou deux ans, sans doute, il va se trouver propulsé vers les cimes du bâtiment — peut-être ira-t-il à Tolède ou Paris? Ce qui est encore plus probable, c'est qu'ils le fassent directement accéder à Louisville à l'occasion de la prochaine vacance. Louisville, à même pas vingt ans!

Peut-être que d'ici là, il se sentira à son aise parmi la classe dirigeante.

Il sait qu'ils rient de lui en leur for intérieur. Cet éclat qui brille dans leurs yeux quand ils le regardent! Ils sont arrivés au sommet depuis si longtemps qu'ils ont oublié que d'autres doivent encore se frayer leur chemin. Il doit leur sembler comique, il en est conscient — un petit arriviste, consciencieux, volontaire, brûlant d'accéder à leur situation. Ils le tolèrent parce qu'il est capable — plus capable, peut-être, que la majorité d'entre eux — mais ils ne le respectent pas. Ils le considèrent comme fou d'aspirer à ce point à ce dont ils ont eu le temps de se lasser.

Nissim Shawke, par exemple. Il est certainement un des deux ou trois hommes les plus importants de Monade 116. Qui est le *plus* important ? Siegmund lui-même ne le sait pas. A cet échelon, la puissance devient une abstraction imprécise ; à Louisville, l'autorité absolue est entre les mains de tout le monde et de personne. Selon Siegmund, Shawke doit approcher de la soixantaine, mais il a l'air beaucoup plus jeune. C'est un homme mince, athlétique, à la peau olivâtre, le regard froid, dégageant une impression de grande puissance physique. Vif, prudent, avisé, on sent en lui un dynamisme potentiel énorme, et pourtant, d'après ce que Siegmund peut en savoir, il ne fait rien du tout. Il plane dans ses bureaux, au faîte de l'immeuble. Et pendant ce temps, ses subordonnés traitent tous les problèmes intérieurs et gouvernementaux, tandis que lui ne paraît leur porter aucune attention. Pourquoi le ferait-il d'ailleurs ? Il a atteint le sommet. Plus personne ne le met en doute, excepté Siegmund, peut-être. Il n'a plus besoin *d'agir*, il lui suffit *d'être*. A présent, il regarde le temps passer, jouissant des avantages inhérents à sa situation, tel un prince de la Renaissance. Un mot de lui peut envoyer n'importe qui dévaler la chute. Un simple mémorandum dicté par lui peut bouleverser des aspects politiques fondamentaux de la monade. Et pourtant Nissim Shawke ne lance aucun programme, ne dépose aucune proposition de loi. Il refuse toute action. Détenir une telle puissance et ne pas l'exercer apparaît à Siegmund comme une sorte de moquerie, de dédain, à l'égard de cette puissance elle-même. Sa passivité totale est un pied de nez aux valeurs que Siegmund révère. Son sourire sardonique se moque de toutes les ambitions et des ambitieux ; une dénégation perfide à l'idée qu'il existe du mérite à servir la société. Je suis ici, semble indiquer chacun de ses gestes, et cela est suffisant ; que la monade s'occupe elle-même de son destin ; quiconque cherche volontairement à en assumer la charge est un fou. Pour Siegmund, qui rêve de gouverner, cette attitude est dangereuse parce qu'elle introduit le doute. Et si Shawke avait raison ? Si, étant à sa place dans une quinzaine d'années, je découvre que rien n'a de sens ? Mais non. Shawke est malade, c'est tout. Son âme s'est vidée. La vie *a* un sens, et il est digne et utile de servir la communauté. Je possède les qualités pour gouverner mes semblables ; ce serait me trahir et trahir l'humanité que de refuser de faire mon devoir. Nissim Shawke a tort. Je le plains.

Mais pourquoi est-ce que je me recroqueville sous son regard ?

Et puis, il y a la fille de Shawke, Rhea. Elle habite Tolède, au 900ᵉ étage. Elle est l'épouse du fils de Kipling Freehouse, Paolo. Ces mariages entre familles de haut rang sont monnaie courante. La plupart du temps, les enfants des administrateurs ne vivent pas à Louisville ; Louisville étant réservée à ceux qui gouvernent. Leurs progénitures, à moins qu'ils ne soient eux-mêmes administrateurs, résident en général à Paris ou à Tolède, les cités immédiatement inférieures à Louisville où ils forment une enclave privilégiée. Il est très rare que Siegmund sorte de Paris ou Tolède pour ses promenades nocturnes. Une de ses adresses préférées est celle de Rhea Shawke Freehouse.

Elle est son aînée de dix ans. Elle a hérité de son père sa morphologie nerveuse et souple : une silhouette mince, légèrement masculine, avec une petite poitrine, des fesses plates et dures et de longs muscles tendineux. Une carnation sombre; des yeux qui brillent comme reflétant un amusement non partagé; un nez étroit et élégant. Elle a seulement trois enfants. Siegmund se demande pourquoi si peu. Elle est vive d'esprit, intelligente, toujours bien informée. Sexuellement, elle est certainement la personne la plus androgyne que Siegmund connaisse; d'ailleurs même si elle se montre passionnée comme une tigresse dans leurs étreintes, elle ne lui a pas caché le plaisir qu'elle prend à faire l'amour avec certaines femmes. Parmi celles-ci, il y a eu Mamelon, l'épouse de Siegmund, qui lui rappelle en beaucoup de points une version plus jeune de Rhea. Peut-être est-ce la combinaison de tout ce qui le fascine chez Mamelon et chez Nissim Shawke qui l'attire tant vers Rhea.

Siegmund est un exemple de précocité sexuelle. Il avait seulement sept ans quand il a fait ses premières expériences en la matière, soit deux ans avant l'âge normal. A neuf ans, il n'ignorait plus rien des mécanismes de l'acte sexuel, et obtenait toujours les meilleures notes au cours de relations physiques, à tel point qu'il fut autorisé à passer dans le groupe de onze ans. Sa puberté arriva à dix ans; à douze, il épousait Mamelon, son aînée de plus d'un an; quelque temps plus tard, elle était enceinte et le jeune couple quittait le dormitoir de Chicago pour s'installer dans un appartement personnel à Shangai. Jusqu'à présent, Siegmund avait toujours considéré le sexe comme une chose délicieuse en soi, mais dernièrement il en est arrivé à y voir un moyen de formation.

Il est un promeneur nocturne assidu. Les femmes trop jeunes l'ennuient; il préfère celles qui ont dépassé la vingtaine comme Principessa Mattern ou Micaela Quevedo de Shangai. Ou encore Rhea Freehouse. Les femmes de leur expérience sont bien souvent meilleures au lit que la plupart des adolescentes. Encore que ce ne soit pas le principal pour

Siegmund. Une fente n'est jamais très différente d'une autre fente; ce genre de quête obsédée du sexe a cessé pour lui d'être de première importance — Mamelon est capable de lui donner tout le plaisir physique qu'il demande. Mais il devine que ces femmes plus âgées, partageant d'une certaine façon leur expérience avec lui, lui apportent beaucoup. En les pénétrant, il pénètre dans le monde, dans la dynamique de la vie adulte, les crises, les conflits, le prix de la vie, la profondeur des êtres. Siegmund aime apprendre. C'est au contact de toutes ces femmes plus âgées, il en est persuadé, que s'est forgée sa propre maturité.

Selon Mamelon, les gens pensent que ses promenades nocturnes le conduisent jusqu'à Louisville. C'est faux. Il n'a jamais encore osé. Ce n'est pas que les femmes de là-haut lui déplaisent; certaines femmes de trente ou quarante ans l'attirent beaucoup, et d'autres plus jeunes encore, telle la seconde épouse de Nissim Shawke, guère plus âgée que Rhea. Mais cette confiance en lui que les autres lui reprochent et lui envient, le fuit aussitôt quand il envisage de s'enrouler avec l'épouse d'un administrateur. Il considère déjà comme un accomplissement de hanter les couches des femmes de Tolède ou de Paris. Mais Louisville? Il se voit avec l'épouse de Shawke par exemple, et celui-ci arriverait, son éternel sourire glacé sur les lèvres. Il le saluerait, lui offrirait une coupe de piquant — alors, Siegmund, on se paye du bon temps? Oh non. Peut-être quand il habitera lui aussi Louisville, d'ici cinq ans, mais pas avant. Pour l'instant, il se contente de Rhea Shawke Freehouse et d'autres de sa condition. Ce n'est déjà pas si mal pour un début.

Les bureaux de Nissim Shawke. Tout ici est rare, luxueux, spacieux. La place ne manque pas à Louisville. Shawke, c'est bien son genre, ne travaille pas à une table. Il est couché dans une sorte de toile immatérielle, semblable à un hamac invisible, suspendu près de l'immense baie vitrée. C'est le milieu de la matinée. Le soleil haut éclabousse la pièce de lumière. D'ici, on a une vue époustouflante sur les monades urbaines voisines. Il y a cinq minutes, Shawke a convoqué Siegmund. Siegmund entre. Le regard froid le fouille. Il essaye de ne pas montrer sa gêne. Ne pas paraître trop humble, ni trop obséquieux, ni trop sur ses gardes, ni trop hostile. « Approchez-vous », ordonne Shawke. Siegmund traverse l'immense pièce. Il doit se tenir presque nez à nez avec Shawke. C'est le jeu cruel coutumier. Une parodie grinçante d'une intimité qui n'existe pas entre eux. Au lieu de le faire tenir à distance, comme les grands le font toujours avec leurs subordonnés, il oblige Siegmund à être si près de lui que celui-ci n'a pas assez de recul pour fixer le double éclat des yeux glacés. La tension devient douloureuse. Il ne peut plus accommoder, les images se troublent, les traits du vieil homme se déforment. Shawke lui lance un cube à messages. « Voulez-vous vous occuper de cela ? » Sa voix est indifférente, presque inaudible. C'est, explique-t-il, une pétition du conseil civique de Chicago réclamant une plus grande souplesse dans les restrictions imposées sur les pourcentages des sexes. « Ils veulent pouvoir choisir plus librement le sexe de leurs enfants. Ils prétendent que les normes actuelles sont une attaque aux libertés individuelles, donc plus ou moins sacrilèges. Vous vous le passerez plus tard pour connaître les détails. Qu'en pensez-vous, Siegmund ? »

Siegmund passe rapidement en revue les informations théoriques qu'il possède sur ce problème. C'est une question qu'il n'a guère étudiée. Et il va lui falloir user de son intuition. Quel genre de conseil Shawke désire-t-il de moi ? En règle générale, il veut que je lui confirme de laisser les choses dans l'état où elles sont. Très bien. Comment maintenant justifier ces restrictions ? Ne pas avoir l'air de se dérober.

Siegmund improvise. C'est une de ses qualités majeures de se mouvoir à son aise dans la logique administrative.

« Ma première idée est de vous répondre : refusez. »

« Bon. Pourquoi ? »

« L'assise dynamique essentielle sur laquelle repose le monde urbmonadial contient deux impératifs », explique-t-il. « Une poussée vers la stabilité prévisionnelle, et un refus de tout aventurisme. Le bâtiment lui-même ne peut s'agrandir, ce qui limite nos possibilités d'absorption du surplus de population. Il nous faut donc programmer très soigneusement notre croissance démographique, c'est impératif. »

Shawke lui jette un coup d'œil dur. « Si je peux me permettre cette obscénité », dit-il, « laissez-moi vous signaler que vous parlez comme un propagandiste de la limitation des naissances. »

« Non ! » tressaille Siegmund. « Dieu soit loué, non ! *Bien sûr* qu'il *faut* une fertilité universelle ! » Shawke rit silencieusement... de lui. Il lui suffit de l'appâter et lui plonge sur l'hameçon. Le sadisme semble être la seule distraction de cet homme dans la vie. « Ce que je voulais dire », poursuit Siegmund difficilement, « c'est qu'à l'intérieur d'une société qui encourage la reproduction illimitée, il est de notre devoir d'imposer certaines barrières, certaines bornes, pour prévenir les risques de processus disruptifs de déséquilibre. Si nous laissons l'entière possibilité aux gens de chosir eux-mêmes le sexe de leurs enfants, nous risquons d'obtenir une génération composée à 65 pour cent de mâles et 35 pour cent de femelles. Ou vice versa ; selon les goûts et les modes du moment. Si cela arrivait, que ferions-nous de ceux qui ne trouveraient pas à se marier ? Que faire de cet excédent ? Par exemple, 15 000 mâles du même âge, sans femmes ! Non seulement cet état de choses créerait d'extraordinaires tensions sociales —

imaginez une épidémie de viols ! — mais ces célibataires seraient une perte immense pour notre fonds génétique. Nous verrions réapparaître les vieux critères de compétition, de lutte, particulièrement sacrilèges. Les anciennes coutumes comme la prostitution devraient être réactivées afin de subvenir aux besoins sexuels de ces non-mariés. Les conséquences sur les générations à venir d'une telle libéralisation sont tellement évidentes... »

« Évidemment », laisse tomber Shawke, sans essayer de cacher son ennui.

Mais on n'arrête pas si facilement Siegmund quand il est lancé dans un discours théorique. « L'impossibilité de choisir le sexe des enfants était un fléau, mais la liberté totale dans le choix serait encore pire. Dans les temps médiévaux, ces taux étaient le résultat du hasard biologique et tendaient naturellement vers un équilibre grossier de 50-50, pouvant être remis en question par certains facteurs événementiels : guerres, et/ou migrations qui, bien sûr, ne nous concernent pas. Mais maintenant que nous avons le *pouvoir* de contrôler, nous devons veiller à ne pas donner aux citoyens les moyens de créer un déséquilibre dangereux. Nous ne pouvons prendre le risque qu'une année donnée, toute une cité choisisse des enfants filles par exemple (on a connu des exemples de mouvements de masses encore plus fantaisistes). Nous pouvons permettre, par onction, à un couple, en particulier de faire la demande et recevoir l'autorisation pour que leur prochain enfant soit une fille par exemple, mais cette requête devra être compensée dans la cité en question afin de conserver l'équilibre indispensable de 50-50, même si cela doit aller à l'encontre des vœux d'autres citoyens. En conséquence de quoi, je recommanderai la poursuite de notre politique actuelle de contrôle souple, en maintenant les paramètres établis d'un libre choix, tout en conservant à l'esprit le postulat selon lequel le bien de la monade urbaine dans son ensemble doit passer... »

« Dieu soit loué, Siegmund, cela suffit. »

« Monsieur ? »

« Vous m'avez donné votre avis. Plutôt deux fois qu'une. Je ne vous demandais pas une dissertation, simplement votre opinion. »

Siegmund vibre sous l'insulte. Il recule, incapable de soutenir d'aussi près le regard froidement méprisant qui le nargue. « Bien, monsieur », murmure-t-il. « Que dois-je faire de ce cube ? »

« Préparez-moi une réponse. Répétez en gros ce que vous m'avez dit, en l'embellissant quelque peu. Entourez-vous de collaborateurs. Un sociocomputeur pourra vous fournir une bonne douzaine de raisons impressionnantes pour lesquelles cela nous mènerait rapidement à un déséquilibre. Voyez un historien et demandez-lui des exemples de ce qui était arrivé la dernière fois que le libre choix du sexe des enfants avait été autorisé. Enrobez-moi ça dans un appel à leur loyauté... leur sens communautaire... etc. Compris ? »

« Oui, monsieur. »

« Concluez en disant que la requête est refusée, mais mettez-y des formes. »

« Je dirai qu'elle a été transmise au conseil supérieur pour complément d'étude. »

« Exactement. Quand croyez-vous avoir terminé ? »

« Je peux le faire pour demain après-midi. »

« Prenez trois jours. Ne vous précipitez pas. » Shawke le congédie d'un geste. Siegmund va pour sortir, quand Shawke lui sourit cruellement. « Rhea vous transmet son affectueux souvenir. »

« Je ne comprends pas pourquoi il me traite ainsi », se plaint Siegmund, essayant de cacher le tremblement de sa voix. « Se conduit-il comme cela avec tout le monde ? »

Il est étendu contre Rhea Freehouse. Nus tous les deux ; ils n'ont pas encore fait l'amour. Au-dessus d'eux, des formes lumineuses se lovent et se dédoublent. C'est la dernière acquisition de Rhea, trouvée aujourd'hui même chez un sculpteur de San Francisco. La main de Siegmund est posée sur le sein gauche de la femme — petite excroissance de chair, formée du muscle pectoral et de tissu mammaire, sans pratiquement la moindre trace de graisse. Il pince le téton entre le pouce et l'index.

« Père te tient en grande estime », dit-elle.

« Il a une étrange façon de me le montrer. Il joue avec moi. Tout juste s'il ne me rit pas au nez. Il doit me trouver très drôle. »

« C'est toi qui imagines cela, Siegmund. »

« Non. Non. Enfin, je suppose que je ne peux pas l'en blâmer. Je dois lui sembler bien ridicule, avec ma manie de prendre au sérieux les problèmes de la monade — et mes longs discours théoriques l'ennuient. Tout cela ne l'intéresse plus. Bien sûr, j'imagine qu'il est impossible de se dévouer autant à sa charge à soixante ans qu'à trente ans, mais son attitude est telle que je me sens parfois idiot. Comme si c'était tellement stupide de vouloir accéder à de hautes responsabilités. »

« Je ne pensais pas que tu le méprisais à ce point. »

« Seulement parce qu'il refuse d'utiliser ses immenses capacités. Il pourrait être un dirigeant extraordinaire. Au lieu de quoi, il reste allongé, se moquant de tout. »

Rhea se tourne vers lui. Son visage est grave. « Tu te trompes sur lui, Siegmund. Il est tout autant intéressé que toi au bien public. Ses manières te choquent, c'est pourquoi tu ne te rends pas compte de son rôle et de son dévouement. »

« Donne-moi un exemple de son... »

« Il arrive bien souvent que nous projetions sur les autres nos propres pensées secrètes, soigneusement enfouies », poursuit-elle. « Considérant au fond de *nous-mêmes* une chose comme futile et sans intérêt, nous nous indignons et accusons les autres d'avoir la même attitude. Si intérieurement *nous* mettons en doute notre abnégation et notre propre dévouement, nous le traduisons en accusant les autres de duplicité. Il se pourrait bien, mon cher Siegmund, que ton attachement passionné aux affaires administratives soit plus motivé par ta soif de puissance que par un réel souci humanitaire. Tu te sens coupable; tu te sais ambitieux, et tu crois que les autres pensent de toi la même... »

« Attends ! » l'arrête-t-il. « Je refuse absolument... »

« Non. Écoute-moi, Siegmund. Je ne cherche pas à te démolir. Tu me parles de tes ennuis, de ta gêne à Louisville ; j'essaye simplement de te fournir quelques explications possibles à cet état. Je me tais, si tu préfères. »

« Non, continue. »

« Je te dirai une dernière chose, et tu pourras me haïr de te l'avoir dite, si tu le veux. Tu es terriblement jeune, Siegmund, pour être là où tu es arrivé. Personne n'ignore tes extraordinaires capacités, ni que tu *mérites* ta très prochaine promotion à Louisville — mais c'est toi-même qui es mal à l'aise de cette si rapide ascension. Tu fais tout pour le cacher, mais tu ne peux pas me le cacher à moi. Tu as peur que les autres t'en veuillent — et même parfois certains qui te sont encore supérieurs. C'est pourquoi tu es tellement aux aguets. Hypersensible, voilà ce que tu es. Dans le regard neutre des autres, tu lis toutes sortes de choses terribles. Si j'étais toi, je me détendrais et j'essayerais de m'amuser un peu plus. Ne te tracasse pas à propos de ce que les gens pensent de toi, ou semblent penser. Ne sois pas obnibulé par ta carrière — tu iras jusqu'au sommet, c'est sûr, tu peux te permettre de te laisser aller quelque peu et oublier de temps en temps les théories d'administration urbmonadiale. Oui, laisse-toi aller un peu. Moins de sérieux. Moins de grands mots : dévouement, intérêt général, etc. Fais-toi des amis de ton âge — ne recherche pas les gens uniquement pour l'aide qu'ils peuvent t'apporter, mais pour ce qu'ils valent réellement. Frotte-toi aux êtres, essaye de devenir plus humain toi-même. Voyage, descends dans le bâtiment. Tes promenades nocturnes, va les faire à Varsovie ou Prague. C'est irrégulier, mais pas illégal. Tu y gagneras en humanité, en souplesse. Regarde comment vivent les moins favorisés. Tu comprends ce que je cherche à te dire ? »

Siegmund ne répond pas. « Oui, un peu », dit-il finalement. « Plus que ça, même. »

« C'est bien. »

« Je commence à comprendre. Personne ne m'avait jamais parlé ainsi. »

« Tu m'en veux ? »

« Non. Non, bien sûr. »

Les ongles de Rhea dessinent doucement le contour du visage de Siegmund. « Alors, tu veux bien me prendre maintenant ? Quand je t'ai à côté de moi, j'ai envie d'autre chose que de jouer à la conseillère morale. »

Les mots qu'elle a prononcés résonnent encore dans la tête de Siegmund. Ils l'ont humilié, mais pas offensé, parce que c'était la vérité. Plongé dans ses pensées, il se tourne machinalement vers elle — il caresse ses seins, tout en prenant place entre ses cuisses. Leurs ventres se soudent, mais sans qu'il la prenne. Aucune érection ne gonfle son sexe. Il est dans l'incapacité de la pénétrer, mais il ne s'en rend pas compte, à ce point préoccupé par les révélations qu'il vient d'apprendre sur lui-même. Il faut que ce soit elle qui le lui fasse remarquer. « Pas excité ce soir ? » demande-t-elle, jouant avec le membre mou.

« Fatigué », ment-il. « Pauvre Siegmund, moins de femmes, plus de sommeil, pour que ton sexe s'éveille. »

Rhea l'embrasse en riant. Le manque d'attention, plus que la fatigue, était responsable de sa défaillance, puisque le contact de la bouche chaude et humide le réveille aussitôt. Son sexe se dresse, prêt à servir. Les longues jambes de Rhea s'enroulent autour de sa taille. Il plonge en elle d'un violent coup de reins. C'est la meilleure façon qu'il connaisse de la remercier. A présent, oubliée la Rhea intelligente, mûre, sage, perspicace; elle n'est plus que femme. Elle se tord sous lui, se cabre, rue, frissonne. Cette fois-ci, il veut l'emmener jusqu'à l'acmé de l'extase. Il est calme; il pense à la nouvelle image de lui-même qu'il va essayer de projeter — un Siegmund plus détendu, plus acceptable pour ceux de Louisville. Rhea a atteint les bords de l'orgasme; il l'y pousse et plonge avec elle. Quand tout est terminé, il reste étendu sur elle, transpirant et vaguement déprimé.

Peu après minuit, il est de retour chez lui. Deux silhouettes sur la plate-forme de repos. Mamelon a un visiteur nocturne; cela n'a rien d'étonnant. Siegmund n'ignore pas que son épouse est une des femmes les plus désirées de la monade. Elle le mérite entièrement, il le sait mieux que personne. Du seuil de l'appartement, il contemple d'un regard nonchalant les deux corps qui s'agitent sous le drap. Mamelon fait entendre des bruits passionnés, mais ils sonnent faux et forcés à ses oreilles, comme si elle voulait flatter par courtoisie un partenaire incompétent. L'homme pousse un dernier grognement rauque annonciateur de l'escalade finale. Siegmund éprouve une vague colère à son encontre. Puisque tu prends mon épouse, au moins procure-lui du plaisir. Il se déshabille et va se laver. Quand il sort de la douche moléculaire, les deux formes reposent à présent immobiles. L'homme suffoque encore, alors que le souffle de Mamelon est étale et tranquille, confirmant les doutes de Siegmund quant à l'authenticité de son plaisir. Siegmund tousse par politesse. L'homme se dresse nerveusement, le visage empourpré, les yeux clignotants et affolés. C'est Jason Quevedo, l'historien, l'époux de Micaela. Siegmund n'a jamais compris les raisons de l'intérêt que Mamelon lui porte. Il ne comprend pas non plus comment ce petit homme insignifiant a pu épouser et supporter l'impétueuse Micaela. Enfin, ce n'est pas son problème. Par contre, la vue de Jason lui rappelle qu'il a du travail pour lui, et qu'il devrait aller bientôt visiter Micaela. « Bonsoir, Siegmund », dit Jason, sans oser le regarder dans les yeux. Il se lève et ramasse ses vêtements disséminés sur le sol. Mamelon fait un clin d'œil à son époux. Siegmund lui envoie un baiser.

« J'allais justement vous appeler demain, Jason », l'arrête-t-il. « Un projet de recherche historique dont je voudrais que vous vous occupiez. »

Tout en Quevedo indique qu'il a hâte de sortir de l'appartement des Kluver.

Siegmund n'en continue pas moins. « Nissim Shawke prépare une réponse à une pétition venue de Chicago, concernant une suppression possible des régulations en ce qui concerne le choix du sexe des enfants. Il désire que je lui fournisse des renseignements sur ce qui est arrivé quand les gens avaient la liberté totale du choix sans s'occuper de ce que faisaient les autres. Comme vous êtes un spécialiste du XXe siècle, je me demandais si vous seriez... »

« Oui, certainement », le coupe Quevedo, se dirigeant vers la porte. « Appelez-moi demain, à la première heure. » Son anxiété le rend fébrile.

« Il me faut une documentation très détaillée sur *primo :* la période médiévale où c'était le hasard qui présidait au choix ; *secundo :* les premiers temps de la régulation. Tandis que vous vous occuperez de cela, je verrai Mattern ; je pense qu'il est capable de me fournir quelques estimations des implications politiques d'une telle... »

« Il est tard, Siegmund ! » l'arrête Mamelon. « Jason t'a dit que vous pourrez en discuter demain matin. » Quevedo approuve de la tête. Il n'ose pas partir pendant que Siegmund parle, et pourtant il ne pense qu'à cela. Siegmund réalise qu'il se montre trop empressé, trop tendu, comme d'habitude. Changer d'image. Changer d'image. Le travail peut attendre. « Oui, bien sûr », admet-il. « Dieu soit loué, Jason, je vous appellerai demain. » Celui-ci, reconnaissant, en profite pour s'échapper. Siegmund s'étend à côté de son épouse. « Tu ne voyais pas qu'il voulait partir ? » demande-t-elle. « Il est si atrocement timide. »

« Pauvre Jason », dit-il, caressant la ligne souple des hanches.

« Où as-tu été ce soir ? »

« Rhea. »

« Intéressant ? »

« Très. Quoique d'une façon particulière. Elle m'a dit que j'étais trop sérieux, qu'il fallait que je me détende. »

« Elle est intelligente. Tu trouves qu'elle a raison ? »

« Oui, je crois. » Il baisse les lumières. « Le secret, c'est de savoir se distraire quand il le faut. Considérer son travail avec une certaine désinvolture. Mais je vais essayer. Je vais essayer. Le problème, c'est que je ne peux m'empêcher de prendre au sérieux ce que je fais. Cette pétition de Chicago, par exemple. Il est *évident* que nous ne pouvons autoriser une licence complète du choix du sexe des enfants ! Les conséquences seraient... »

« Siegmund », l'arrête-t-elle. Elle prend sa main et la pose sur son ventre. « Je n'ai pas envie d'entendre cela maintenant. J'ai besoin de toi. Rhea ne t'a pas épuisé, j'espère ? Parce que Jason n'a pas été brillant ce soir. »

« Peut-être me reste-t-il encore quelque vigueur. Pour toi. » Oui. Il lui reste encore de la vigueur. Il embrasse Mamelon et se glisse en elle. « Je t'aime », murmure-t-il. Mon épouse. Ma seule vraie femme. Ne pas oublier d'appeler Mattern tout à l'heure. Quevedo aussi. Que Shawke ait le rapport dans l'après-midi. Si *seulement* Shawke avait un bureau. Statistiques, références, taux. Tous les détails de la marche à suivre s'inscrivent dans sa tête, tandis qu'il s'active sur Mamelon, l'emportant bientôt vers l'explosion finale.

975e étage. La plupart des administrateurs les plus importants y ont leurs bureaux — Shawke, Freehouse, Holston, Donnelly, Stevis. Siegmund a emmené le cube contenant la pétition et le projet de réponse, bourré de notes et de renseignements que lui ont fournis Charles Mattern et Jason Quevedo. Il marque une halte dans le vestibule. Tout y est si calme, si opulent; pas d'enfants pour vous bousculer, pas de foules affairées et grouillantes. Un jour, j'y serai chez moi. Il voit une suite somptueuse, de trois ou même quatre pièces, dans un des niveaux résidentiels de Louisville — Mamelon régnant comme une reine sur ce domaine — ce soir Kipling Freehouse et Monroe Stevis viennent dîner avec leurs épouses — occasionnellement, un visiteur, les yeux éblouis, un vieil ami venu de Chicago ou de Shangai — la puissance et le confort — les responsabilités et le luxe. Oh, oui.

« Siegmund ? » L'appel vient d'un haut-parleur caché dans le plafond. « Venez. Nous sommes chez Kipling. » C'est la voix de Shawke. Il a été identifié par les témoins électroniques. Aussitôt, il se recompose un visage énergique, décidé, sachant qu'il a dû apparaître rêveur, absent. Il s'en veut d'avoir oublié qu'il pouvait être vu. Il tourne à gauche et se présente devant la porte du bureau de Kipling Freehouse. Le panneau glisse silencieusement devant lui.

C'est une immense pièce incurvée, bordée de baies vitrées, à travers lesquelles apparaît la face scintillante de Monade urbaine 117, s'amincissant élégamment jusqu'à l'aire d'atterrissage. Le nombre de hautes personnalités rassemblées ici laisse Siegmund pantois. Tous ces visages respectables le fascinent. Il y a là Kipling Freehouse, bien sûr — il dirige le service de renseignements et d'informations — c'est un gros homme jouflu avec des sourcils touffus. Nissim Shawke. Lewis Holston, affable et glacé, comme toujours élégamment vêtu d'incandescent. Monroe Stevis, petit et difforme. Donnelly. Kinsella. Vaughan. C'est une foule de célébrités. Tout ce qui compte dans la monade est là, à de très rares exceptions ; un anomo qui lancerait une bombe psychique ici anéantirait tout le gouvernement d'un seul coup. Quelle crise à ce point terrible a pu les réunir ainsi ? Figé d'appréhension, Siegmund peut à peine avancer. Qui est-il ici ? Un chérubin parmi les archanges. Ici se crée l'histoire, et il y est. S'ils lui ont demandé de venir, peut-être est-ce parce qu'ils tiennent à avoir l'approbation d'un représentant de la future génération des maîtres avant de décider quoi que ce soit. Cette hypothèse le séduit au point de l'étourdir. Je vais participer à l'événement. Quel qu'il soit. Sa propre importance grandit, et inversement celle des autres lui semble diminuer. Il pénètre dans la foule, l'air crâne et avantageux. C'est alors qu'il réalise la présence de certaines personnes dont il est évident qu'elles ne sont pas à leur place dans une réunion politique au plus haut échelon. Rhea Freehouse ? Paolo, son indolent époux ? Et ces filles ? Pas plus de quinze ou seize ans, à peine vêtues de voiles arachnéens et parfois même moins. Des courtisanes ou des servantes ? Ou les deux à la fois ? Nul n'ignore que les administrateurs de Louisville entretiennent des maîtresses. Mais ici ? Aujourd'hui ? Se trémoussant alors que l'histoire se joue ? Nissim Shawke le salue, sans se lever. « Allez, entrez dans la fête. Dites ce que vous voulez, il y en a certainement. Du piquant, du déconsciant, de l'épanouissant, du multiplexer, ce que vous voulez. »

La fête ? La fête ?

« Je vous ai apporté le rapport. Le sociocomputeur m'a fourni... »

« Laissez cela, Siegmund. Vous ne voyez pas qu'on s'amuse ? »

Amusement ? Amusement ?

Rhea vient vers lui. Elle titube, le regard flou. Elle est vraisemblablement droguée. Malgré tout, son esprit lucide perce encore quelque peu dans ses yeux vitreux. « Tu as oublié ce que je t'ai dit, Siegmund. Détends-toi, laisse-toi aller. » Sa voix est tout juste un chuchotement. Elle lui embrasse le bout du nez. Elle prend le rapport et le dépose sur le bureau de Freehouse. Ses mains se promènent sur le visage de Siegmund. Il sent un contact humide; ses doigts doivent être mouillés. Elle va me laisser des marques. Du vin ? Du sang ? Quoi ? « Nous célébrons la Fête de l'Accomplissement Somatique. Joyeuse Fête, Siegmund. » Elle rit nerveusement. « Tu peux m'avoir, si tu veux, ou n'importe quelle autre fille, ou Paolo, ou qui tu veux. Même mon père. Tu n'as jamais rêvé de défoncer Nissim Shawke ? Choisis, et amuse-toi. »

« J'étais venu pour apporter un document important à ton père, et je... »

« Oh, fourre-le-toi dans ton trou ! » jette-t-elle, lui tournant le dos et affichant ostensiblement le dégoût qu'il lui inspire.

La Fête de l'Accomplissement Somatique. Il avait oublié. Dans quelques heures, le festival va commencer. Il devrait être avec Mamelon, mais il est là. Doit-il partir ? Tous le regardent. Oh, un endroit où se cacher ! Plonger et disparaître dans la moquette psychosensitive ondulante. Ne pas gâcher la fête. Il repense au texte auquel il a travaillé ce matin. *On remarque que la détermination du sexe des enfants laissés au hasard, ou à un choix purement biologique, engendre statistiquement une relative division symétrique entre mâles et femelles. La suppression de cet élément chance crée une situation dangereuse. L'expérience tentée dans l'ancienne cité de Tokyo entre 1987 et 1996 prouve que le taux des naissances d'enfants du sexe féminin avait considérablement baissé. Ce risque ne peut être contrebalancé que par une autorité souve-*

raine. En conséquence de quoi, il est recommandé... Cette fête, en y regardant de plus près, est essentiellement une orgie. Ce n'est pas la première à laquelle Siegmund participe, mais jamais avec des personnes d'un rang aussi élevé. Des fumées chargées de senteurs planent en épaisses volutes. Monroe Stevis, nu! Une masse confuse de corps enroulés les uns dans les autres. « Venez », lui hurle Kipling Freehouse, « amusez-vous, Siegmund! Choisissez une fille, n'importe laquelle! » Des rires partout. Une petite fille au regard lubrique dépose une capsule dans sa main. Il tremble tellement qu'il la fait tomber. Aussitôt, une autre fille la ramasse et l'avale. D'autres gens continuent à arriver. L'air digne et élégant, Lewis Holston a une fille sur chaque genou. Et une autre, agenouillée devant lui. « Alors, Siegmund, rien? » demande Nissim Shawke. « Vous ne voulez *rien*? Pauvre Siegmund. Si vous devez un jour vivre à Louisville, vous devrez savoir vous distraire aussi bien que travailler. »

On le regarde. On le juge. Détonnera-t-il? Saura-t-il s'accorder avec l'élite, ou n'est-il qu'un petit bureaucrate besogneux? Siegmund se voit relégué à Rome définitivement. Toutes ses ambitions évanouies. Si le critère d'admission est de savoir jouer le jeu, alors il jouera le jeu. Il sourit. « Je prendrai bien un peu de piquant », dit-il. Rester à ce qu'il sait bien supporter.

« Du piquant, vite! »

C'est le tribut à payer. Une nymphe aux cheveux d'or lui apporte une coupe pleine; il avale une gorgée, pince un sein offert. Une autre gorgée — le fluide pétillant chatouille la gorge. Bois, ce n'est pas toi qui payes! Il vide la coupe d'un trait. On l'applaudit. Rhea de loin manifeste son approbation d'un signe de tête. Un peu partout dans la pièce, des vêtements sont ôtés et jetés. Les voici, les plaisirs des maîtres! Il doit bien y avoir cinquante personnes maintenant. Une claque dans son dos. Kipling Freehouse. Sa cordialité explose. « Vous êtes parfait, mon garçon ! » hurle-t-il. « On s'inquiétait à votre sujet, vous savez ! Toujours tellement sérieux, tellement dévoué ! Je ne dis pas que ce sont de mauvaises vertus, hein, mais il y en a d'autres, vous me suivez ? Par exemple, savoir se distraire. Hein ? Hein ? »

« Oui, Monsieur. Je comprends, Monsieur. »

Puis il plonge dans la mêlée. Des seins, des cuisses, des fesses, des langues. Des odeurs féminines musquées. Un geyser de sensations. Quelqu'un jette quelque chose dans sa bouche. Il avale. Presque aussitôt, l'impression que le haut de son crâne se soulève. Il rit. Quelqu'un l'embrasse. Le couche sur la moquette. Ses mains palpent deux seins petits et durs. Rhea ? Oui. Contre lui se presse Paolo, l'époux de Rhea. La musique jaillit et inonde tout. Il se noie. Il partage une fille avec un autre homme. C'est Nissim Shawke ; il lui cligne de l'œil, mais le regard est toujours aussi glacial. Il est surveillé. Ses capacités pour le plaisir sont testées, mesurées. Tout le monde l'épie — est-il suffisamment dépravé pour mériter sa promotion parmi eux ? Laisse-toi aller ! Laisse tout aller !

Il se jette dans l'orgie comme un forcené. Tout dépend de maintenant. Sous lui gisent 974 étages, et s'il veut rester ici au sommet, il lui faut jouer le jeu. C'est donc ainsi qu'ils sont ! Ces administrateurs s'adonnant à leurs mesquineries, leurs bassesses, leurs vulgarités. Un hédonisme banal de classe dirigeante. Ils sont semblables à leurs ancêtres : princes florentins, grands bourgeois parisiens, Borgia, boyards ivrognes. Siegmund ne peut supporter cette idée ; il invente une explication. Cette orgie n'a été organisée que pour le mettre à l'épreuve, pour déterminer s'il n'est qu'un petit gratte-papier étriqué, ou s'il possède la largeur d'esprit indispensable à un véritable maître. Fou qu'il était de penser que ces hommes perdent leur temps précieux en de vaines et vulgaires débauches ; mais étant complets, ils savent jouir de la vie, se plongeant aussi bien dans les plaisirs que dans le travail. S'il veut devenir l'un d'entre eux, il lui faut faire preuve de cette même maturité. Il ne décevra pas. Il ne décevra pas.

Son cerveau enténébré est sillonné de messages chimiques contradictoires.

« Chantons! » hurle-t-il désespérément. « Je veux que tout le monde chante! »

> *Si du fond de la nuit*
> *Tu viens t'étendre contre moi*
> *Si ta verge aimée s'embrase*
> *Et se glisse dans mon fourreau.*

Tous chantent avec lui. Il n'entend pas ses propres vociférations. Deux yeux sombres plongent dans les siens. Un long souffle rauque chuchote dans son oreille. « Dieu soit loué, c'est vous le fameux Siegmund Kluver. Vous êtes terrible. » De petites bulles pétillent encore sur ses lèvres.

« On s'est déjà rencontrés, n'est-ce pas? »

« Oui, une fois. Dans le bureau de Nissim, je crois. Je suis Scylla Shawke. »

L'épouse du grand Nissim Shawke. Tout éblouissante de beauté. Jeune. Jeune. Vingt-cinq ans au maximum. Une rumeur circule à propos de la première épouse, la mère de Rhea. Elle aurait dévalé la chute. Anomo. Un jour, Siegmund se promet de vérifier cela. Scylla Shawke se love contre lui. Ses cheveux noirs si doux chatouillent son visage. Il est à moitié paralysé de terreur. Où cela va-t-il le mener? Trop loin? Il la serre contre lui, sa main glisse sous la tunique. Elle se prête à la caresse. Des seins chauds et lourds. Ses lèvres humides et douces. Va-t-il tout rater par excès de prudence? Oublie tout. Oublie tout. La Fête de l'Accomplissement Somatique! Leurs deux corps sont comme soudés l'un à l'autre et il réalise, effaré, qu'il pourrait la prendre là, à l'instant. Là, dans le bureau de Kipling Freehouse, au milieu de cette masse confuse où se mêlent et s'enroulent les membres de l'élite de Monade 116. Non, ce serait aller trop loin, trop vite. Il se glisse pour se libérer de l'étreinte. Il perçoit un fugitif éclair de déception et de reproche. « Pourquoi pas ? » chuchote-t-elle. « C'était impossible », répond-il. A l'instant même, une autre fille se pose au-dessus de lui, s'agenouille et lui verse quelque chose de doux et de visqueux dans la bouche. Soudain, il a l'impression que son cerveau danse dans son crâne. Il roule sur lui-même. « Pourquoi ? » demande la voix de Rhea. « Elle s'offrait à toi. » Étrange. Les mots qu'elle prononce explosent, les sons bondissent et planent dans l'espace. Qu'est-il arrivé aux lumières ? Elles se décomposent, comme si elles traversaient un prisme. Un éclat féerique semble irradier de toutes les surfaces de la pièce. Siegmund rampe parmi le tumulte à la recherche de Scylla Shawke. Une voix l'arrête. « J'aimerais bien que nous parlions un peu de cette pétition de Chicago maintenant. » C'est Nissim Shawke, l'époux.

Mamelon, le visage éteint, arpente nerveusement l'appartement quand Siegmund rentre, plusieurs heures plus tard. « Où étais-tu ? » demande-t-elle. « La Fête de l'Accomplissement Somatique est presque terminée. J'ai appelé partout, je t'ai fait chercher dans tout le bâtiment par les détecteurs. Je pens... »

« J'étais à Louisville », répond-il. « On célébrait la Fête chez Kipling Freehouse. » Il passe devant elle, d'une démarche d'homme ivre, et se laisse tomber sur la plate-forme de repos. Il enfouit son visage comme pour se cacher. Les sanglots hoquetants viennent d'abord, suivis des larmes. Quand elles se seront taries, quelle importance que la Fête de l'Accomplissement Somatique dure encore ?

6

L'Équipe Dièdre Neuf travaille dans une longue bande d'espace sombre entourant la colonne centrale des services de la monade entre le 700e et le 730e étage. Ce tube profond, mais relativement étroit (cinq mètres maximum de largeur), sert de conduit aux grains de poussière vers les filtres aspirants. C'est une sorte de vide intermédiaire entre les bandes périphériques résidentielles et commerciales, et l'épine dorsale secrète du bâtiment, la colonne centrale des services, là où sont les ordinateurs.

Les dix membres de l'équipe pénètrent rarement dans la colonne proprement dite. Ils se tiennent en général à l'extérieur, surveillant les panneaux portant les connexions et les nœuds des systèmes électroniques de l'immeuble. Des lampes rouges et jaunes s'allument et s'éteignent, témoignant des défaillances des appareils invisibles. L'Équipe Dièdre Neuf constitue l'ultime sécurité, après les systèmes autocorrecteurs qui dirigent les opérations des ordinateurs. Elle intervient en cas de surcharges comme dernier élément de contrôle. Si ce n'est pas particulièrement difficile, son rôle n'en est pas moins vital pour le fonctionnement de tout le gigantesque bâtiment.

Chaque jour à 1230, Micael Statler et ses neuf compagnons rampent à travers l'ouverture à Édimbourg, au 700ᵉ étage et pénètrent dans les ténèbres éternelles. Là, des sièges mobiles les emportent aux postes qui leur sont assignés — Micael s'occupe de la section comprise entre le 709ᵉ et le 712ᵉ étage — mais il arrive que les variations de charges pendant le cours de la journée les obligent à se déplacer fréquemment du haut en bas de la colonne.

Micael a vingt-trois ans. Il appartient à l'Équipe Neuf depuis onze ans. Depuis le temps, il a acquis des automatismes ; il est devenu une sorte d'excroissance de la machine. Au fil des heures, il survolte ou draine, shunte ou associe, mélange ou sépare — toujours prêt à intervenir au moindre besoin de l'ordinateur. Toutes ces opérations sont effectuées sans réflexion, froidement, efficacement, par pur réflexe. Professionnellement parlant, c'est presque souhaitable. Un analo-électronicien n'a pas à penser, il doit agir quand il le faut et comme il le faut.

Malgré tout, le fort pourcentage d'aptitude du cerveau humain au centimètre cube à traiter des informations lui assure encore une sorte de suprématie après cinq siècles de technologie des ordinateurs. Une Équipe Dièdre bien entraînée n'est ni plus ni moins que la somme de ces dix excellents petits ordinateurs organiques branchés sur l'élément principal. C'est pourquoi Micael obéit docilement aux réseaux lumineux changeants, effectuant les opérations nécessaires tandis que ses centres cérébraux restent libres pour d'autres exercices.

Grâce à quoi Micael rêve beaucoup pendant ses heures de travail.

Il rêve à tous ces endroits étranges à l'extérieur de Monade Urbaine 116 qu'il a vus sur l'écran. Avec son épouse Stacion, ils sont des téléphiles acharnés et il est rare qu'ils ratent un des documentaires sur le monde prémonadial. Ces vestiges enfouis dans le sable, ces ruines les fascinent : Jérusalem, Istanbul, Rome, le Taj Mahal. Les restes de New York, Londres, dont seuls les sommets des immeubles émergent encore au-dessus des vagues. Tous ces endroits bizarres, romantiques, complètement étrangers au monde monadial. Le Vésuve. Les geysers de Yellowstone. Les plaines d'Afrique. Les îles du Pacifique Sud. Le Sahara. Le Pôle Nord. Vienne. Copenhague. Moscou. Angkor Vat. La Grande Pyramide et le Sphinx. Le Grand Cañon. Chichen Itza. La jungle d'Amazonie. La Grande Muraille de Chine.

Tout cela existe-t-il encore ?

Micael n'en sait rien. Certains reportages ont été filmés un siècle plus tôt, parfois même plus. Micael n'ignore pas que l'extension de la civilisation actuelle a nécessité la démolition d'une grande partie de ce qui existait auparavant. L'effacement de l'ancienne culture. Tout ayant été, bien sûr, soigneusement enregistré en trois dimensions avant d'être détruit. Mais disparu, malgré tout. Une petite explosion de fumée blanchâtre ; l'odeur sèche, un peu piquante, de la pierre pulvérisée. Fini. Disparu. Peut-être reste-t-il encore les monuments les plus célèbres. Broyer les pyramides pour construire des monades à leur place ? Mais par contre il a fallu nettoyer les anciennes cités, trop étendues. Micael a entendu son beau-frère Jason Quevedo, l'historien, raconter que dans le temps la constellation des Chipitts était une immense bande continue d'implantations urbaines bordée de part et d'autre par deux cités, Chicago et Pittsburgh. Que reste-t-il maintenant de Chicago et de Pittsburgh ? Rien. Le long de cette bande s'étirent maintenant les cinquante et une tours de la constellation des Chipitts. Tout est net et parfaitement organisé. Nous avons dévoré notre passé pour excréter notre nouveau monde. Pauvre Jason ; il doit regretter les temps anciens. Moi aussi. Moi aussi.

Micael rêve d'aventures hors de Monade urbaine 116.

Pourquoi ne pas sortir d'ici ? Doit-il passer tout le reste de sa vie suspendu sur son siège mobile, à connecter et reconnecter sans cesse ? Ah, sortir ! Respirer cette atmosphère nouvelle, non filtrée, chargée de senteurs végétales. Voir une rivière. Planer n'importe comment au-dessus de cette planète hérissée, pour y découvrir des endroits sauvages. Grimper sur la Grande Pyramide! Nager dans un océan — dans n'importe quel océan! De l'*eau salée*. Comme ce doit être étrange. Se trouver à l'air libre, la peau exposée à l'éclat chaud et brûlant du soleil, ou contempler le firmament sous la pâle lueur frissonnante du clair de lune. Le miroitement orangé de Mars. Au petit matin, sourire à Vénus.

« Tu sais », dit-il à son épouse, « je crois que c'est possible. » Stacion l'écoute placidement. Elle est grosse de leur cinquième enfant, une fille, qui doit naître dans quelques mois. « Je peux m'arranger pour programmer une autorisation de sortie à mon nom. Je descends en vitesse et je sors avant que quiconque ne s'aperçoive de rien. Puis je courrai dans l'herbe. Je me dirigerai vers l'est. En suivant la côte, je remonterai jusqu'à New York. Ils ne l'ont pas complètement démoli. C'est Jason qui le dit. Ils ont simplement nettoyé autour. On l'a conservé comme une sorte de symbole funeste. »

« Comment te nourriras-tu? » demande Stacion, en femme pratique qu'elle est.

« Je vivrai de ce que me donnera la nature. De racines et de plantes sauvages, comme les Indiens. Je chasserai! Les troupeaux de bisons — ces gros animaux bruns et placides. J'en choisirai un, je m'approcherai derrière lui, je bondirai sur son dos, juste sur la bosse graisseuse, et j'enfoncerai mes mains dans le poitrail, *yank!* Il ne comprendra pas — plus personne ne chasse maintenant. Il tombera mort et j'aurai de la viande pour des semaines. Je pourrai même la manger crue. »

« Il n'y a plus de bisons, Micael. Il ne reste plus aucun animal sauvage nulle part. Tu le sais bien. »

« Je plaisantais. Tu crois que je serais vraiment capable de tuer? *Tuer?* Dieu soit loué, je suis peut-être bizarre, mais je ne suis pas fou ! Non, écoute, je m'approvisionnerai dans les communes agricoles. Je me glisserai la nuit et je prendrai des légumes, des steaks de protéines, tout ce que je trouverai. Les communes ne sont pas gardées. On n'*imagine* pas qu'un urbain puisse venir rôder ainsi. Comme cela je pourrai manger. Et j'irai à New York, Stacion ! Je verrai New York ! Peut-être même que j'y trouverai une société d'hommes sauvages — avec des bateaux ou des avions ; quelque chose qui puisse m'emmener de l'autre côté de l'océan. A Jérusalem ! A Londres ! En Afrique ! »

Stacion rit. « Que je t'aime quand tu commences à faire ton anomo comme cela. » Elle l'attire contre elle. Elle pose la tête échauffée de Micael contre la douce courbure de son ventre. « Entends-tu l'enfant ? » demande-t-elle. « Chante-t-elle dans mon ventre ? Dieu soit loué, Micael, que je t'aime. »

Elle ne le prend pas au sérieux. Personne ne le prend au sérieux, mais il partira. Tout en se déplaçant à l'intérieur du dièdre, à raccorder et à brancher des connexions, il se voit voyageant de par le monde. Un projet lui tient particulièrement à cœur : visiter toutes les vraies villes qui ont servi à nommer les cités de Monade 116. Du moins celles qui existent encore. Varsovie, Reykjavik, Louisville, Colombo, Boston, Rome, Tokyo, Tolède, Paris, Shangai, Édimbourg, Nairobi, Londres, Madrid, San Francisco, Birmingham, Leningrad, Vienne, Seattle, Bombay, Prague, Chicago et Pittsburgh. Si elles ne sont pas totalement disparues. Et les autres. En ai-je oublié ? Il énumère à nouveau. Varsovie, Reykjavik, Vienne, Colombo. Il se perd. Ce n'est pas important. L'important est de partir, même si je ne peux pas faire le monde entier. Peut-être est-ce plus grand que je ne l'imagine. Mais au moins je verrai quelque chose. Je sentirai la pluie sur mon visage. J'entendrai le bruit du ressac. Mes pieds fouleront des plages de sable froid et mouillé. Et le soleil ! Le soleil, le soleil ! Le soleil sur ma peau !

Il est évident que certains savants doivent encore voyager pour visiter l'ancien monde, mais Micael n'en connaît aucun. Jason lui-même, pourtant spécialisé dans le XXe siècle, n'est certainement jamais sorti du bâtiment. Il aurait au moins pu aller voir New York ; ou alors n'en a-t-il pas eu le droit ? Cela lui donnerait un aperçu plus réel, plus humain, de ce qu'il étudie. C'est tout Jason ; il ne sortirait pas même s'il y était autorisé. Pourtant il devrait. J'irais, moi, si j'étais à sa place. Avons-nous été créés pour vivre toute notre existence dans un immense bloc de béton ? Micael a eu l'occasion de visionner quelques cubes de Jason sur l'ancienne époque, les rues à ciel ouvert, les voitures qui roulent, des petits bâtiments habités par une seule famille, ne comprenant pas plus de trois ou quatre personnes. Incroyablement étrange. Irrésistiblement fascinant. Bien sûr, cela avait fait faillite ; la civilisation entière longtemps ébranlée avait fini par craquer définitivement. Il fallait que les choses soient enfin organisées. Mais Micael comprend le charme de cette façon de vivre. Il ressent la force centrifuge qui appelle à la liberté. Il voudrait bien y goûter un peu. On ne peut pas vivre comme ils vivaient, mais on ne peut pas non plus vivre comme nous vivons. Pas tout le temps. Sortir. Faire l'expérience d'un monde horizontal, au lieu de tout considérer en fonction du haut et du bas. Nos mille étages, nos centres d'Accomplissement Somatique, nos centres sonores, nos sanctificateurs, nos éthiciens, nos ingénieurs moraux, nos conseillers, notre tout. Il doit exister mieux. Rien qu'une petite visite au monde du dehors — la sensation suprême de ma vie. Oui. Oui. Suspendu dans le dièdre obéissant sereinement aux impulsions imprimées à ses réflexes, il se fait la promesse de ne pas mourir sans avoir accompli son rêve. Il sortira. Un jour.

Son beau-frère, Jason, a alimenté sans le savoir le feu qui couve au plus profond de lui. Cette théorie qu'il avait exprimée d'une race spéciale urbmonadiale, un soir que Micael et Stacion avaient passé chez les Quevedo. Qu'avait dit Jason exactement ? *Je travaille sur une idée selon laquelle la vie en milieu monadial engendrerait une nouvelle espèce d'êtres humains. Un type humain naturellement adapté à un espace vital relativement étroit et à un faible quotient d'intimité.* Au début, Micael n'avait pas été convaincu. Le fait que des individus s'entassent d'eux-mêmes dans d'immenses tours ne lui semblait pas ressortir de la génétique, mais plutôt d'un conditionnement psychologique. Ou même d'une acceptation volontaire à une situation générale. Mais plus Jason avait développé ses idées, plus elles étaient apparues justes et sensées. Quand il avait expliqué pourquoi personne ne sortait des monades urbaines, bien qu'il n'existât aucune véritable interdiction. *Parce que nous reconnaissons que ce serait une fantaisie sans espoir. Nous restons ici, que cela nous plaise ou non. Et ceux à qui ça ne plaît pas, ceux qui éventuellement ne le supportent plus... eh bien, vous savez ce qui leur arrive.* Micael le sait. *La chute pour les anomos. Ceux qui restent s'adaptent aux circonstances. C'est ce que je nommerais l'adaptation sélective, impitoyablement dirigée depuis deux siècles. Et nous sommes tous devenus parfaitement adaptés à notre mode de vie.*

Et Micael avait répondu. Oui. *Tous parfaitement adaptés.* Mais il savait bien que ce n'était pas vrai de tous.

Avec quelques exceptions, avait ajouté Jason, d'une voix douce.

Micael pense à tout cela, dérivant dans son lieu de travail. L'adaptation sélective avec comme conséquence cette acceptation universelle de la vie urbmonadiale. Presque universelle. Mille étages... 885 000 personnes vivant sous le même toit... toujours plus d'enfants... serrez-vous les uns contre les autres... et personne ne refuse. Tout le monde accepte. Quelques exceptions toutefois. Ceux — les rares — qui regardent le monde nu à travers les fenêtres, et enragent et souffrent dans leur enclos. Ce désir de la fuite! Le gène de l'acceptation nous manque-t-il?

Si Jason a raison, si les populations monadiales sont parfaitement adaptées à jouir de la vie qui leur est faite, alors il doit exister un caractère récessif chez certains d'entre nous. Ce sont les lois de la génétique. On ne peut extirper un gène. Il peut rester en sommeil pendant huit générations et resurgir à nouveau pour venir hanter un lointain rejeton. Moi, par exemple. Moi. Je porte en moi cette saleté. Et c'est pourquoi je souffre.

Micael décide de parler de cela avec sa sœur. Il y va un matin, à 1100, étant sûr de la trouver chez elle à cette heure-là. Micaela s'occupe des enfants quand il arrive. Elle n'est pas du tout préparée; ses cheveux lui tombent sur le nez, ses joues sont barbouillées et pourtant elle est délicieuse et adorable. Pour tout vêtement, elle porte une serviette sale jetée sur les épaules. A son entrée, elle se retourne et lance un regard soupçonneux qui se transforme en sourire quand elle le voit. « Oh, c'est toi », dit-elle. Qu'elle est belle. Si fine, si élancée. Sa poitrine se remarque à peine. Micael pense aux seins de Stacion gonflés de lait qui balancent et tressautent comme deux grosses outres pleines. Il préfère les femmes minces. « Je passais simplement te voir », dit-il. « Cela t'ennuie si je reste un peu? »

« Dieu soit loué, pas du tout. Ne me regarde pas, les petits me rendent folle. »

« Puis-je t'aider? » Elle lui fait signe que non.

Il s'assied, jambes croisées, la contemplant tandis qu'elle s'active dans la pièce. Elle en emmène un sous la douche, en couche un autre. Les autres sont à l'école, Dieu merci. Devant ses cuisses longues et fines, ses petites fesses dures et lisses, il est à moitié tenté de la prendre là, tout de suite. Mais elle est trop absorbée par ses occupations matinales. D'ailleurs il y a des années et des années qu'il ne l'a pas touchée. Pas depuis qu'ils étaient enfants. A l'époque, oui, bien sûr; d'ailleurs tout le monde avait défoncé sa sœur. C'était presque naturel qu'ils s'unissent, eux qui étaient jumeaux. Une parenté très particulière — comme un autre lui-même, mais avec un sexe féminin. Aux aguets l'un de l'autre. A l'âge de neuf ans peut-être, elle l'avait touché. « Comment c'est d'avoir ça entre les jambes ? Ça pend et ça balance. Ça ne te gêne pas quand tu marches ? » Lui essayait d'expliquer. Plus tard, quand la poitrine de Micaela avait pris forme, c'est lui qui avait posé le même genre de questions. Elle avait été en avance sur lui. Son système pileux avait poussé bien avant le sien. Et elle avait commencé à saigner très tôt. Pendant un moment, cette différence (elle adulte, lui encore enfant) avait créé une séparation entre eux, bien que partageant souvent la même couche. « Si je te pose une question », demande Micael, en souriant, « me promets-tu de ne jamais le répéter à personne ? Même pas à Jason ? »

« Ai-je l'habitude de parler à tort et à travers ? »

« Non. Je sais. Je voulais simplement en être sûr. »

Elle en a terminé avec les enfants. Épuisée, elle s'assied face à lui, la serviette négligemment nouée autour de la taille, dévoilant les cuisses. Mais le geste est chaste, sans équivoque. Micael se demande ce qu'elle penserait s'il lui proposait de coucher avec lui. Oh, bien sûr, elle accepterait, elle le doit, mais le désirerait-elle vraiment ? Serait-elle gênée de s'ouvrir à son frère ? Elle ne l'était pas dans le temps. Mais il y avait longtemps de cela.

« Micaela, as-tu déjà pensé à quitter la monade ? » demande-t-il.

« Pour aller dans une autre ? »

« Non, pour sortir. Pour aller voir le Grand Cañon, les Pyramides. Simplement pour sortir. Tu n'en as jamais assez d'être enfermée dans ce bâtiment ? »

Ses yeux sombres pétillent. « Dieu soit loué, oui ! Si tu savais ! Je n'ai jamais beaucoup pensé aux Pyramides, mais certains jours, je sens les murs qui m'étouffent comme des milliers de mains. »

« Toi aussi, alors ! »

« De quoi parles-tu, Micael ? »

« De la théorie de Jason selon laquelle nous avons été entraînés, génération après génération, à tolérer cette existence urbmonadiale. Moi je pense que chez quelques-uns les mauvais gènes sont réapparus. Ceux-là sont différents. »

« Des primitifs ? »

« Oui, des primitifs ! Des êtres qui ne sont pas à leur place dans leur temps. Ceux-là n'auraient pas dû naître de nos jours, mais à une époque où les gens étaient libres d'aller où ils voulaient. Je suis un des leurs, Micaela. Je veux sortir du bâtiment. Rien que pour me promener un petit peu à l'extérieur. »

« Tu n'es pas sérieux ? »

« Si, je crois l'être. Je ne sais pas si je le ferais, mais j'en ai envie. Cela me range dans la catégorie des primitifs. Je n'appartiens pas à cette race paisible dont parle Jason. Comme Stacion, par exemple. Elle est bien ici. Pour elle, c'est un monde idéal. Pas pour moi. Et si c'est une différence génétique, alors nous ne convenons ni toi ni moi à cette civilisation. Parce que tu possèdes les mêmes gènes que moi, et moi les mêmes que toi. C'est pourquoi je voulais t'en parler. Pour mieux me comprendre moi-même. Savoir à quel point *tu* étais adaptée. »

« Je ne le suis pas. »

« Je le savais ! »

« Mais moi je ne veux pas quitter la tour », ajouta Micaela. « Mon refus est autre. Ce sont plutôt des attitudes émotionnelles. La jalousie, l'ambition. Il y a tant de pensées impies dans ma tête, Micael. Jason aussi. Nous avons eu une dispute à ce propos la semaine dernière. » Elle rit doucement. « En fin de compte, nous avons décidé que nous étions deux primitifs, tous les deux. Semblables aux sauvages des anciens temps. Je n'ai pas envie d'entrer dans les détails, mais oui, oui, je pense que fondamentalement tu as raison : à l'intérieur de nous, ni toi ni moi ne sommes de véritables monadiaux. C'est un masque que nous nous mettons. Nous faisons seulement semblant. »

« C'est cela ! Semblant ! » Micael frappe dans ses mains. « Très bien. C'est ce que je voulais savoir. »

« Tu vas sortir ? »

« Si je sors, ce ne sera pas pour longtemps. Rien que pour voir à quoi ça ressemble dehors. Mais oublie que je te l'ai dit. » Il lit de la détresse dans le regard de sa sœur. Il s'approche et l'attire dans ses bras. « Ne m'en empêche pas, Micaela. Si je le fais, ce sera parce que je le *dois*. Tu me connais, donc tu le comprends. Reste calme jusqu'à ce que je revienne. Si jamais je pars. »

Maintenant tous ses doutes sont disparus. Quelques questions subsistent néanmoins concernant certains problèmes annexes. Comment faire ses adieux, par exemple. Doit-il partir sans dire un mot à Stacion ? Ce serait préférable ; Stacion ne comprendrait pas et elle pourrait lui compliquer les choses. Et Micaela ? Il est tenté d'aller lui rendre visite avant son départ. Un adieu spécial pour elle ; pour l'être le plus proche de lui — après tout peut-être ne reviendra-t-il jamais de sa petite excursion. Il pense combien il aimerait la défoncer — il la soupçonne de le désirer elle aussi. Des adieux amoureux alors. Peut-il prendre un tel risque ? Il ne doit pas trop faire confiance à leur parenté ; si elle découvrait qu'il a décidé de quitter la monade, elle pourrait le faire arrêter et envoyer chez les ingénieurs moraux. Pour son propre bien. Il est évident que Micaela considère son projet comme une lubie d'anomo. Après avoir pesé le pour et le contre, il décide de ne rien lui dire. Il la prendra en imagination. Leurs lèvres s'unissent, les langues s'activent, ses mains étreignent le corps souple et ferme. Il plonge en elle. Leurs corps se meuvent en une coordination parfaite. Nous sommes les deux moitiés disjointes d'une même entité, et maintenant nous sommes à nouveau réunis. Pendant un bref instant, l'image se fait tellement précise qu'il manque abandonner sa résolution. Qu'il manque, seulement.

Finalement il partira sans rien dire à personne.

Il sait comment utiliser l'immense machine pour ses propres besoins, ce qui réduit considérablement les difficultés. Ce jour-là il est seulement un peu plus éveillé que d'habitude, rêvant un peu moins. Il connecte les nœuds, répondant immédiatement aux impulsions fugitives vibrant dans les immenses ganglions du bâtiment géant : réquisition de nourriture, statistiques de natalité et de létalité, rapports atmosphériques, augmentation du seuil d'amplification d'un centre sonore, réapprovisionnement en drogues des distributeurs automatiques, schémas de récupération de l'urine, relais de communications, et cetera, et cetera, et cetera. Tout en effectuant son travail, il ouvre un nœud d'un doigt négligent, se ménageant ainsi une entrée dans le réservoir d'informations. Il se trouve à présent en contact direct avec le cerveau central, avec toute la mémoire du bâtiment. Un jaillissement cuivré de lumière dorée lui signale que l'ordinateur se tient prêt à être reprogrammé. Très bien. Il programme une autorisation de sortie au nom de Micael Statler, appartement 70 411, délivrable à tout terminal et valide à partir du moment de l'utilisation. Il se rend tout de suite compte que cette formulation autorise toutes les lâchetés ; il recompose la programmation immédiatement : valide douze heures seulement après délivrance. Avec en plus la possibilité de rentrée quand il en fera demande. Le relais lui transmet un signal d'acceptation. Bon. A présent il enregistre deux messages, pré-programmés pour être distribués quinze heures après la délivrance du laissez-passer. L'un est adressé à Madame Micaela Quevedo, appartement 76 124. Chère sœur, j'ai osé, souhaite-moi bonne chance — je te ramènerai un peu de sable du bord de la mer. L'autre message est pour Madame Stacion Statler, appartement 70 411, expliquant brièvement où il est parti et pourquoi. Il ajoute qu'il sera bientôt de retour, qu'elle ne s'inquiète pas, que c'est quelque chose qu'il devait faire. Voici qui est réglé en matière d'adieux.

Il termine sa journée de travail. Il est 1730. Ce serait stupide de sortir du bâtiment alors que la nuit va tomber. Il revient chez lui. Il dîne avec Stacion, joue avec les enfants, regarde l'écran avec son épouse ; puis ils font l'amour... peut-être pour la dernière fois. « Tu es tout replié sur toi-même ce soir, Micael », lui dit-elle.

« Fatigué », explique-t-il. « Il y a eu beaucoup de travail aujourd'hui. »

Il la serre doucement dans ses bras, tandis qu'elle sommeille. Elle est douce, chaude et grosse. Elle grossit un peu plus chaque seconde. Dans son ventre, les cellules se divisent et se multiplient sans arrêt — la mitose magique — Dieu soit loué ! Soudain l'idée de la quitter le terrifie. Mais sur l'écran apparaissent des images de paysages lointains. L'île de Capri sous le soleil couchant — la mer et le ciel gris, l'horizon et le zénith confondus, des chemins qui serpentent le long d'escarpements rocheux au milieu d'une végétation luxuriante. La villa de l'Empereur Tibère. Des bergers et des paysans vivant comme leurs ancêtres vivaient il y a dix mille ans, insoucieux des changements du monde. Ici pas de monades urbaines. Ici les amants peuvent s'aimer dans l'herbe s'ils le veulent. Retrousse-lui sa jupe. Son rire qui cascade ! Les épines des églantiers griffent la peau rose de ses fesses, mais elle ne s'en occupe pas — elle remue sous toi. Ardente et chaude petite paysanne, symbole d'un primitivisme oublié. On se salit ensemble ; la terre s'immisce entre tes doigts de pied et l'herbe verdit tes genoux. Regarde là, ces hommes en haillons crasseux qui se passent une fiasque de vin doré. Ils travaillent la vigne. Comme leurs peaux sont brunes! Comme du cuir, et c'est à cela que ressemblait vraiment le cuir — comment en être sûr? Brunes, en tout cas. Tannées par le véritable soleil. Loin en dessous, les vagues vont et viennent doucement. La mer au fil des siècles a sculpté fantastiquement les grottes et les rochers. Le soleil s'est caché derrière les nuages, et le ciel et la plage se sont assombris. Une petite pluie fine tombe doucement. La nuit. Les oiseaux chantent pour saluer la venue du soir. Les chèvres remuent dans leur enclos. Il se voit grimpant les sentiers escarpés, évitant les étrons fumants, s'arrêtant un instant pour toucher l'écorce rugueuse d'un arbre, ou pour goûter la chair gonflée d'une baie d'airelle. Il peut presque sentir l'eau salée qui éclabousse d'en bas. Il se voit courant à l'aube sur la plage avec Micaela. Ils sont nus tous les deux, la brume se lève, les premiers rayons rougeoyants embrasent leurs peaux encore pâles. La surface de l'eau miroite, éblouissante. Ils plongent, nagent, se laissent flotter — l'eau salée les porte souplement. Ils replongent et dansent sous l'eau, les yeux ouverts, se contemplant l'un l'autre. Les longs cheveux de Micaela s'enroulent autour de son visage. Une ligne de bulles s'étire derrière elle. Il la rattrape et ils s'étreignent. Le rivage est loin. Des dauphins les regardent aimablement. De cet inceste commis dans la fameuse Méditerranée naîtra un enfant. N'est-ce pas ici qu'Apollon aima sa sœur? Ou était-ce un autre dieu? Ici, la mythologie est partout. Ils se traînent et viennent rouler sur la plage. Le sable se colle à leurs corps mouillés. Leurs peaux frissonnent sous la morsure de l'air frais du petit matin. Un bout d'algue est resté accroché aux cheveux de Micaela. Un enfant accompagné d'un chevreau vient vers eux. *Vino? Vino?* Il leur tend une outre. Il sourit. Micaela caresse le petit animal.

L'enfant admire son corps nu et fuselé. *Si*, répond Micael, *vino*, mais il n'a bien sûr pas d'argent — il essaye d'expliquer, mais l'enfant s'en moque. Il donne l'outre. Ils boivent largement. Le vin est frais; il pétille, comme bouillonnant de vie. L'enfant regarde Micaela. *Un bacio?* Pourquoi pas? dites-vous. Bien sûr. *Si, si, un bacio*, répondez-vous, et l'enfant s'approche de Micaela. Il pose timidement ses lèvres sur les siennes, tend les mains comme s'il voulait toucher la poitrine féminine, mais il n'ose pas. Il donne un baiser, puis se retourne en souriant, s'approche de vous, vous embrasse aussi rapidement, et s'enfuit en courant de toutes ses forces le long de la plage, suivi du petit animal. Il a laissé la fiasque. Vous la passez à Micaela. Du vin coule sur son menton — des petites perles qui brillent au soleil. Quand il ne reste plus de vin, vous lancez l'outre dans la mer. Un cadeau pour les sirènes. Vous prenez la main de Micaela. Le chemin grimpe entre les ronciers. Les pierres roulent sous vos pieds nus. La température change, et avec elle les odeurs, les bruits, le grain de la peau. Des oiseaux. Des rires. L'île enchanteresse de Capri. Devant vous apparaît l'enfant avec son chevreau. Il vous fait signe de l'autre côté d'un ravin. Pressez-vous... Dépêchez-vous... Venez voir...! L'écran s'assombrit. Vous vous retrouvez étendu sur la plate-forme de repos à côté de votre épouse enceinte endormie. Au 704ᵉ étage de Monade urbaine 116.

Il faut qu'il parte. Il le *faut*.

Il se lève. Stacion remue. « Chut », l'apaise-t-il. « Dors. »

« Tu vas en promenade nocturne? »

« Je crois, oui. » Il se déshabille et passe sous la douche moléculaire. Puis il passe une tunique propre, des sandales, ses vêtements les plus solides. Que prendre d'autre? Il n'a rien. Il partira comme il est.

Un baiser à Stacion. *Un bacio. Ancora un bacio.* Le

dernier, peut-être. Il laisse un instant sa main posée sur le ventre rond. Elle recevra son message demain matin. Au revoir, au revoir. Il embrasse ses enfants et sort. Dans le couloir il lève la tête comme si son regard pouvait traverser les cinquante étages qui le séparent de sa sœur. Au revoir, Micaela. Je t'aime. Il est 0230. Le jour est encore loin. Il progressera lentement. Il s'arrête, étudie les cloisons autour de lui. C'est un plastique sombre d'apparence métallique, semblable à du bronze poli. C'est un bâtiment solide, bien dessiné. Des rivières de câbles se glissent secrètement dans la colonne centrale des services. Et ce cerveau gigantesque créé par des hommes, terré au milieu de l'ensemble. Si facilement berné. Micael trouve un terminal dans le hall. Il se fait identifier. Micael Statler, 70 411. Un laissez-passer, s'il vous plaît. Bien sûr, Monsieur. Voici. Par l'orifice sort un bracelet bleu scintillant qu'il glisse à son poignet. Il prend le descenseur. Il se fait déposer au 580e, sans raison particulière. Boston. Il a plein de temps à perdre. Comme un visiteur de Vénus, il se promène dans le hall, croisant de temps en temps un promeneur nocturne ensommeillé sur le chemin du retour. Comme il en a le privilège, il ouvre quelques portes, regardant les gens à l'intérieur. Quelques-uns sont endormis, d'autres non. Une fille l'invite à partager sa plate-forme. « Je passais simplement », répond-il en secouant la tête. Il retourne au descenseur. 375e étage. San Francisco. C'est ici que vivent les artistes. Il entend de la musique. Micael a toujours envié les habitants de cette cité. Eux ont un but dans la vie : leur art. Il ouvre d'autres portes.

« Venez », a-t-il envie de dire, « j'ai un laissez-passer. Je sors dehors ! Venez avec moi, tous ! » Sculpteurs, poètes, musiciens, écrivains. Il se voit tel le joueur de flûte de la légende. Mais son autorisation ne sera certainement valable que pour une seule personne, et il se taît. Il continue sa descente. Birmingham. Pittsburgh, là où Jason œuvre à recréer le passé, que nul pourtant ne peut faire revivre. Tokyo. Prague. Varsovie. Reykjavik. L'immense édifice est tout entier au-dessus de lui. Mille étages. 885 000 personnes. Pendant le court instant d'arrêt qu'il marque, douze enfants viennent de naître. Douze autres sont conçus. Peut-être quelqu'un meurt-il. Et un va s'échapper. Doit-il dire adieu à l'ordinateur ? A ses tubes, ses connexions, ses entrailles pleines de fils et de liquides, d'yeux disséminés un peu partout dans l'immeuble ? Des yeux qui l'épient, lui, Micael Statler — mais il n'a rien à craindre, il a l'autorisation.

L'étage zéro. Enfin.

C'est tellement facile. Mais où est la sortie ? *Ceci ?* Cette petite porte ? Il s'était attendu à un immense hall, pavé d'onyx, avec des piliers d'albâtre, brillamment éclairé, du cuivre poli partout et une large porte de verre pivotante. Bien sûr, personne d'important n'utilise jamais cette entrée. Les hauts dignitaires voyagent en rapides, débarquant et décollant de l'aire d'atterrissage au millième étage. Quant aux produits fermiers importés des communes agricoles, ils entrent par des issues profondément enterrées. Il se peut que cette porte ne se soit plus ouverte depuis des années. Comment doit-il faire ? Il avance, le bras tendu, exposant le bracelet aux détecteurs qui devraient se trouver là. Oui. Une lumière rouge s'allume au-dessus de la porte... qui s'ouvre. Qui s'ouvre ! Il avance. Il se trouve à présent dans un long tunnel, froid, pauvrement éclairé. La porte du sas se referme derrière lui. Afin de prévenir toute contamination par l'air extérieur, suppose-t-il. Il attend. Une seconde porte s'ouvre devant lui, grinçant légèrement. Il ne voit rien au-delà. Tout est noir. Après la porte, il devine quelques marches, sept ou huit. Il les descend. Le court escalier s'arrête brusquement. Soudain, sous son pied, le sol lui apparaît étrangement spongieux, étrangement mou. C'est de la terre. De la terre véritable. Il est dehors.

Il est dehors.

Il se sent quelque peu comme le premier homme débarqué sur la lune. Il fait un pas chancelant, ne sachant quoi faire ni ce qui va suivre. Tant de sensations nouvelles qu'il doit absorber d'un coup. La porte se referme derrière lui. Cette fois, il est seul. Mais il n'a pas peur. Je dois me concentrer sur une seule chose à la fois. L'air, d'abord. Il inspire largement. Il le sent dans sa gorge. Il a un goût différent, plus doux, plus vivant, plus naturel — un air qui semble se dilater en lui, pénétrant dans les moindres recoins de ses poumons. Une minute plus tard, l'étonnement de la nouveauté a disparu. C'est un air banal, neutre, familier. Un air qu'il aurait respiré toute sa vie. Son organisme va-t-il être envahi par des bactéries mortelles ? Lui qui vient d'une atmosphère totalement aseptisée. Peut-être, d'ici une heure sera-t-il en train d'étouffer, exsangue, se roulant sur le sol en une dernière agonie. Ou bien un étrange pollen transporté par la brise s'installe-t-il dans ses narines, le suffoquant bientôt ? Ne pense plus à l'air.

Il lève la tête.

L'aube ne sera pas là avant une heure. Le croissant de la lune est haut dans le ciel bleu nuit, constellé d'étoiles. Il a déjà vu le firmament à travers les fenêtres de l'immeuble, mais jamais ainsi. La tête rejetée en arrière, les jambes écartées, les bras largement ouverts, il voudrait étreindre cette immensité. Un milliard de minuscules aiguilles glacées transpercent son corps. Il a la tentation de se mettre nu et de s'étendre ainsi jusqu'à ce que les étoiles et la lune le brûlent. Il sourit et s'écarte de dix pas du bâtiment. Il jette un coup d'œil derrière lui. Un colossal pilier de trois kilomètres de haut. Une masse vacillante trouant l'air. Il est terrifié. Il commence à compter les étages, mais la tête lui tourne bientôt — il s'arrête bien avant le cinquantième. De là où il se trouve, la plus grande partie de la tour lui est cachée par la perspective verticale, mais cela lui suffit. La masse énorme l'effraye. Il s'en éloigne à travers les larges pelouses. Loin devant lui se dresse la silhouette entière d'une monade voisine. A cette distance, il a une image plus exacte de la taille du bâtiment. C'est tellement haut, tellement haut! Comme si le faîte touchait aux étoiles. Toutes ces fenêtres. Et derrière, 850 000 personnes, ou plus, qu'il n'a jamais rencontrées. Des enfants, des promeneurs nocturnes, des analo-électroniciens, des épouses, des mères de famille, tout un monde. Un monde mort. Mort. Il regarde à sa gauche. Une autre monade, à moitié noyée dans le brouillard du petit matin. A sa droite, une autre. Il baisse les yeux. Les jardins. Des allées bien dessinées. De l'herbe. Il s'agenouille, arrache un brin, le broie dans ses mains — un remords l'envahit instantanément. *Assassin*. Il mâchonne le brin d'herbe; pas beaucoup de goût. Il avait pensé que ce pourrait être bon. De la terre. Il plonge ses mains dedans. Du noir se glisse sous ses ongles. Il ratisse avec les doigts. Une corolle de pétales jaunes; il la respire. Il regarde un arbre. Sa main se pose sur l'écorce.

Un robot jardinier s'active sur l'esplanade, taillant ici, amendant là. La machine tournoie sur son lourd socle noir et le fixe interrogativement. Micael lève le bras et montre son laissez-passer. Aussitôt, le robot se désintéresse de lui.

Maintenant, il est loin de Monade 116. Il se retourne. Il peut la voir à présent dans toute sa hauteur. Mais comment la reconnaître de 117 ou 115 ? Micael hausse les épaules. Il tourne le dos et s'engage sur un chemin qui s'écarte de l'alignement des tours. Un bassin. Il se couche à côté et plonge les bras dans l'eau. Il avance le visage et boit. Il éclabousse gaiement autour de lui. Déjà les premiers rayons de l'aube ont commencé à strier le ciel. Les étoiles ont disparu et la lune n'est plus qu'une tache à peine discernable. En hâte, il se déshabille. Puis il entre dans le bassin... lentement... soufflant quand l'eau atteint ses reins. Il nage précautionneusement, plongeant ses pieds de temps en temps pour sentir le fond boueux et froid. Là, il n'a plus pied. Les oiseaux chantent. C'est le premier matin du monde. Des lueurs pâles blanchissent le ciel silencieux. Un peu plus tard, il sort de l'eau. Il reste ainsi, nu et dégoulinant, frissonnant un peu, au bord du bassin à écouter le ramage des oiseaux. A l'est le disque rouge du soleil s'élève majestueusement. Il prend lentement conscience qu'il est en train de pleurer. Toute cette beauté. La solitude. Il est seul, et c'est la première aube. C'est bien que je sois nu; je suis Adam. Il touche son sexe. Au loin trois monades urbaines scintillent d'un éclat nacré; il se demande laquelle est 116. Là où se trouvent Stacion et Micaela. Si seulement elle était là avec moi en ce moment. Nus tous les deux au bord de ce bassin. Je me tournerais vers elle et m'enfoncerais dans son ventre. Et dans l'arbre, le serpent nous regarderait. Il rit. Dieu soit loué! Il est seul et cela ne l'effraye pas le moins du monde — personne autour de lui. Il aime cette solitude. Micaela et Stacion lui manquent cependant, l'une et l'autre, toutes les deux. Il tremble. Sa verge est gonflée de désir. Il se laisse tomber sur le sol humide et noir. Il pleure encore un peu — quelques larmes chaudes qui coulent sur son visage. Le ciel devient bleu. Sa main cherche le sexe. Il mord ses lèvres. La vision de la plage de Capri défile à nouveau dans son esprit, le vin, l'enfant, le chevreau, les baisers, Micael, elle et lui nus sous la clarté matinale, et il gémit quand éclate l'orgasme. Il fertilise la terre de sa semence. Deux cents millions d'enfants à naître dans cette petite flaque gluante. Il se replonge dans l'eau puis il reprend sa route, portant ses vêtements sur le bras. A peu près une heure plus tard, il se rhabille, craignant la morsure du soleil déjà haut sur sa peau fragile de citadin.

A midi, il a laissé depuis longtemps derrière lui les

esplanades, les bassins et tous les jardins soigneusement entretenus. Il a pénétré dans les territoires agricoles périphériques. Ici, le paysage est illimité et plat. D'est en ouest, s'étire le long alignement des monades urbaines. Vues d'ici, elles apparaissent comme de petites lances brillantes se détachant sur l'horizon. Aucun arbre. Aucune végétation sauvage. En fait, rien qui rappelle le chaotique et merveilleux foisonnement de verdure de Capri. Seulement de longues planches de plantes basses, séparées par des bandes de terre sombre et nue, et parfois une immense superficie entièrement vide, comme laissée au repos. Micael inspecte les planches — ce doit être des légumes. Des milliers de rangées de choses plus ou moins rondes, vrillées et enroulées sur elles-mêmes ; ensuite des milliers dressées et herbues, porteuses d'épis dansants ; puis des milliers d'une autre sorte, et ainsi de suite, et ainsi de suite. Il continue à marcher et les espèces sont toujours différentes et nouvelles. Cela, est-ce du blé ? Des fèves ? Des courges ? Des carottes ? Du maïs ? Comment se retrouver au milieu de ce monde étonnant ? Les leçons de botanique de son enfance sont lointaines et depuis longtemps oubliées ; il en est réduit à deviner. Mais il doit probablement se tromper. Il arrache des feuilles ici, là et là. Il goûte des pousses et des gousses. Pieds nus, les sandales à la main, il marche voluptueusement dans les blocs de terre fraîchement retournée.

D'après lui, il se dirige vers l'est. C'est-à-dire qu'il avance vers où le soleil s'est levé. Mais maintenant, en plein midi, il devient difficile de déterminer une direction. Même la lointaine rangée de monades ne lui est d'aucun secours. A quelle distance est la mer ? Rien qu'à l'idée d'une plage, ses yeux se mouillent à nouveau. Oh, les vagues lourdes et roulantes. Le goût du sel. A mille kilomètres d'ici ? Mais qu'est-ce que c'est mille kilomètres ? Il procède par analogie. On couche une monade urbaine, puis on en ajoute une autre, puis une autre, et cetera. Cela ferait donc 333 monades urbaines allongées, mises bout à bout, pour atteindre la mer, si je suis bien à mille kilomètres de la mer. Le cœur lui manque. Et encore, il n'a pas une idée très réelle des distances. Peut-être que c'est dix mille kilomètres. Il a du mal à imaginer ce que ce serait de faire 333 fois le trajet de Reykjavik à Louisville, même horizontalement. Mais avec de la patience il y arrivera. Si seulement il pouvait trouver quelque chose à manger. Ces feuilles, ce chaume, ces gousses ne le nourrissent pas. Quelle partie de la plante est comestible ? Faut-il la cuire ou non ? Comment ? Ce voyage sera plus compliqué qu'il ne l'avait prévu, mais l'autre alternative est de revenir là d'où il vient — cela il n'en est pas question. Ce serait comme mourir, ou plutôt comme n'avoir jamais vécu. Il continue.

La fatigue. Il y a six ou sept heures qu'il est parti maintenant. Il se sent un peu étourdi par la faim. Par la fatigue physique aussi. La marche horizontale doit faire travailler des muscles différents. Monter et descendre des escaliers est facile ; prendre des ascenseurs ou des descenseurs est encore plus facile ; et ce ne sont pas les courtes étapes dans les couloirs de la monade qui l'ont entraîné à un tel exercice. Il a mal derrière les cuisses. Ses chevilles sont douloureuses et raides comme si les os frottaient les uns contre les autres. Les épaules se raidissent pour maintenir la tête droite. Et cette surface irrégulière et accidentée, cette terre bousculée et retournée, complique encore les choses. Il se repose un moment. Un peu plus tard, il arrive à un ruisseau, une rigole plutôt, circulant à travers champs. Il boit, se déshabille et se trempe dedans. L'eau froide le rafraîchit. Il reprend son chemin, s'arrêtant trois fois pour goûter et tâter si les épis sont mûrs. Si je suis trop loin de la monade pour revenir, et que je commence à périr de faim ? Lutter au milieu de cette immensité alors que mes forces me quittent ? Essayer de me traîner pendant des kilomètres vers la tour trop lointaine ? Mourir de faim au milieu de cet océan de verdure ? Non. Je m'en sortirai.

La solitude aussi commence à lui peser. Il s'en étonne lui-même. Dans la monade, il lui arrivait fréquemment d'être irrité par la foule. Des ribambelles d'enfants se jetant dans vos jambes, des femmes se bousculant dans les halls. Il savourait particulièrement — quelle impiété — ses heures de travail dans le dièdre, dans cette semi-obscurité, avec ses neuf coéquipiers, chacun absorbé par son propre travail dans la partie qui lui était affectée. Pendant des années, il avait rêvé avec délectation de son évasion, se laissant bercer par son cruel et rétrograde besoin de solitude. Cette solitude, il la tient enfin. Au début, il en a pleuré de joie, mais maintenant, elle ne lui semble plus aussi merveilleuse. Il se surprend à jeter des coups d'œil autour de lui, espérant, désireux d'une silhouette humaine. Peut-être aurait-ce été plus facile si Micaela était venue avec lui. Adam et Ève. Mais elle ne serait bien sûr pas venue. Elle est son double, plus proche de lui qu'aucune autre personne au monde, mais elle n'est pas exactement lui ; elle aussi est insatisfaite, mais jamais elle n'aurait osé commettre ce que lui a osé. Il la voit en pensée avançant à côté de lui. Oui, c'est bien elle. De temps en temps, il s'arrête pour la coucher et la prendre au milieu des plantes verdoyantes. Sa solitude continue à l'oppresser.

Il se met à hurler. Il prononce son nom, appelle Micaela, Stacion, ses enfants. « Je suis un citoyen d'Édimbourg ! » crie-t-il. « De Monade urbaine 116 ! 704e étage ! » Le son de sa voix flotte autour de lui avant de s'éloigner vers les nuages ouatés. Comme le ciel est devenu beau ; d'or, de bleu et de blanc.

Soudain, un vrombissement. Il s'approche — vient-il du nord ? — et augmente d'intensité. Strident, grondant, rauque. Ses cris ont-ils alerté quelque monstre ? Il protège ses yeux pour scruter le ciel. Le voilà : un long tube noir glissant doucement vers lui à une hauteur de, oh, cent mètres maximum. Micael se jette sur le sol et rampe parmi les rangées de choux, ou de navets, ou de n'importe quoi. Sur les flancs de la machine noire pendent une douzaine de petits tuyaux vaporisant une pluie dense et verdâtre. Micael a deviné. C'est certainement une épandeuse, pulvérisant un poison pour tuer les insectes et toutes sortes de vermines. Quel peut être l'effet sur l'homme ? Il se tasse sur lui-même, les genoux serrés sur la poitrine, le visage enfoui dans les mains, yeux et bouche fermés. Le grondement terrifiant est maintenant juste au-dessus de lui. Si l'ignoble poison ne me tue pas, ce sera le bruit. L'intensité décroît. La machine est passée. Le pesticide tombe lentement sur moi, calcule-t-il, se retenant de respirer. Lèvres scellées. Des pétales sauvages venus du ciel. Des fleurs de mort. Ça y est ! Il sent une légère rosée sur ses joues, un voile humide qui le recouvre. Combien de temps me reste-t-il à vivre ? Il compte les secondes qui passent.

Il vit encore. A présent il n'entend plus aucun bruit. Précautionneusement il ouvre les yeux et se lève. Peut-être après tout le produit n'est-il pas dangereux pour l'homme. Il aperçoit un peu plus loin une petite crique — il court à travers champs et plonge dans l'onde scintillante. Il se racle et se frotte sur tout le corps. Dans sa panique il réalise soudain que le plan d'eau a été vaporisé lui aussi. De toute façon, il n'est pas encore mort.

A quelle distance peut se trouver la commune la plus proche ?

Dans leur infinie sagesse, les planificateurs de cette exploitation ont laissé subsister une colline. Micael a beaucoup de mal à l'escalader en plein après-midi bien qu'elle soit basse. Là ce sont les monades urbaines, curieusement minuscules. Là les champs de culture. Il aperçoit soudain des machines avançant dans les rangées, tous leurs bras en action, arrachant et décortiquant. Mais nulle part la moindre trace d'habitations. Micael descend la colline et marche vers les robots agricoles. C'est la première compagnie qu'il rencontre depuis le début de son voyage. « Bonjour. Micael Statler, de Monade urbaine 116. Comment t'appelles-tu, machine ? Quel genre de travail fais-tu ? »

De mornes yeux jaunes l'étudient un instant et se détournent de lui. La machine gratte la terre autour de chaque pied, rangée par rangée, avant de l'arroser d'un épais liquide laiteux. Pas très sympathique, ou bien elle n'a pas été programmée pour parler. « Cela ne me dérange pas », dit Micael. « Le silence est d'or. J'aimerais seulement que tu me dises où je pourrais trouver quelque chose à manger. Ou simplement des êtres humains. »

Un nouveau vrombissement se fait entendre. Mince ! Encore une de ces horribles épandeuses ! Il s'aplatit sur le sol, prêt à se rouler en boule. Mais non. Aucune goutte ne le touche, et pourtant l'engin est au-dessus de lui. Il lève la tête. Dans un bruit infernal, la machine volante décrit un cercle étroit autour de lui. Une trappe s'ouvre par où se déroulent deux bandes de fibre dorée qui viennent toucher le sol. Des sièges coulissent le long de ces bandes, porteurs de deux personnes, une femme et un homme. Ils se posent en souplesse et avancent vers Micael. Leurs visages sont sinistres. Leurs yeux menaçants. Des armes pendent à leurs côtés. Ils sont vêtus d'une sorte de jupe courte d'un rouge brillant qui couvre le ventre et les cuisses. Leurs peaux sont tannées ; leurs corps souples et élancés. L'homme porte une barbe noire, épaisse et drue. Grotesque ! Incroyable ! Ces poils sur le visage ! Les seins de la femme sont petits et durs. Les armes sont pointées sur Micael. « Bonjour ! » dit-il, la bouche sèche. « Je viens d'une monade urbaine. Je voulais visiter votre pays. Je suis un ami. Ami ! Ami ! »

La femme lui répond quelque chose qu'il ne comprend pas.

« Excusez-moi », dit-il, levant les mains. « Je ne comp... »

Le canon de l'arme le frappe entre les côtes. La femme est presque contre lui. Comme son visage est froid ! Les yeux semblent être deux billes de glace. Vont-ils le tuer ? Maintenant c'est l'homme qui parle. Il parle lentement, distinctement, très fort, comme quelqu'un s'adressant à un enfant de trois ans. Pourtant chaque syllabe est étrange, incompréhensible. Il doit probablement l'accuser d'avoir marché dans les champs cultivés, ayant été dénoncé par une des machines agricoles. Micael essaye de se défendre. Il montre du doigt les monades urbaines à peine visibles d'ici. Il les désigne, puis se désigne lui-même, se frappant la poitrine de la main. A quoi cela servira-t-il ? Ils doivent certainement savoir d'où il vient. En face de lui la femme et l'homme opinent, le visage toujours fermé. Réfrigérants. On l'arrête. Un intrus dangereux pour la sainteté des champs. La femme le prend par le coude. Du moins ne vont-ils pas le tuer ici même. L'engin volant tourne toujours au-dessus d'eux, accomplissant sa courte et assourdissante orbite. On le pousse vers les bandes qui pendent de l'appareil. La femme grimpe sur le siège et monte. Ensuite l'homme ordonne quelque chose à Micael qui doit signifier : « A vous maintenant. » Micael sourit. Sa seule chance est de se montrer coopératif. Il se glisse sur le siège ; l'homme boucle les harnais autour de sa poitrine et il se sent soudain soulevé du sol. En haut, la femme l'attend. Elle le libère et le pousse sur une sorte de hamac, l'arme toujours pointée sur lui. Un instant plus tard l'homme monte à bord ; la trappe se ferme et l'appareil se met en marche. Pendant le vol, il est interrogé. Les phrases sèches et brèves sont faites de mots complètement étrangers à ses oreilles.

« Je ne parle pas votre langue », se contente-t-il de répondre, s'excusant. « Comment pourrais-je vous dire ce que vous voulez savoir ? »

L'appareil se pose quelques minutes plus tard. Micael est poussé dehors. Une esplanade de terre battue de couleur ocre rouge. Autour, des bâtiments bas en brique au toit plat, de curieux véhicules gris au mufle aplati, plusieurs machines agricoles hérissées de tentacules, et des douzaines d'hommes et de femmes vêtus de la même jupe rouge brillant. Il n'y a pas beaucoup d'enfants; peut-être sont-ils encore à l'école malgré l'heure tardive. Tout le monde le montre du doigt. Ils parlent tous en même temps. Des mots rauques et inintelligibles. Quelques rires aussi. Micael est un peu effrayé. Pas tant à cause du péril qu'il court que par l'étrangeté de la situation. Il sait qu'il se trouve dans une commune agricole. Cette marche tout au long du jour n'était qu'un prélude; maintenant il a réellement pénétré dans un autre monde.

L'homme et la femme qui l'ont capturé le poussent en avant. Ils traversent le terre-plein et la foule présente avant d'entrer dans un bâtiment proche. Sur son passage les fermiers touchent ses habits, tâtent ses bras nus et son visage. Un long murmure parcourt l'assistance. C'est lui la cause de cet ébahissement. Un véritable Martien débarqué parmi eux. Le bâtiment dans lequel ils pénètrent est faiblement éclairé, grossièrement construit, avec des murs de guingois, bas de plafond; le sol, constitué de plaques de plastique moucheté, n'est même pas plat. Micael est jeté dans une pièce sombre et nue. Une odeur douceâtre et aigre à la fois flotte dans l'atmosphère : du vomi? Avant de sortir, la femme lui désigne les commodités en quelques gestes brusques. Ici l'eau; un bassin en une substance blanche synthétique essayant d'imiter la pierre, jaunissant et se craquelant par endroits. Pas de plate-forme de repos, mais une pile de couvertures froissées, jetées contre le mur. Pas le moindre endroit où se laver. Un seul bloc d'excrétion, tout simplement une sorte d'entonnoir en plastique planté dans le sol, avec un bouton à pousser pour le vider. Pour les urines et les fèces en même temps, bien sûr. Étranges mœurs. Mais il est évident qu'ici la régénération des déchets serait superflue. Aucune source de lumière artificielle. Rien qu'une fenêtre par laquelle entrent les pâles derniers rayons du soleil couchant. Elle donne sur la place où les fermiers sont toujours assemblés. Ils discutent à son propos ; il les voit de sa cellule, le désignant du doigt, hochant la tête, se poussant du coude. L'ouverture est équipée de barreaux de métal entrecroisés, suffisamment serrés pour interdire à un homme de se glisser à travers. C'est bien une cellule. Il va à la porte. Verrouillée. Accueillants, ces paysans ! Il n'est pas près d'atteindre la côte si cela continue.

Il revient à la fenêtre. « Écoutez », crie-t-il aux personnes présentes, « je ne vous veux aucun mal ! Vous n'avez pas besoin de m'enfermer ! »

Ils rient. Deux jeunes hommes s'approchent et le considèrent gravement. Un des deux porte la main à sa bouche et enduit laborieusement sa paume de salive. Puis il la présente à son compagnon qui presse sa main contre la sienne, et ils éclatent tous deux d'un rire sauvage. Micael les regarde, complètement désorienté. On lui a raconté des tas de choses à propos des coutumes barbares dans les communes. Primitives, incompréhensibles. Les deux hommes lui disent quelque chose qu'il devine méprisant et s'éloignent. Une fille vient prendre aussitôt leur place à la fenêtre. Quinze, seize ans. Entre ses seins lourds et bronzés pend une amulette de forme phallique. La fille la caresse devant Micael d'une façon qui ressemble à une invite sexuelle. « Je voudrais bien », répond-il, « si tu pouvais seulement me faire sortir de là. » Il passe son bras entre les barreaux pour la toucher. Elle se recule d'un bond, le regard féroce, et lance sa main gauche en avant — le pouce replié en dessous et les quatre autres doigts pointés vers lui — certainement une obscénité. Elle s'en va.

Des gens plus âgés viennent la remplacer. Une femme se tape le menton sur un rythme lent, obstiné et apparemment irrégulier; un vieillard applique consciencieusement la paume de sa main gauche trois fois sur son coude droit; un autre se baisse, pose ses mains sur le sol et se redresse, élevant les bras au-dessus de sa tête, mimant peut-être la croissance d'une grande plante, ou l'édification d'une monade urbaine. Quoi qu'il en soit, il éclate d'un rire aigu et s'éloigne en titubant. A présent, il fait presque nuit. Dans la semi-obscurité et la poussière, Micael distingue une armada d'engins épandeurs qui atterrissent sur le terre-plein tels des oiseaux revenant au nid au crépuscule, et des douzaines de machines agricoles multipodes rentrant des champs. Les spectateurs disparaissent; Micael les voit entrer dans les autres bâtiments ceinturant la place. Cet endroit si étrange le fascine à tel point qu'il en oublie l'incertitude et la précarité de son sort. Vivre si près de la terre, marcher toute une journée sous le soleil, ignorer à ce point toutes les richesses et les avantages d'une monade urb...

Une fille armée vient de lui apporter son dîner. Elle ouvre la porte d'un coup sec, dépose un plateau et repart sans ouvrir la bouche. Des légumes cuits, un potage léger, des fruits rouges inconnus et une capsule de vin frais; les fruits sont quelque peu tapés et un peu trop mûrs à son goût, mais le reste du repas est excellent. Il mange avidement. Il revient à la fenêtre après avoir nettoyé le plateau. Le centre de la place est vide. Sur le pourtour, huit ou dix hommes, de toute évidence une équipe de maintenance, sont au travail sur des machines agricoles éclairées par trois globes lumineux. La cellule maintenant baigne entièrement dans l'obscurité. Comme il n'y a rien d'autre à faire, Micael enlève ses vêtements et étale les couvertures. Sa longue marche l'a épuisé, mais il ne trouve pas le sommeil tout de suite; son esprit travaille furieusement, envisageant toutes sortes de possibilités. On l'interrogera sans doute demain. Il doit bien exister quelqu'un par ici qui parle la langue des monades. Avec un peu de chance il arrivera bien à faire la preuve de sa bonne foi. Un sourire ouvert, un genre sympathique, l'air innocent. Peut-être même lui donneront-ils une escorte qui l'accompagnera jusqu'aux limites de leurs territoires vers l'est, vers la mer. Mais sera-t-il arrêté dans chaque commune? Perspective guère réjouissante. Existe-t-il une route qui évite la zone agricole? — à travers les ruines des anciennes cités, peut-être. Mais c'est là que vivent les hommes sauvages. Les fermiers, eux, au moins sont civilisés dans leur genre. Micael se voit en train de cuire au milieu des ruines envahies par des hordes de cannibales dans l'ancienne Pittsburgh, par exemple. Ou dévoré tout cru. Pourquoi les fermiers sont-ils tellement soupçonneux? Que risquent-ils de la part d'un pauvre errant solitaire comme moi? Non, tout cela n'est que la manifestation de la xénophobie naturelle sécrétée par une culture isolée. Comme nous interdisons à un fermier de se promener librement dans une de nos monades urbaines. Mais, bien sûr, nous vivons, nous, dans des systèmes clos. Tout le monde y est répertorié, vacciné, assigné à sa propre place. Ici, les choses sont tout de même plus souples, non? Ils ne devraient pas craindre les étrangers. C'est ce dont je dois les convaincre.

Il sombre dans un sommeil agité.

Une musique discordante, brutale et inquiétante, le réveille bientôt. Il n'y a pas plus d'une heure ou deux qu'il s'est endormi. Il s'assied. Des ombres rouges dansent sur les murs de sa cellule. Des projections lumineuses? Le feu dehors? Il se précipite à la fenêtre. Oui. Un immense tas de branchages, de souches, de débris et de végétaux séchés est en train de brûler au centre de la place. Micael n'a encore jamais vu un feu réel — quelquefois sur l'écran — et la vue de ce brasier le terrifie tout en le ravissant. Ces

187

langues incandescentes qui se dressent, se contorsionnent avant de disparaître — où vont-elles ? D'où il est, il sent la chaleur sur son visage. Ce flux incessant de flammes aux formes sans cesse renouvelées — quelle merveilleuse beauté ! Quel danger menaçant aussi ! Ne craignent-ils pas de laisser un feu pareil au centre de la commune ? Il y a, bien sûr, une large bande de terre nue tout autour que le feu ne peut traverser. La terre ne brûle pas, mais...

Il détourne difficilement ses yeux de la frénésie hypnotique du bûcher. Un peu sur la gauche, une douzaine de musiciens sont assis, serrés les uns contre les autres. Leurs instruments sont étonnants, carrément médiévaux : là on souffle, là on frappe, là il faut gratter, là il faut pincer. Les sons d'ailleurs sont irréguliers et imprécis, vibrant presque à la bonne hauteur, mais à côté d'une bribe de ton. L'à-peu-près humain. Micael, qui pourtant n'a pas une ouïe très subtile, s'agace de ces minimes mais perceptibles variations. Les fermiers, eux, ne semblent pas les remarquer. Leur oreille, au contraire de la sienne, n'est pas faite à la perfection mécanique de la musique scientifique moderne. Ils sont des centaines — peut-être toute la population du village — assis en rangs irréguliers autour de la place, dodelinant de la tête, attentifs aux mélodies plaintives et perçantes, et marquant le rythme en martelant le sol de leurs pieds et en frappant leur coude de la main. Les lueurs flamboyantes en font une assemblée de démons ; leurs corps à moitié nus luisent et rougeoient fantastiquement. Il y a quelques enfants, mais peu. Deux ici, trois là ; beaucoup de couples sont accompagnés d'un seul enfant, et certains n'en ont même pas. Micael est comme assommé par ce qu'il vient de découvrir : *ici, on limite les naissances.* Il frissonne d'horreur. L'instant d'après il s'amuse de la violence de sa réaction involontaire. Quels que soient les gènes que je porte, je suis conditionné pour être un homme urbmonadial.

La musique devient de plus en plus sauvage. Le brasier gronde. La danse commence. Micael une fois de plus est surpris ; il s'attendait à des mouvements désordonnés et effrénés, des bras et des jambes se balançant hystériquement dans tous les sens. Or, au contraire, c'est une suite contrôlée et formelle de mouvements, se succédant avec une discipline parfaite. Les hommes sont sur un rang, les femmes sur un autre — en avant — en arrière — changer de partenaire — les coudes hauts — la tête en arrière — les genoux fléchis — maintenant hop — tournez — reformez les rangs — tenez-vous les mains. Le rythme, quoique toujours distinct et cohérent, s'accélère de plus en plus. Une sorte de rituel gestuel. Les yeux sont immenses, les lèvres closes. Ce n'est pas un divertissement, réalise-t-il soudain, c'est une cérémonie religieuse. Les rites de la commune. Que va-t-il se passer maintenant ? Est-ce lui l'agneau pour le sacrifice ? La Providence leur a envoyé un homme des monades, quelle aubaine ! La panique le gagne. Il cherche partout quelque chose qui rappelle un chaudron, une broche, un pieu, n'importe quoi qui puisse servir à le faire cuire. On raconte tant d'histoires sur les coutumes des fermiers ; lui les avait toujours rejetées, les considérant comme des sornettes d'ignorants. Mais peut-être avait-il eu tort.

Quand ils viendront me prendre, décide-t-il, je fonce sur eux et j'attaque le premier. Mieux vaut être tué d'un seul coup que de périr sur l'autel du village.

Il y a déjà une demi-heure que la fête a commencé, et personne n'a encore jeté un coup d'œil vers sa cellule. Pas le moindre arrêt n'est venu interrompre la danse. Luisants de sueur, les fermiers semblent des figures de cauchemars, inquiétants et grotesques. Des seins qui tressautent ; des narines pincées ; des yeux écarquillés. Des branches sont jetées dans le feu. Les musiciens s'excitent et se stimulent mutuellement. Et là, que se passe-t-il ? Des silhouettes masquées entrent sur la place et s'avancent solennellement. Trois hommes et trois femmes. Leurs visages sont cachés derrière des échafaudages sphériques et compliqués. Cauchemardesque! Bestial! Laid! Les femmes portent des paniers ovales dans lesquels sont exposés les produits de la commune : graines, épis séchés, farines. Les hommes se tiennent autour d'un septième personnage, une femme — deux d'entre eux lui tiennent les bras et l'autre la pousse dans le dos. Elle est enceinte... de six ou peut-être même sept mois. Elle ne porte pas de masque. Son visage est tendu et figé, les lèvres serrées, les yeux immenses et effrayés. Ils la jettent à terre à côté du brasier et s'immobilisent. La femme se met à genoux. La tête baissée, ses longs cheveux touchent presque le sol — ses seins gonflés se balancent au rythme précipité de sa respiration. Un des hommes masqués — il est impossible de ne pas penser à eux comme à des prêtres — entonne une invocation psalmodiée. Une des femmes place un épi de maïs dans chacune des mains de la femme enceinte. Une autre saupoudre son dos de farine qui reste agglutinée à la transpiration. La troisième lui verse des graines dans les cheveux. Les deux autres hommes se joignent au chant. Les mains soudées aux barreaux de sa cellule, Micael se sent soudain projeté à des milliers d'années en arrière, à quelque festival néolithique. Il ne peut croire qu'à une seule journée de marche d'ici s'élèvent les mille étages de Monade urbaine 116.

A présent l'aspersion des produits est terminée. Deux des officiants soulèvent sans ménagement la femme enceinte. Une fois debout, une des prêtresses déchire la bande d'étoffe qui recouvre son ventre. Un hurlement jaillit de la foule. On la tourne et la retourne pour bien exposer sa nudité à tous. Le ventre lourd et protubérant, la peau tendue brille sous l'éclat du feu. Les hanches larges, les cuisses solides, les fesses épaisses. Ce n'est pas fini; Micael en a le sinistre pressentiment. Luttant contre la terreur, il presse son front contre les barreaux. Est-ce elle et non lui la victime pour le sacrifice ? L'éclair d'une lame, le fœtus arraché des entrailles comme une offrande horrible aux dieux des moissons ? Oh, non, je vous en supplie. Peut-être a-t-il été choisi pour faire office d'exécuteur ? Son esprit enfiévré construit d'atroces images : il se voit tiré hors de sa cellule, jeté sur la place — un poignard dans la main — la femme est étendue, écartelée, à côté du feu — son ventre pointe en l'air — les prêtres chantent — les prêtresses sautent sur place... on lui mime (pantomime hideuse) ce qu'il doit faire... on lui désigne la courbe saillante du ventre... des doigts tracent et indiquent l'endroit recommandé de l'incision — et la musique croît sans cesse jusqu'à une stridence folle, et les flammes montent, montent... Non ! Non ! Il se détourne, se cachant les yeux de la main. Il a la nausée. Il frissonne. Quand il peut enfin affronter à nouveau le spectacle, il voit que les spectateurs se dressent et s'approchent en dansant de la femme à genoux. Celle-ci se lève lentement. L'air égaré, elle tient les épis. Elle titube sur place, les cuisses serrées, les épaules ramenées en avant sur la poitrine, d'une façon indiquant qu'elle a honte de sa nudité. Les villageois gambadent et gesticulent autour d'elle, hurlant des injures de leurs voix rauques. Ils lui font aussi le geste insultant avec les quatre doigts que la fille avait fait à Micael. Ils la montrent, se moquent d'elle, l'accusent. Peut-être est-ce une sorcière condamnée ? Une épouse adultère ? La femme semble se rétrécir sur elle-même. Et soudain la foule se referme sur elle. Micael les voit la frapper, la bousculer. Certains lui crachent dessus. Par dieu, non ! « Laissez-la ! » hurle-t-il. « Espèces de sales minables, laissez-la ! » Mais ses cris sont noyés sous la musique. Une douzaine d'hommes ont formé un cercle autour d'elle et s'amusent à la pousser entre eux. La malheureuse rebondit, bascule, recule, avance, tenant à peine sur ses jambes. De grosses mains se posent sur ses seins, les écrasent, avant de la projeter à nouveau en avant. Elle hoquette. La terreur la défigure. Elle cherche à s'échapper, mais le cercle est infranchissable. Inlassablement elle est relancée. Quand elle tombe finalement, ils la redressent brutalement et la font passer en tourbillonnant de main en main. Puis le cercle s'ouvre. D'autres s'approchent d'elle. De nouveaux sévices. Les coups sont portés mains ouvertes et très fort, mais aucun ne semble frapper au ventre. Du sang coule le long de son menton jusque sur ses seins, et dans une chute elle s'est écorché un genou et a une fesse à vif. Elle boite aussi; elle a dû se tordre la cheville. Sa nudité la rend encore plus vulnérable. Elle n'essaye même pas de se défendre ou de protéger son ventre gonflé. Les mains crispées sur les épis de maïs, elle accepte son supplice, se laissant bousculer, laissant les mains anonymes et agressives la pousser, la pincer, la frapper. Et sans cesse, le cercle se referme autour d'elle. Combien de temps pourra-t-elle encore durer? La mort est-elle le but de cette cérémonie? Un avortement provoqué par les coups devant tout le village? Micael ne peut rien imaginer de plus horrible. Il ressent les coups comme si c'était lui qui était frappé. S'il en avait le pouvoir, il tuerait bien chaque membre de cette foule. Mais n'éprouvent-ils aucun respect pour la vie? Cette femme devrait être vénérée, au lieu de quoi ils la torturent.

Elle disparaît à ses yeux sous une horde d'assaillants hurlants.

Quand, une minute ou deux plus tard, ils s'écartent, elle se traîne à genoux, à moitié inconsciente, prête à s'évanouir. Ses lèvres s'ouvrent spasmodiquement en d'hystériques sanglots. Elle tremble de la tête aux pieds. Son visage est convulsionné. Des ongles ont marqué le globe de son sein droit d'une série de sillons sanglants parallèles. Tout son corps est couvert de poussière.

Et puis soudain la musique se fait étrangement

douce, comme préparant à quelque paroxysme. Maintenant c'est moi qu'ils viennent chercher, réalise Micael. Maintenant je vais devoir la tuer, ou la défoncer, ou la frapper au ventre, ou dieu sait quoi. Mais personne ne jette le moindre regard vers le bâtiment où il est emprisonné. Les trois prêtres chantent à l'unisson; la musique devient de plus en plus intense; les villageois reculent, se regroupent sur le bord extrême de la place. La femme se relève difficilement. Elle a l'air secouée, hagarde. Elle regarde son corps ensanglanté et douloureux. Son visage est sans expression; elle a dépassé la souffrance, la honte, la terreur. Elle se dirige lentement vers le feu. Elle titube et tombe. Elle se relève. A présent elle est à côté du bûcher, touchant presque les langues de feu. D'où il se trouve, Micael peut la détailler — la croupe lourde et rebondie, marquée de deux fossettes, le dos griffé, le pelvis large, les os s'écartant et s'ouvrant pour laisser la place à l'enfant. La musique devient assourdissante. Les trois officiants se sont tus; ils restent immobiles, figés. Maintenant, sans aucun doute, le grand moment va arriver. Va-t-elle se jeter dans les flammes?

Non. Elle lève les bras et jette dans le feu les deux épis de maïs qu'elle n'a pas lâchés. Il y a comme deux petites explosions de lumière, et plus rien. Une immense clameur monte alors, accompagnée d'un terrible accord, écrasé et dissonant. La femme nue s'éloigne en titubant; elle chancelle, épuisée. Elle tombe; sa hanche gauche cogne contre le sol avec un bruit sourd. Elle reste par terre, sanglotant. Les officiants mâles et femelles s'enfoncent dans l'obscurité de leur démarche raide et pompeuse. Puis les villageois s'en vont eux aussi. Il ne reste bientôt que la femme effondrée sur la place. Un homme vient vers elle, grand, barbu — Micael se souvient l'avoir vu au milieu de la foule pendant le supplice. Il la soulève, la serre tendrement contre lui. Il embrasse son sein écorché. Sa main caresse doucement le ventre gonflé, comme pour s'assurer que l'enfant n'a pas été blessé. Elle s'agrippe à lui. Il lui parle. Sa voix est douce ; les mots étranges arrivent jusqu'à Micael. Il entend la femme répondre ; elle chevrote encore sous le choc. L'homme l'emporte dans ses bras, jusque dans un des bâtiments de l'autre côté de la place. Maintenant tout est calme. Le feu brûle encore. Les crépitements et les éboulements trouent rageusement le silence. Micael reste longtemps à la fenêtre. Personne. Personne. Alors il se retourne et se laisse tomber lourdement sur les couvertures. Il est dérouté, assommé. Le silence et l'obscurité ont envahi le village. Dans son esprit défilent encore des images de l'étrange cérémonie. Il frissonne ; il tremble ; les larmes montent à ses yeux. Il s'endort enfin.

C'est le bruit qui le réveille. Le petit déjeuner. Il considère le plateau pendant quelques minutes avant de se décider à se lever. Il a mal partout, chaque muscle est douloureux et raide ; souvenir de sa marche de la veille. Courbé en deux, il s'avance péniblement jusqu'à la fenêtre. Là où il y avait le bûcher ne reste plus qu'un tas de cendres. Des villageois vont et viennent à leurs occupations matinales. Les machines agricoles sont déjà en route vers les cultures. Il se passe de l'eau sur le visage, urine et défèque. Automatiquement ses yeux cherchent la douche moléculaire. Il n'y en a pas. Il s'inquiète : comment supporter cette couche de saleté qui s'est accumulée sur sa peau ? Il n'avait encore jamais réalisé à quel point il était devenu presque vital pour lui de se plonger sous les vagues de molécules au commencement de chaque journée. Il s'approche du plateau : du jus, du pain, des fruits, du vin. Ça ira. Avant qu'il n'ait fini de manger, la porte de sa cellule s'ouvre et une femme entre. Elle est habillée de la courte jupe traditionnelle. Il sait instinctivement au premier coup d'œil que c'est quelqu'un d'important ;

son regard possède la clarté glacée de l'autorité. Elle a l'air intelligente, sensible. Elle doit avoir une trentaine d'années et, comme la plupart des femmes qu'il a vues ici, son corps est mince et élancé. Les muscles sont déliés, les membres longs, la poitrine petite. Elle lui rappelle quelque peu sa sœur, bien que ses cheveux soient auburn et courts alors que ceux de Micaela sont longs et noirs. Elle porte une arme sur la cuisse gauche.

« Couvrez-vous », dit-elle vivement. « La vision de votre nudité ne m'est pas agréable. Couvrez-vous et nous pourrons parler. »

Elle parle la langue monadiale, sa langue ! Avec un accent étranger et assez fort ; les fins de mots sont oubliées comme s'ils avaient été sectionnés par ses dents brillantes et pointues au moment où ils franchissaient ses lèvres. Les voyelles sont estompées et déformées. Mais c'est bien sa langue ! On ne peut s'y tromper. Quel soulagement ! Pouvoir enfin s'exprimer !

Il s'habille en toute hâte. Elle ne le quitte pas des yeux, le visage de marbre. Elle doit être dure. « Dans nos monades urbaines », explique-t-il, « nous ne nous préoccupons pas beaucoup de nous couvrir. Nous avons depuis longtemps oublié ces notions d'intimité et de pudeur. Je n'avais pas réal... »

« Vous n'êtes pas dans une monade urbaine ici ! »

« C'est vrai. Je m'excuse si je vous ai offensée ; c'est mon ignorance de vos coutumes qui en est seule responsable. »

Il est à présent complètement habillé. Elle semble s'être quelque peu apaisée. Peut-être à cause de ses excuses, ou simplement parce qu'il est vêtu. Elle avance de quelques pas dans la pièce. « Il y a longtemps que nous n'avions pas eu la visite d'un espion parmi nous », dit-elle.

« Je ne suis pas un espion. »

Un sourire glacé, sceptique. « Non ? Alors pourquoi êtes-vous ici ? »

« Je n'avais pas l'intention d'enfreindre vos lois. Je passais simplement à travers vos terres. Je vais vers l'est. Vers la mer. »

« Vraiment ? » Comme s'il avait dit Pluton. « Vous voyagez seul, bien sûr ? »

« Bien sûr. »

« Et quand ce merveilleux voyage a-t-il commencé ? »

« Hier matin, de bonne heure. Je suis de Monade urbaine 116. Je suis analo-électronicien, si cela vous dit quelque chose. Un jour il m'est apparu impossible de continuer à vivre à l'intérieur d'un bâtiment. Je me suis arrangé pour obtenir un laissez-passer, et je suis parti avant le lever du soleil. J'ai marché... marché et je suis arrivé sur vos terres ; vos machines m'ont repéré, et j'ai été arrêté. Comme je ne parle pas votre langue il m'a été impossible de m'expliquer. »

« Qu'espérez-vous en venant nous espionner ? »

Il laisse tomber les épaules. « Mais je vous le répète », dit-il, d'un ton las, « je ne suis pas un espion. »

« Les habitants des monades urbaines ne sortent pas ainsi. J'ai eu affaire pendant des années à des gens comme vous ; je connais votre façon de penser. » Leurs regards se croisent. Le sien est froid et glacé. « Vous seriez paralysé de terreur à peine cinq minutes après être sorti. Il est évident que vous avez été entraîné pour cette mission, sinon vous seriez devenu fou après une journée entière de solitude dans la campagne. Ce que je ne comprends pas, c'est pourquoi ils vous ont envoyé. Vous avez votre monde et nous le nôtre ; nous n'empiétons pas sur vous. Nous ne sommes pas en guerre à ce que je sache. Je ne vois pas la raison de cet espionnage. »

« Je suis bien d'accord avec vous », renchérit Micael. « C'est pourquoi je ne suis pas un espion. » En dépit de l'attitude agressive de son interlocutrice, Micael se sent attiré vers elle. Elle semble compétente, confiante en elle sans manifester de fatuité. Elle serait certainement très belle si elle souriait. « Ecoutez », dit-il, « je ne sais pas comment vous convaincre de ma bonne foi. Je désirais simplement voir le monde de l'extérieur. J'ai passé toute ma vie entre les mêmes murs. Je n'avais jamais respiré un air naturel, ni ressenti la chaleur du soleil sur ma peau. Des milliers et des milliers de gens vivant au-dessus et au-dessous de moi. Un jour j'ai découvert que je n'étais pas quelqu'un de parfaitement adapté à cette vie urbmonadiale. Alors je suis parti. Mais je ne suis pas un espion. Je veux simplement voyager. Voir la mer surtout. Vous avez déjà vu la mer ?... Non ? J'en rêve depuis longtemps — marcher sur une plage immense, entendre le bruit des vagues, sentir les grains de sable mouillé rouler sous mes pieds... »

Peut-être est-ce la ferveur de sa voix qui commence à la convaincre, mais elle hausse subitement les épaules et demande : « Quel est votre nom ? » Elle semble soudain plus détendue.

« Micael Statler. »

« Age ? »

« Vingt-trois ans. »

« Nous pourrions vous embarquer avec le prochain chargement de champignons. Vous seriez de retour chez vous dans à peine une demi-heure. »

« Non », répond-il doucement. « Non, ne faites pas cela. Laissez-moi continuer ma route vers l'est. Je ne suis pas encore prêt à revenir chez moi. »

« Vous voulez dire que vous n'avez pas encore recueilli assez de renseignements ? »

« Mais non, croyez-moi. Je ne suis pas un... » Il se tait, réalisant qu'elle se moque de lui.

« Très bien. Peut-être après tout n'êtes vous pas un espion. Peut-être tout bonnement un fou. » Elle sourit pour la première fois. Elle se recule, et s'appuie contre le mur, lui faisant face. « Que pensez-vous de notre village, Statler ? »

« Je ne sais même pas par où commencer. »

« Comment nous trouvez-vous ? Simples ? Compliqués ? Diaboliques ? Effrayants ? Inhabituels ? »

« Etranges », répond-il.

« Etranges par rapport aux gens avec lesquels vous avez l'habitude de vivre ? Ou bien simplement étranges dans l'absolu ? »

« C'est difficile de faire la distinction. C'est comme... un autre monde. Je... je... Comment vous appelez-vous, à propos ? »

« Artha. »

« Arthur ? Chez nous c'est un prénom d'homme. »

« A-R-T-H-A. »

« Oh, Artha. C'est intéressant. C'est beau. » Il se mordille le poing. « Par exemple votre façon de vivre tellement en contact avec la nature. Pour moi c'est presque inimaginable. Toutes ces petites maisons. La place. Vous voir vivre et marcher en plein air. Le soleil. Ici il n'y a ni haut ni bas. Et hier soir : le bûcher, la musique, la femme enceinte. Qu'est-ce que cela signifiait ? »

« Vous voulez parler de la danse de la stérilité ? »

« C'était donc *cela* ? Une sorte de... » Il n'arrive pas à prononcer le mot, « ... un rite de la stérilité ».

« Oui. Afin d'obtenir une bonne récolte », explique Artha. « Pour que les plants soient sains et beaux, et qu'il n'y ait pas trop de naissances. Nous avons des règles à ce sujet, vous comprenez. »

« Et la femme sur laquelle tout le monde tapait — elle s'était fait mettre enceinte illégalement ? C'est bien cela ? »

Artha rit. « Oh non. L'enfant de Milcha est parfaitement légal. »

« Alors pourquoi l'avoir ainsi brutalisée ? Elle aurait pu perdre son enfant. »

« Il fallait que ce fût quelqu'un », explique Artha, en haussant les épaules, « n'importe qui. Nous avons en ce moment onze femmes enceintes. Elles ont tiré au sort entre elles, et Milcha a perdu. Ou a *gagné*. Vous savez, Statler, ce n'était pas une punition. C'est religieux. Milcha en quelque sorte était la célébrante, le bouc émissaire béni, le... la... ah, je ne sais pas comment le dire dans votre langue. Par sa souffrance elle apportait santé et prospérité sur la commune. La certitude aussi qu'aucune de nos femmes n'attendrait un enfant non désiré, et que tout resterait bien. Bien sûr, cela a été pénible pour elle. Il y a aussi la honte de se trouver nue devant tout le monde. Mais il fallait que ce fût fait. C'est un grand honneur. Milcha n'aura plus jamais à l'endurer, et certains privilèges lui sont dorénavant assurés jusqu'à la fin de sa vie. Et, bien sûr, tout le village lui est redevable d'avoir accepté nos coups. Maintenant nous sommes protégés pour une nouvelle année. »

« Protégés ? »

« Oui. Contre la colère des dieux. »

« Des dieux ? » répète-t-il lentement. Il mâchonne le mot, essayant de comprendre. « Pourquoi essayez-vous d'éviter d'avoir des enfants ? » demande-t-il quelques instants plus tard.

« Vous croyez peut-être que nous possédons le monde ? » réplique-t-elle, le regard soudain enflammé. « Nous ne possédons que notre commune. Les terres qui nous sont allouées. Et nous devons produire de la nourriture pour nous et pour les habitants des monades urbaines. N'est-ce pas ? Que vous arriverait-il, à vous pauvres citadins, si nous nous multipliions sans cesse — que notre village s'étale sur la moitié de la superficie actuelle des terres cultivées et que notre production couvre à peine nos propres besoins ? Il ne vous resterait plus rien. Non, les enfants doivent vivre sous un toit, dans une maison — et les maisons prennent de la place. On ne peut cultiver la terre quand elle est occupée par des habitations. Il nous a fallu nous imposer des limites. »

« Mais ce n'est pas nécessaire de vous étaler en surface. Vous pouvez construire en hauteur. Comme nous. Vous pourriez être dix fois plus nombreux sans occuper une plus grande surface. Bien sûr, vous consommeriez plus, et il y aurait donc moins de... »

« Vous ne comprenez donc rien ? » se révolte-t-elle. « Vous voulez que notre commune devienne une monade urbaine ? Vous avez votre mode de vie, nous avons le nôtre. Le nôtre nous commande d'être peu nombreux et de vivre au milieu des champs et des cultures. Pourquoi devrions-nous devenir comme vous ? Justement nous mettons notre point d'honneur à ne pas vous ressembler. C'est pourquoi si nous grandissons, nous grandirons horizontalement. Cela reviendrait à couvrir à nouveau la surface du globe de rues et de routes comme dans l'ancienne époque. Non ! Nous avons dépassé cela. Nous nous imposons nos propres règles. Nous vivons à notre propre cadence, et nous sommes heureux. Et il en sera toujours ainsi en ce qui nous concerne. Cela vous paraît-il très affreux ? *Nous* vous trouvons ignobles de ne pas vouloir contrôler vos naissances. Que dis-je ? De les *encourager !* »

« Mais pourquoi les contrôlerions-nous ? » demande-t-il. « Il est mathématiquement prouvé que nous n'avons pas encore commencé à épuiser les possibilités de la planète. La population pourrait doubler, tripler même, il y aurait encore suffisamment de place pour tout le monde, à condition de vivre comme nous dans des cités verticales. Dans des monades urbaines. Sans empiéter, bien sûr, sur les surfaces cultivées. Une nouvelle monade se construit toutes les je-ne-sais-combien d'années, et pourtant les approvisionnements de nourriture ne baissent pas. Notre rythme de croissance... »

« Croyez-vous que cela pourra continuer indéfiniment ? »

« Eh bien, non, pas indéfiniment », reconnaît-il. « Mais longtemps encore. Cinq cents ans, peut-être, si nous maintenons notre taux actuel de croissance. »

« Et à ce moment-là ? »

« A ce moment-là, ils trouveront bien une solution au problème. »

Artha secoue furieusement la tête. « Non ! Non ! Comment pouvez-vous proférer une telle bêtise ? Continuer ainsi à se multiplier, en laissant aux générations futures le soin de... »

« Ecoutez », l'arrête-t-il. « J'ai parlé de cela avec mon beau-frère. Il est historien, spécialisé dans le XXe siècle. A cette époque ils croyaient qu'il serait impossible de nourrir plus de cinq ou six milliards d'individus. Ils parlaient sans cesse de crise démographique et ainsi de suite. Puis tout s'est effondré. Il y a eu la réorganisation. On a construit les premières monades. L'ancienne utilisation horizontale des sols fut prohibée, et vous savez pourquoi ? Parce qu'on a découvert que la Terre pouvait abriter *dix* milliards d'êtres humains. Et puis *vingt*. Et puis *cinquante*. Et maintenant *soixante-quinze*. Grâce à des bâtiments plus hauts, à des cultures efficaces, à une plus grande concentration démographique sur les terres improductives. Alors de quel droit prétendrions-nous que nos descendants ne continueront pas à croître et à se multiplier jusqu'à cinq cents milliards... mille milliards, qui sait ? Au XXe siècle personne n'aurait jamais pensé que la Terre pût porter autant que nous sommes. Alors si nous nous inquiétons à l'avance d'un problème qui peut très bien ne jamais vraiment en être un, si comme des impies nous insultons Dieu en limitant les naissances, nous péchons contre la vie sans détenir la moindre assurance que... »

« Bah ! » renifle-t-elle. « Vous ne nous comprendrez jamais. Et je suppose que nous ne vous comprendrons jamais. » Elle se lève et s'avance vers la porte. « Alors si cette vie en monade urbaine est tellement merveilleuse, pourquoi vous êtes-vous enfui pour venir traînailler dans nos champs ? » Elle ne reste même pas pour écouter sa réponse. La porte claque derrière elle. Micael va l'essayer et il se rend compte qu'il est à nouveau enfermé. Il est seul. Prisonnier.

Une longue et morne journée s'étire. Aucune visite. Une fille vient lui apporter son repas, mais elle ne fait qu'entrer et sortir. L'odeur de la cellule l'écœure. L'impossibilité de se laver devient intolérable : il imagine la vermine grouillant sur sa peau et le rongeant. De l'étroite fenêtre, il suit le déroulement de la vie de la commune. Il est obligé de se démancher le cou pour tout voir. L'incessant aller et retour des machines agricoles. Les paysans aux muscles lourds chargeant des sacs sur une bande roulante qui plonge dans la terre — rejoignant, sans aucun doute, les convoyeurs qui transportent les denrées jusqu'aux monades urbaines et ramènent les biens manufacturés dans les communes. Le souffre-douleur de hier soir, Milcha, passe sur la place. Elle traîne un peu la jambe, et se meut avec précaution. Elle doit être exemptée de travail pour aujourd'hui. Les villageois la saluent avec une vénération évidente — elle sourit en caressant son ventre. Pas le moindre signe d'Artha. Pourquoi ne le libèrent-ils pas ? Micael est à peu près certain d'avoir convaincu Artha qu'il n'était pas un espion. De toute façon, il ne représente pas un gros danger pour la commune. Et pourtant il est encore là, et l'après-midi tire à sa fin. Dehors, les gens s'activent. Ils sont bronzés, comme huilés de transpiration. Il a bien conscience de ne voir qu'une partie de la commune : en dehors de son champ de vision il doit y avoir des écoles, un théâtre, un bâtiment gouvernemental, des entrepôts, des ateliers de réparation. Des images de la danse de la stérilité de la nuit dernière lui reviennent en mémoire. Le caractère barbare de la fête ; la musique sauvage ; le supplice de la femme. En même temps il sait très bien que ce serait une erreur de considérer les fermiers comme des barbares arriérés. Ils lui apparaissent comme bizarres, mais cette sauvagerie n'est que superficielle. C'est un masque qu'ils se mettent pour se distinguer des habitants des monades. Leur société est complexe et riche, tout comme celle qu'il a quittée. Quel mécanisme délicat! Nul doute qu'il existe un central d'ordinateurs quelque part, contrôlant le plantage, la surveillance et l'arrachage des récoltes. Toute l'infrastructure : les équipes de techniciens — les besoins biologiques — les pesticides — la destruction des herbes — l'équilibre écologique. Et tout ce réseau de contrats commerciaux, liant la commune aux monades urbaines. Micael sait bien qu'il n'aperçoit que la surface des choses.

Artha revient en fin d'après-midi.

« Va-t-on bientôt me laisser partir ? » demande-t-il immédiatement.

Elle hoche la tête. « C'est en discussion. J'ai recommandé qu'on vous libère. Mais quelques-uns sont très soupçonneux. »

« Qui cela ? »

« Les chefs. Vous savez, la plupart sont vieux. Ils éprouvent une méfiance naturelle envers les étrangers. Il y en a deux qui voudraient que vous soyez sacrifié au dieu de la récolte. »

« *Sacrifié ?* »

Artha sourit. Elle n'est plus du tout guindée; elle est détendue, amicale. Une alliée. « Cela paraît horrible, n'est-ce pas ? Mais il arrive que de temps en temps nos dieux réclament des vies. On ne tue pas chez vous ? »

« Si », admet-il, « quand quelqu'un menace la stabilité de la société. Ceux-là dévalent la chute et finissent dans les chambres de combustion au plus profond du bâtiment. Leur corps se transforme en énergie et contribue, de ce fait, à... »

« Ainsi vous tuez pour que les choses continuent à aller toujours aussi bien. Eh bien, c'est ce que nous faisons quelquefois. Pas souvent. Je ne pense pas vraiment que votre vie soit en jeu. Mais ce n'est pas encore décidé. »

203

« Quand ? »

« Ce soir, peut-être. Ou demain. »

« Mais je ne représente aucune menace pour la commune. »

« Personne ne dit cela. Non, c'est la vie d'un homme d'une monade qui a de la valeur ici. Comment dire ? Votre vie donne plus de relief à nos bénédictions. Ce n'est pas très facile à expliquer, c'est théologique : vous et vos semblables êtes les consommateurs. Or si notre dieu des récoltes consommait symboliquement une monade urbaine — d'une façon métaphorique, c'est-à-dire que vous représenteriez l'ensemble de la société dont vous êtes issu — ce serait une affirmation mystique de l'unité des deux sociétés, du lien qui unit la commune aux monades et les monades à la commune, et... oh rien. Peut-être n'y penseront-ils pas ? C'est le lendemain de la danse de la stérilité ; nous n'avons pas un besoin urgent de protection sacrée pour l'instant. C'est ce que je leur ai dit. A mon avis, vos chances d'être libéré sont assez bonnes. »

« Assez bonnes », marmonne-t-il, d'une voix lugubre. « Merveilleux ! » Oh, la mer lointaine. Le cône cendré du Vésuve. Jérusalem. Le Taj Mahal. A présent aussi loin que les étoiles. La mer. La mer. Et cette cellule puante. Il suffoque de désespoir.

Artha essaye de le réconforter. Elle s'accroupit à côté de lui sur le sol sale. Son regard est chaud, affectueux. Sa brusquerie militaire première a complètement disparu. Elle semble manifester un certain penchant pour lui. Désireuse de mieux le connaître, maintenant qu'elle a surmonté la barrière des différences culturelles qui les séparaient au début. Il en est de même en ce qui le concerne. Mais ce ne sont pas de véritables obstacles. Le monde d'Artha n'est pas le sien, bien sûr, mais il n'est pas loin de lui donner raison sur certaines choses, en dépit de leurs prétendues différences. Pourquoi ne pas opérer un rapprochement ? Il est un homme, elle est une femme. C'est cela qui est essentiel. Tout le reste n'est que façades. Mais au fur et à mesure de leur conversation, il prend à nouveau conscience de tout ce qui les différencie elle et lui. Il lui demande de parler d'elle. Elle lui dit qu'elle n'est pas mariée. Abasourdi, il lui explique que dans les monades tout le monde est marié passé douze ou treize ans. Elle en a trente et un. Pourquoi quelqu'un d'aussi attirant ne s'est-il jamais marié? « Nous avons suffisamment de femmes mariées ici », répond-elle. « Je n'avais aucune raison de me marier. » Mais elle ne veut pas avoir d'enfants? Non, non, pas du tout. La commune a un nombre alloué de mères. Elle a d'autres responsabilités qui l'occupent. « Lesquelles? » Elle appartient à l'équipe de négociateurs traitant les problèmes commerciaux avec les monades urbaines. C'est pourquoi elle parle si bien la langue, ayant souvent l'occasion de discuter les termes des accords d'échanges. C'est elle qui s'occupe aussi de transmettre les demandes de renseignements techniques et de pièces de rechange nécessaires aux mécaniciens de la commune pour réparer les machines. Et ainsi de suite. « Il se peut que j'aie connecté un de vos appels », dit Micael. « Quelques-uns des nœuds dont j'ai la charge correspondent à l'approvisionnement. Si un jour je reviens chez moi, je vous écouterai, Artha. » Son sourire est éblouissant. Micael a l'intuition subite que dans cette cellule minable l'amour est peut-être en train de naître.

Elle lui pose des questions sur la monade.

Elle n'est jamais entrée à l'intérieur; les seuls contacts qu'elle a avec le monde urbain se font par les moyens de communication. Il est évident qu'elle est intéressée. Elle veut que Micael lui décrive les appartements résidentiels, les systèmes de transports, les ascenseurs et les descenseurs, les écoles, les loisirs et les spectacles. Qui prépare la nourriture? Qui décide de la profession des enfants? Peut-on aller d'une cité à une autre? Où vivent les jeunes avant de fonder un foyer ? Comment faites-vous pour ne pas vous haïr, obligés que vous êtes de vivre les uns sur les autres ? Ne vous sentez-vous pas prisonniers ? Des milliers et des milliers d'individus s'activent comme des abeilles dans une ruche — comment peut-on le supporter ? Et cet air croupi, cette pâle lumière artificielle, cette coupure d'avec le monde réel ? Elle n'arrive pas à comprendre cette vie étriquée, compressée. Et lui essaye d'expliquer — il essaye de lui dire combien, même lui, qui s'en est enfui, aime ce monde clos. Cette harmonie subtile des besoins et des désirs, ce système social si bien élaboré pour provoquer un minimum de frictions et de frustrations, le sens de la communauté à l'intérieur de chaque village et chaque cité, la glorification de la famille, ces cerveaux électroniques colossaux qui régularisent la délicate coordination des différents rythmes urbains. A l'entendre, le bâtiment semble une matérialisation poétique des relations humaines, un miracle de civilisation. Ses mots planent dans l'air. Artha semble captivée. Il continue ainsi, décrivant au fur et à mesure les toilettes, les plates-formes de repos, les écrans et les pupitres électroniques, le recyclage et la régénération des excréments, la combustion des déchets solides, les générateurs auxiliaires qui produisent l'énergie électrique en transformant le surplus calorifique humain accumulé, les systèmes de ventilation et de circulation, la complexité sociale des différents niveaux : là, les gens des services d'entretien, là les ouvriers, les érudits, les artistes, les ingénieurs, les techniciens d'ordinateurs, et les administrateurs tout en haut. Il lui parle des dormitoirs pour adultes, des dormitoirs pour jeunes mariés, il lui dit les coutumes des épousailles, la tolérance tranquille et facile qui règne partout, les commandements sévères contre toute forme d'égoïsme. Et Artha continue à l'écouter passionnément. Il arrive qu'elle termine ses phrases pour lui quand il les laisse inachevées, trop pressé de passer à la suivante. Son visage est empourpré et enfiévré. Le lyrisme de Micael l'emporte. Pour la première fois elle se rend compte que l'on peut entasser des milliers de personnes dans un seul bâtiment et les y faire vivre toute leur vie sans que cela soit nécessairement barbare et inhumain. Tout en parlant, Micael se demande s'il ne se laisse pas emporter par son propre discours ; les mots qu'il prononce peuvent laisser supposer qu'il est un ardent propagandiste d'un mode de vie à propos duquel, après tout, il éprouve de sérieux doutes. Continuer à décrire revient à louer. Et même s'il n'apprécie pas, il refuse de condamner. Il n'y avait pas d'autre possibilité de développement pour l'humanité. La cité verticale était devenue nécessaire. Et la beauté ? Cette merveilleuse complexité, ces réseaux enchevêtrés. Bien sûr, la beauté existe à l'air libre — il est parti la chercher à l'extérieur du bâtiment — mais ce serait folie de parler de la monade comme de quelque chose de repoussant qui répugne à l'âme humaine. L'unique solution à la crise démographique du globe. L'héroïque et magnifique réponse à cet immense défi. Micael a l'impression de pénétrer grâce aux mots dans la femme à côté de lui. Artha si intelligente, si froide, grandie sous le soleil brûlant. Il y a quelque chose de sexuel dans ce déluge verbal ; il communique réellement avec elle, il atteint son esprit, ils sont proches l'un de l'autre comme aucun des deux n'eût pu l'imaginer la veille, et lui l'interprète physiquement. Peut-être est-ce à cause de l'érotisme implicite à la monade, là où tout un chacun est accessible à tout le monde à n'importe quel moment. Comment exprimer cette intimité entre eux ? Cette communion spirituelle, n'est-il pas logique qu'elle se transforme en un accord sexuel ? Ils sont déjà si proches. Artha et ses yeux brillants, sa petite poitrine. Elle lui rappelle Micaela. Il se tourne vers elle. Sa main gauche glisse sur ses épaules, descend jusqu'au sein le plus proche qu'elle emprisonne. Ses lèvres suivent la ligne de la mâchoire et remontent jusqu'à l'oreille. Son autre main fouille pour trouver l'agrafage de l'unique vêtement. Elle sera nue dans un instant. Ça y est. Il presse son corps contre le sien. Ses doigts habiles et expérimentés ouvrent le chemin de la pénétration.

« Non. Arrêtez. »

« Ne vous défendez pas, Artha. » Il empoigne un petit sein dur. Sa bouche cherche la bouche de la femme. « Vous êtes tellement tendue. Détendez-vous. Faire l'amour est un acte pieux. Ne vous... »

« *Arrêtez!* »

Un ordre. Sèche et dure à nouveau. Elle lutte pour se dégager de l'étreinte de ses bras.

Est-ce la façon locale de faire l'amour? Mimer la résistance? Elle s'accroche à sa jupe, le repousse avec son coude et essaye de relever son genou. Il l'entoure de ses bras et la plaque contre le sol, toujours la caressant. Il l'embrasse sur tout le corps, la caresse, murmurant son nom.

« *Laissez-moi!* »

C'est vraiment une expérience toute neuve pour lui. Une femme qui se refuse. Toute en nerfs et en os. Combattant ses avances. Dans la monade elle pourrait être mise à mort pour cela. Frustrant impitoyablement un de ses frères citoyens. Mais ce n'est pas une monade urbaine ici. Ce n'est pas une monade urbaine. La lutte l'enflamme encore plus. Cela fait plus d'un jour qu'il n'a pas connu de femme. Jamais il n'est resté aussi longtemps abstinent. Il bout d'excitation. Son sexe en érection est semblable à une épée brûlante. Plus rien d'autre ne compte que de la pénétrer le plus vite possible. « Artha. Artha. Artha. » Ce sont des grognements primitifs. Son corps s'arque sous le sien. La petite bande de tissu rouge est roulée en boule. Il aperçoit furtivement un triangle brun entre les deux longues cuisses fuselées. Le ventre plat, presque enfantin, qui n'a jamais porté d'enfant. Si seulement il pouvait s'extirper de ses propres vêtements, tout en la maintenant sous lui. Elle se bat comme une diablesse. Heureusement que cette fois elle n'est pas venue armée. Attention, les yeux! Leurs souffles se mélangent. Une rafale sauvage de coups de poing. Le goût légèrement salé du sang sur ses lèvres. Il plonge son regard dans le sien, et il est effrayé. Ses yeux lancent des éclairs meurtriers. Une femme sauvage! Mais plus elle se défend, plus il a envie d'elle. Si c'est ainsi qu'elle se bat, comment fait-elle l'amour? Son genou s'insère entre ses cuisses, les forçant à s'écarter. Elle va pour crier, mais il lui ferme la bouche de la sienne. Des dents pointues cherchent à le mordre. Des ongles lui labourent le dos. Elle est étonnamment forte. « Artha », supplie-t-il, « ne me repoussez pas. C'est de la folie. Si seulement vous... »

« Animal! »

« Laissez-moi vous montrer comme je vous aime... »

« Fou! Fou! »

Soudain un genou se glisse entre ses jambes et remonte vivement. Il pivote sur lui-même, évitant l'attaque, mais pas suffisamment. Les larmes lui montent aux yeux. Ce n'est pas un jeu. S'il la veut vraiment il lui faudra briser sa résistance. L'immobiliser. Mais alors, cela revient à la violer? Non. Non. Ils ont fait fausse route. La tristesse l'envahit. Son désir le quitte aussitôt. Il roule sur lui-même. La respiration lourde, le visage tourné vers le sol, il reste à genoux devant la fenêtre. Allez-y, allez dire aux vieillards ce que j'ai fait. Donnez-moi à votre dieu. Artha s'est redressée. D'un air maussade, elle remet sa jupe. Il entend le son rauque de son souffle. « Dans une monade urbaine », explique-t-il, sans oser la regarder, « on considère qu'il est hautement interdit de se refuser à quelqu'un qui vous fait des avances. » La honte fait trembler sa voix. « Vous me plaisez, Artha. J'ai pensé que vous étiez à moi. Et puis après, il était trop tard; je ne pouvais plus m'arrêter. Rien qu'à l'idée que quelqu'un puisse se refuser à moi... Je ne pouvais pas comprendre... »

« Quels animaux vous devez être, tous autant que vous êtes ! »

Il est incapable de croiser son regard. « Dans le contexte urbain, cela peut se comprendre. Nous ne pouvons tolérer des situations frustrantes qui peuvent être explosives. Les conflits sont trop dangereux. Par contre ici... c'est différent, n'est-ce pas ? »

« Très. »

« Pourrez-vous me pardonner ? »

« Nous ne nous accouplons qu'avec ceux que nous aimons vraiment », dit-elle. « Nous ne nous ouvrons pas sur demande. Ce n'est pas une chose simple pour nous. Il y a les rituels d'approche. Il faut des intermédiaires. C'est très compliqué. Mais comment auriez-vous pu le savoir ? »

« Exactement. Comment aurais-je pu ? »

Sa voix vibre d'irritation et d'exaspération.

« Nous nous entendions si bien ! Pourquoi a-t-il fallu que vous me touchiez ? »

« Vous l'avez dit vous-même. Je ne savais pas. J'ignorais. Nous étions tous les deux — je me sentais attiré passionnément vers vous — c'était naturel pour moi de... »

« C'était aussi naturel pour vous d'essayer de me violer quand je vous ai résisté ? »

« Je me suis arrêté avant, vous devez le reconnaître. »

Elle a un rire amer. « C'est une façon de parler. Si vous appelez ça vous arrêter à temps ! »

« J'ai eu beaucoup de mal à comprendre votre résistance, Artha. Je croyais que vous jouiez avec moi. Au début, je n'ai pas réalisé que vous vous refusiez vraiment. » Il ose enfin lui faire face. Ses yeux sont à la fois méprisants et tristes. « C'était un malentendu. Artha, ne pouvons-nous revenir en arrière, d'une demi-heure ? Essayer de faire comme si rien ne s'était passé ? »

« Je ne pourrai jamais oublier vos mains sur moi. Je ne pourrai oublier que vous m'avez déshabillée. »

« Ne soyez pas rancunière. Essayez de comprendre mon point de vue. Ce gouffre entre nos deux cultures. Nous avons tous les deux... euh... je... »

Elle secoue lentement la tête. Aucun espoir qu'elle oublie

« Artha... »

Elle sort. Micael se laisse tomber sur le sol poussiéreux. Une heure plus tard, le dîner arrive. La nuit approche. Il mange sans prêter attention à la nourriture. L'amertume et la honte le torturent. Et pourtant, il sait bien que ce n'était pas entièrement sa faute. C'était tellement naturel pour lui. Tellement naturel. La tristesse l'étreint; ils étaient si proches l'un de l'autre juste avant. Si proches.

Quelques heures après le coucher du soleil, une soudaine activité sur la place. On construit un nouveau bûcher, Micael regarde les préparatifs d'un œil lugubre. Elle est donc allée voir les chefs et leur a parlé de sa conduite. Ils l'ont consolée et lui ont promis une vengeance pour la laver de l'outrage. Ils vont certainement le sacrifier à leur dieu. C'est sa dernière nuit. Tout le désordre de sa vie convergeant en un seul jour. Personne pour lui accorder un dernier souhait. Il va mourir misérablement, le corps sale. Loin de chez lui. Si jeune. Encore vibrant de désirs inassouvis. Sans avoir jamais vu la mer.

Et ça, qu'est-ce que c'est maintenant? Une machine agricole s'approche du feu. C'est un engin énorme; cinq mètres de haut, huit bras longs et articulés, six pattes et une immense bouche. Une sorte de moissonneuse sans doute. La carrosserie d'un métal brun poli reflète les jeux échevelés des flammes. Une idole fantastique et puissante. Moloch. Baal. Il se voit soulevé par les bras métalliques. Sa tête approche de la bouche béante. Autour, les villageois martèlent un rythme étrange et obsédant. Milcha, grosse et meurtrie, chante en pleine extase tandis qu'il plonge dans l'embouchure sombre et funeste. La glaciale Artha vient se joindre au chœur. Son sacrifice restaurera sa pureté. Les prêtres marmonnent quelque chose d'incompréhensible. Oh, non, je vous prie. Non. Mais peut-être se trompe-t-il. La nuit dernière, pendant la danse de la stérilité, il avait bien cru qu'ils punissaient la femme enceinte. En fait, c'était elle qui était honorée. Mais, Dieu soit loué, que cette machine a l'air méchant! Menaçante!

Maintenant la place s'est entièrement remplie.

Il va se passer un événement important.

Artha. Ce n'était qu'un malentendu. Je croyais que vous aviez envie de moi comme j'avais envie de vous. J'agissais dans le contexte moral de ma culture, ne comprenez-vous pas? Chez nous, le sexe n'est pas considéré comme quelque chose de compliqué. C'est comme... un sourire échangé avec un inconnu. Comme se toucher la main. Quand deux personnes sont ensemble et qu'elles se plaisent, eh bien, elles font l'amour. Pourquoi? Pourquoi pas? Je voulais simplement vous donner du plaisir. Vraiment. Nous nous entendions si bien.

Le son des tambours. Les atroces grincements des instruments à vent faits de bric et de broc. La danse orgiaque a commencé. Dieu soit loué, je veux vivre! Les officiants, hommes et femmes, entrent cachés derrière leurs masques cauchemardesques. Il n'y a plus de doute, le spectacle a commencé. Et cette fois, c'est moi qui suis le clou de la soirée.

Une heure passe. Une autre passe encore. Sur la place la foule est de plus en plus frénétique, mais personne n'est encore venu le chercher. Se serait-il trompé encore une fois? La fête de cette nuit le concerne-t-elle aussi peu que celle d'hier soir?

Du bruit derrière lui. On ouvre la porte de sa cellule. Les prêtres viennent le prendre. Alors la fin est proche, n'est-ce pas? Il tente de se calmer, se souhaitant une mort indolore. Il cherche des raisons métaphoriques à sa mort — elle sera un lien mystique unissant la commune à Monade urbaine 116. Cela lui paraît bien improbable, et pourtant il ne peut s'empêcher d'y croire un peu.

Artha pénètre dans la cellule.

Elle referme rapidement la porte et s'appuie contre le lourd battant. Là où elle se tient, elle est éclairée par la lueur du feu qui entre par la fenêtre. C'est le seul éclairage, mais il est suffisant pour bien montrer son petit visage sévère et tendu. Elle se tient raide. Cette fois, elle n'a pas oublié de prendre son arme.

« Artha! Je... »

« Taisez-vous! Si vous voulez vivre, parlez bas. »

« Que se passe-t-il dehors? »

« Ils préparent le dieu de la moisson. »

« Pour moi? »

« Pour vous. »

« Vous avez dû leur raconter que j'ai essayé de vous violer », ricane-t-il. « C'est donc cela mon châtiment. Très bien. Très bien. C'est profondément injuste, mais il n'y a pas de... »

« Je ne leur ai rien dit du tout. C'est la décision qu'ils ont prise au coucher du soleil. Cela n'a rien à voir avec moi. »

Elle semble sincère. Qu'en penser?

« Ils vous mèneront au dieu à minuit », poursuit-elle. « En ce moment ils prient pour qu'il vous reçoive gracieusement. C'est une prière qui n'en finit pas. » Elle va à la fenêtre, faisant un large détour autour de lui comme si elle craignait qu'il ne bondisse sur elle. Elle murmure quelque chose, et se retourne vers lui. « Très bien. Personne ne remarquera rien. Suivez-moi, et surtout ne faites pas de bruit. Si je suis prise avec vous, je serai obligée de vous tuer, et je prétendrai que vous cherchiez à vous échapper. Sinon, on me tuerait moi aussi. Allez, venez. Venez! »

« Où ? »

« *Venez !* » Un ordre chuchoté, mais impatient et rageur.

Elle marche devant lui. Complètement hébété, il la suit à travers un labyrinthe de passages, de salles humides souterraines, de tunnels à peine plus larges que lui. Finalement ils émergent à l'arrière du bâtiment où il était emprisonné. Il frissonne longuement dans l'air frais de la nuit. De la place leur parviennent la musique et les chants. Artha lui fait signe de s'arrêter. Elle s'avance entre deux maisons pour regarder de part et d'autre. Il court derrière elle quand elle lui fait signe à nouveau. Ainsi, de bond en bond, ils progressent et atteignent la frange périphérique de la commune. Micael regarde derrière lui. D'ici il voit le feu, l'idole, les minuscules silhouettes des danseurs, comme des images projetées sur un écran. Devant lui, s'ouvrent les champs de cultures. Au-dessus d'eux le croissant argenté de la lune et le scintillement des étoiles. Un bruit soudain. Artha l'agrippe et le pousse à terre sous un bosquet d'arbustes. Leurs deux corps sont comme soudés ; les pointes de ses seins semblent brûlantes. Micael n'ose ni bouger ni parler. Quelqu'un marche : une sentinelle, peut-être. Un dos large, une nuque épaisse. Enfin la silhouette s'éloigne et disparaît bientôt. Artha, tremblante, le maintient toujours au sol. Elle serre si fort ses poignets qu'il a mal. Elle se relève. Elle lui fait silencieusement comprendre que la voie est libre. Elle avance dans les champs, se faufilant entre les rangées de plantes hautes et feuillues. Ils continuent ainsi pendant une dizaine de minutes. Bientôt Micael suffoque d'essoufflement. Ils s'arrêtent. Le brasier n'est plus qu'une petite tache lumineuse sur l'horizon lointain, et les échos des chants sont noyés sous les grésillements des insectes.

« A partir d'ici vous continuez tout seul », lui dit-elle. « Je dois retourner. Si quelqu'un me cherchait trop longtemps, on pourrait soupçonner... »

« Pourquoi avez-vous fait cela ? »

« Parce que je m'étais montrée injuste envers vous. » Pour la première fois depuis ce soir, elle lui sourit. C'est un mince et rapide sourire qui joue furtivement sur ses lèvres ; rien à voir avec la chaleur de son regard l'après-midi. « Vous avez été poussé vers moi. Vous ne pouviez pas connaître notre attitude devant ces problèmes. J'ai été cruelle — pleine de haine — alors que vous vouliez simplement me prouver votre amour. Ne m'en veuillez pas, Statler. J'ai essayé de réparer mes torts envers vous. Partez. »

« Je voudrais pouvoir vous dire combien... »

Il pose délicatement la main sur son bras. Il la sent frissonner — de désir ou de dégoût ? Soudain, il ne peut plus se retenir ; il l'attire violemment contre lui et l'embrasse. Elle est raide et tendue au début. Puis elle se détend petit à petit ; elle se laisse finalement aller. Leurs lèvres s'unissent. Il caresse le dos nu et musclé. Puis-je toucher ses seins ? Elle pousse son ventre contre lui. Une vision traverse sauvagement son esprit : Artha, le visage en feu, se couche sur la terre, l'attirant sur elle et en elle — l'union de leurs deux corps créant ce lien métaphorique entre la monade et la commune dont sa vie devait être le gage. Mais non. Tout ceci n'est qu'imaginaire et irréaliste, même si la pensée en est agréable et satisfaisante. Ils ne s'accoupleront pas sous le clair de lune. Artha ne rejettera pas son code moral. Ces images d'adieux passionnés sont certainement venues la tenter elle aussi, mais elle les a rejetées. Elle s'écarte de lui, juste avant qu'il ne soit trop tard. Dans l'obscurité ses yeux sont brillants et chargés de tendresse. Elle se force à sourire, mais le cœur n'y est pas. « Partez, maintenant », chuchote-t-elle. Elle se détourne et s'éloigne en courant. Dix mètres plus loin, elle s'arrête et se retourne vers lui. Elle lui fait signe de partir. « Allez. Allez. Qu'attendez-vous ? »

Trébuchant, titubant, dérapant, il court sous la nuit étoilée. Il ne prend même pas la peine de se cacher sous les rangées de hautes plantes. Dans sa hâte, il bute contre les jeunes pousses, les écrase, laissant derrière lui des traces de destruction grâce auxquelles il pourra être facilement pris en chasse. Il sait qu'il doit être sorti du territoire de la commune avant l'aube. Une fois que les engins épandeurs auront décollé, il leur sera facile de le repérer et de le ramener pour apaiser la colère de Moloch. Il est d'ailleurs possible qu'ils soient déjà à ses trousses — depuis que sa fuite a été remarquée. Les yeux jaunes de ces engins voient-ils la nuit? Il s'arrête et prête l'oreille, attendant l'horrible grondement, mais tout est calme et silencieux. Et les machines agricoles, sont-elles déjà en route? Il lui faut se presser. Les adorateurs du dieu des moissons ne s'occuperont probablement plus de lui s'il est hors des limites du domaine de la commune.

Mais où aller?

Maintenant il n'a plus le choix; il ne lui reste plus qu'une seule direction. Au loin, sur l'horizon se dessinent les colonnes grandioses de la constellation des Chipitts. D'ici, leurs milliers de fenêtres embrasées les font apparaître comme autant de phares allumés. Il est, bien sûr, incapable de repérer des fenêtres en particulier, mais il peut distinguer des différences dans les façades selon que les lumières s'allument ou s'éteignent. Là-bas, c'est le milieu de la soirée. Concerts, épreuves somatiques, duels de lumières, tous les amusements de la nuit. Stacion chez elle, s'inquiétant de lui. Depuis combien de temps est-il parti? Deux, trois jours? Tout se confond dans son esprit. Les enfants pleurent. Micaela bouleversée, se querellant méchamment avec Jason pour se libérer de sa tension. Et lui est ici, à des kilomètres, tout juste évadé d'un monde d'idoles et de rites, de danses païennes, de femmes stériles et froides. Il a de la boue sur ses pieds, des herbes dans les cheveux. Il doit avoir l'air affreux et puer atrocement. Impossible de se laver. Quelle bactérie est-elle en train de se nourrir de son sang ? Il n'a plus qu'à revenir sur ses pas. Ses muscles le font tellement souffrir qu'on ne peut plus proprement parler de fatigue. L'odeur de la cellule ne le quitte pas. Sa langue est sèche et cotonneuse. Il a l'impression que sa peau se craquelle d'avoir trop été exposée au soleil, à l'air, à la lune.

Mais la mer ? Mais le Vésuve, et le Taj Mahal ?

Pas cette fois-ci. Il accepte sa défaite. Il est allé aussi loin et aussi longtemps qu'il a pu. Maintenant de toute son âme il veut revenir chez lui. Après tout, il est conditionné comme tout le monde. Son milieu ambiant est devenu partie intégrante de lui. Il a eu l'aventure qu'il désirait ; un jour, si Dieu le veut, il s'en offrira une autre. Mais il doit abandonner son idée de traverser le continent en passant de commune en commune. Trop d'idoles aux mâchoires d'acier attendent, et il n'aura peut-être pas la chance de trouver une autre Artha dans le prochain village. Alors, en route vers Monade urbaine 116.

Sa peur diminue au fur et à mesure que passent les heures. Rien ni personne ne le poursuit. Sa démarche est devenue mécanique et régulière. Un pas, encore un pas, puis un autre, et un autre. Il avance comme un automate vers les immenses tours si accueillantes. Il n'a aucune idée de l'heure qu'il peut être — minuit passé ? — la lune est déjà loin dans le ciel et les monades sont presque noyées dans l'obscurité au fur et à mesure que les habitants se sont couchés. Maintenant, c'est l'heure des promenades nocturnes. Siegmund Kluver de Shangai est peut-être venu rendre visite à Micaela ce soir. Jason est en route vers ses amoureuses paupos de Varsovie ou de Prague. Encore quelques heures, se dit Micael, et je serai chez moi. Il avait atteint la commune agricole en fin d'après-midi, après être parti au lever du soleil, mais sa route s'était trouvée rallongée du fait des détours — avec les tours sans arrêt devant les yeux, il n'aura aucun mal à se diriger droit vers son but.

Tout est silencieux. La nuit est d'une beauté magique. Il regrette presque sa décision de revenir à la monade. Sous le firmament cristallin, il ressent l'attirance de la nature. Il a peut-être marché quatre heures quand il s'arrête pour se baigner dans un canal d'irrigation. Il en ressort nu et rafraîchi. Se laver avec de l'eau n'est pas aussi agréable que de se glisser sous la douche à ultrasons, mais du moins pendant un moment ne pensera-t-il plus aux couches de saletés qui lui rongent la peau. Son obsession de propreté quelque peu apaisée, il repart. Son aventure lui semble déjà lointaine; il la revit et la savoure rétrospectivement. Que c'est bon d'avoir fait cela. Avoir goûté l'air réel, la rosée matinale, la terre sous les ongles. Même son emprisonnement lui apparaît maintenant comme une expérience passionnante. La danse de la stérilité. Son amour capricieux et non consommé pour Artha. Leur lutte et leur délicieuse réconciliation. Les mâchoires béantes de l'idole. Son angoisse devant la mort. Son évasion. Quel autre homme de Monade urbaine 116 a connu cela?

Cet accès de contentement de soi lui donne de nouvelles forces pour reprendre sa route à travers les champs infinis. Mais il a beau marcher, il ne semble pas s'approcher de son but. Est-ce un effet de perspective? Ou bien ses yeux? Et d'ailleurs se dirige-t-il bien vers Monade 116? Ce serait un sale coup de s'être trompé dans sa visée, et de débarquer dans la constellation vers les numéros 140 ou 145. S'il a simplement fait une erreur infime au départ, elle risque d'être énorme à l'arrivée, l'obligeant à rattraper une interminable hypoténuse. Mais il lui est impossible de savoir quel est son bâtiment parmi ceux qui s'étalent à l'horizon devant lui. Il ne peut que continuer à avancer toujours et toujours.

La lune a déjà disparu. Les étoiles sont à peine visibles. L'aube ne va plus tarder.

Il a atteint la zone de terres non cultivées qui constitue une sorte de frontière entre la commune et la constellation urbaine. Ses jambes ne le soutiennent plus, mais il se force à continuer. Les tours sont à présent si proches qu'elles semblent flotter dans l'air, sans bases ni fondations. Il aperçoit les jardins. Les robots jardiniers accomplissent sereinement leur besogne. Des fleurs s'ouvrent sous les premiers rayons du jour. La douce brise matinale est chargée de parfums. Chez moi. Chez moi. Enfin ! Stacion ! Micaela ! Prendre un court repos avant d'aller travailler. Et trouver une excuse plausible.

Où est Monade urbaine 116 ?

Les tours ne portent aucun numéro. Ceux qui sont à l'intérieur savent très bien où ils vivent. Micael approche en chancelant du plus proche bâtiment. Les faces sont illuminées par la radieuse lumière matinale. Il lève la tête vers les mille étages. Une myriade de fenêtres. Que tout cela est beau et complexe. Sous ses pieds sont ensevelies les mystérieuses racines du bâtiment : les génératrices, les salles de récupération des déchets, les ordinateurs, toutes ces merveilles enfouies qui font vivre les immenses tours. Et par-dessus, s'élevant comme une plante gigantesque, la monade. Derrière les façades, Micael devine l'extraordinaire infrastructure technique et sociale — les centaines de milliers de vies entrelacées, les artistes et les savants, les musiciens et les sculpteurs, les soudeurs et les portiers. Ses yeux s'embuent. Il arrive chez lui. Il est de retour. Mais est-ce bien chez lui ? Il va vers la porte, le bras tendu, montrant son bracelet laissez-passer. « Monade urbaine 116, ouvrez ! Je suis Micael Statler », appelle-t-il. Rien ne se passe. Les détecteurs le dévisagent froidement, mais tout reste hermétiquement clos. « Quel bâtiment êtes-vous ? » demande-t-il. Un silence. « Allez, dites-moi où je suis ! »

Une voix venue d'un haut-parleur invisible lui répond : « Vous êtes devant Monade urbaine 123 de la constellation des Chipitts. »

123 ! Encore si loin de chez lui !

Que peut-il faire, sinon continuer ? Maintenant le soleil est bien au-dessus de l'horizon, et vire rapidement du rouge vers le doré. Si l'est est là, alors où est Monade 116 ? Son esprit obscurci par la fatigue refuse de l'aider. Il doit aller vers l'est. Oui ? Non ? Il titube à travers l'interminable enfilade des jardins séparant Monade 123 de sa voisine orientale. Cette fois-ci le haut-parleur lui répond affirmativement — oui, vous êtes devant Monade 122. Il continue. Les bâtiments sont disposés en diagonale, de façon à ne pas se faire mutuellement de l'ombre. Sous le soleil déjà haut et chaud, Micael avance vers le centre de la constellation. Ne pas me perdre dans mes comptes ! Il est à moitié ivre de faim et de fatigue. 116 ? Non, il a dû se tromper ; elle restera fermée devant lui. Alors celle-ci ?

Oui ! La porte glisse quand il présente son poignet. Il entre. Il attend au milieu du sas. La porte derrière lui se referme ; pourquoi la seconde ne s'ouvre-t-elle pas ? Il attend. Eh bien ? « Pourquoi n'ouvrez-vous pas ? » demande-t-il. « Regardez ! Là ! Là ! Lisez ça ! » crie-t-il, en montrant le laissez-passer. Peut-être est-ce simplement une procédure de décontamination. On ne sait jamais ce qu'on peut rapporter de l'extérieur. Ah, la porte s'ouvre !

Des lumières éblouissantes. Il ne voit plus rien. « Restez où vous êtes. N'essayez pas de sortir du sas. » La voix métallique et glacée le fige sur place. Clignant des yeux, il avance inconsciemment d'un demi-pas — il s'arrête aussitôt. Un nuage de pluie très fine l'enveloppe soudain. Cela sent bon. On a dû le vaporiser. Le produit fige presque instantanément, formant un cocon étanche et souple autour de lui. Maintenant, les lumières baissent. Des silhouettes se tiennent devant Micael, lui bloquant le passage. Combien sont-ils ? Quatre ou cinq. La police. « Micael Statler ? » demande l'un d'eux.

« J'ai une autorisation », répond-il, d'un ton incertain. « C'est parfaitement en règle. Vous pouvez vérifier. J'ai... »

« Vous êtes arrêté. Pour altération de programme, sortie illicite du bâtiment, manifestation indésirable de tendances antisociales. Nous avons ordre de nous assurer de vous dès votre retour dans le bâtiment. Après, il doit être procédé à l'exécution de la sentence de destruction. »

« Attendez un instant. J'ai le droit de faire appel, non ? Je réclame... »

« Votre cas a déjà été pris en considération, et nous a été transmis pour ultimes dispositions. » Il y a une note d'inexorabilité dans la voix du policier. Ils se tiennent autour de lui. Il ne peut plus bouger, enfermé sous la couche durcie. Qu'importe les micro-organismes qu'il a pu ramener, ils prendront la même route que lui. Vers la chute ? Non. Non. Je vous en supplie. Mais à quoi s'attendait-il pour son retour ? Quelle autre issue pour lui ? Croyait-il qu'il allait tromper la monade ? Peut-on répudier une civilisation et espérer la réintégrer en douceur quand on le désire ? Ils l'ont chargé à bord d'un chariot. Les formes lui apparaissent floues à travers le cocon. « Bon, il ne reste plus qu'à enregistrer la procédure. Avancez-le vers les détecteurs. Là, c'est bon. »

« Puis-je au moins voir mon épouse ? Ma sœur ? Quel mal y a-t-il à ce que je leur parle, ne serait-ce qu'une minute pour la dernière fois... »

« Menace à l'harmonie et à la stabilité, des tendances antisociales pernicieuses, retrait immédiat de l'environnement afin de prévenir toute extension du danger. » Comme s'il était pestiféré. Il a déjà vu des scènes semblables : le jugement sommaire, l'exécution immédiate. Il n'avait jamais vraiment compris. Jamais imaginé.

Micaela. Stacion. Artha.

Maintenant l'enveloppe s'est complètement durcie autour de lui. Il ne peut plus rien voir.

« Écoutez-moi », dit-il, « quel que soit le sort qui m'est réservé, je veux que vous sachiez que j'ai été là-bas. J'ai vu le soleil et la lune et les étoiles. Ce n'était pas Jérusalem, ni le Taj Mahal, mais c'était fantastique. Cela vous ne le verrez jamais. Vous ne comprendrez jamais toute la richesse de ces merveilles. Là-bas, l'âme s'épanouit. Que pourriez-vous y comprendre ? »

Il perçoit des bruits sourds à travers la membrane laiteuse qui l'enveloppe. On lui lit les articles du code qu'il a transgressés. On lui explique comment et pourquoi il constitue une menace pour la société. La nécessité de supprimer la source du danger. Les mots semblent fondre et se mélanger ; ils deviennent incompréhensibles. Il sent le chariot avancer.

Micaela. Stacion. Artha.

Je vous aime.

« Bon, ouvrez la trappe. » C'est clair, sans ambiguïté. Micael entend tout au fond le grondement de la marée, le bruit des vagues qui s'écrasent sur les grains de sable brillants. Il sent le goût de l'eau salée. Le soleil est haut ; le ciel est merveilleusement clair, d'un bleu pur. Il n'a pas de regrets. Il lui eût été impossible de partir une autre fois ; s'ils lui avaient laissé la vie sauve, c'eût été sous une surveillance constante. Des milliards d'yeux le suivant partout. Toute sa vie à rêvasser dans le dièdre. Pour quoi faire ? Pourquoi ? C'est mieux ainsi. Avoir vécu ; ne serait-ce qu'une fois — ne serait-ce qu'un peu. Avoir vu la danse — le feu — senti l'odeur des plantes. Et puis il est tellement fatigué. Il voudrait tellement dormir. Il perçoit un mouvement. Le chariot bouge. Il plane et dérive lentement. Adieu. Adieu. Adieu ! Il est calme, apaisé. Il voit les escarpements chargés de verdure de l'île de Capri, l'enfant, le chevreau, la fiasque de vin frais et doré. Le brouillard et les dauphins, les épines et les galets. Dieu soit loué ! Il rit à l'intérieur de son cocon. Il se sent descendre. Adieu. Micaela. Stacion. Artha. Une vision ultime du bâtiment s'impose à son esprit — 885 000 personnes, le visage blafard, se pressant dans des couloirs saturés et bondés — entassées dans des machines qui les montent ou les descendent — s'empilant dans des centres sonores ou des Centres d'Accomplissement Somatique — envoyant des infinités de messages, qui pour se nourrir, qui pour discuter, qui pour réserver, qui pour négocier. Des foules d'enfants. Croissez et multipliez-vous. Des centaines de milliers d'orbites s'entrecroisant, chacune décrivant sa minuscule trajectoire à l'intérieur de la tour géante. Comme le monde est beau — et tout ce qu'il contient. Les monades au lever du soleil. Les champs et les cultures. Adieu.

Noir.

Le voyage est terminé. La source de danger a été anéantie. La monade a pris les mesures protectrices nécessaires. Un ennemi de la civilisation n'est plus.

7

Le fond. Siegmund Kluver se faufile entre les génératrices. Il se sent mal à l'aise. Le poids du bâtiment au-dessus de lui l'oppresse. Le sifflement aigu des turbines le trouble. Il est désorienté — un vagabond perdu dans les profondeurs. Et cette salle immense ; ce cube enterré, tellement haut et énorme que les boules de lumière pendues au plafond éclairent à peine le sol de béton. Siegmund emprunte une coursive suspendue à mi-hauteur. La merveilleuse Louisville se trouve à trois mille mètres au-dessus de sa tête. Là-haut, très loin d'ici, il y a des tapis, des moquettes, des draperies, des marqueteries en bois précieux, tous les pièges de la puissance. Il n'avait pas prévu de descendre aussi bas. Il avait l'intention de venir à Varsovie. Mais il a fallu qu'il plonge jusqu'ici. Comme s'il avait voulu gagner du temps — se chercher une excuse. Siegmund est effrayé. S'ils savaient. Sa lâcheté intérieure. Cela ne lui ressemble pas — et pourtant.

Il laisse traîner sa main sur la rambarde de la coursive. Le métal est froid sous ses doigts tremblants. L'air ici résonne constamment — comme une sourde et puissante respiration. C'est vrai que les chutes transportant les déchets solides jusqu'aux salles énergétiques aboutissent par ici. Les rebuts de toutes sortes, vieux vêtements, cubes d'informations périmées, emballages et paquets divers, cadavres, parfois des corps encore vivants dévalent les méandres sinueux pour se jeter dans les machines compacteuses, avant d'être transportés sur des bandes de roulement jusqu'aux chambres de combustion. La libération de chaleur fournit l'électricité. Rien ne se perd ici. C'est une heure de pointe en ce qui concerne la consommation d'électricité. Chaque appartement est éclairé. Siegmund ferme les yeux. Monade urbaine 116 lui apparaît dans son intégralité. 885 000 êtres humains reliés par un énorme entrelacs de fils. Un gigantesque standard humain. Et moi, je ne suis plus branché à ce standard. Pourquoi ? Que m'est-il arrivé ? Qu'est-ce qui m'arrive ? Qu'est-ce qui va m'arriver ?

Il traverse la coursive d'un pas lent. Après la salle des génératrices, il pénètre dans un tunnel. Derrière les parois lisses et brillantes courent, il le sait, les lignes conduisant l'énergie vers les circuits distributeurs. Là, ce sont les chambres de régénération, où les excréments sont reconvertis pour être réutilisés. Toute cette énorme et complexe infrastructure grâce à laquelle la monade vit. Il est le seul être humain ici. Le sentiment de sa solitude le submerge — il frissonne. Il devrait remonter à Varsovie. Et pourtant il continue son voyage dans les entrailles du bâtiment comme un jeune écolier studieux. Mais ici il peut se cacher de lui-même. Les yeux mornes des détecteurs électroniques, enfoncés dans les centaines de cavités creusées dans les murs, les sols, et les plafonds, le surveillent. Je suis Siegmund Kluver de Shangai, 787e étage. J'ai quinze ans et cinq mois. Mon épouse se nomme Mamelon, mon fils s'appelle Janus, et ma fille Perséphone. Je travaille comme expert à Louisville, et d'ici l'an prochain j'aurai vraisemblablement reçu notification de ma promotion aux échelons administratifs les plus élevés de cette monade. Et je m'en réjouirai. Je suis Siegmund Kluver de Shangai, 787e étage... Il s'incline devant les détecteurs. Salut à vous. Salut à vous. Le futur maître vous remercie. Il passe nerveusement sa main dans ses cheveux broussailleux. Il y a une heure maintenant qu'il erre dans ce gigantesque cerveau. Je devrais remonter. Mais de quoi ai-je peur ? Allez, à Varsovie ! A Varsovie !

Il entend la voix de Rhea Shawke Freehouse. Chaque mot lui revient comme gravé dans son cerveau. *Si j'étais toi, Siegmund, je me détendrais et j'essayerais de m'amuser un peu plus. Ne te tracasse pas à propos de ce que les gens pensent de toi, ou semblent penser. Frotte-toi aux êtres, essaye de devenir plus humain toi-même. Voyage, descends dans le bâtiment. Tes promenades nocturnes, va les faire à Varsovie ou à Prague. Regarde comment vivent les moins favorisés.* Quelle femme intelligente ! Comme tout ceci est juste ! Pourquoi avoir peur ? Allez, vas-y ! Va ! Il est tard.

Sa main droite tremble. Adossé à une porte, marquée ENTRÉE INTERDITE qui ouvre sur un centre d'ordinateurs, il reste plusieurs minutes à contempler ses doigts qui ne lui obéissent plus. Puis il se précipite vers l'ascenseur. Soixantième étage. Le centre de Varsovie.

Ici les couloirs sont étroits. Beaucoup de portes. Une sorte de compression de l'atmosphère. Varsovie est une cité où la densité démographique est extraordinairement élevée, non seulement à cause de la grande fécondité de ses habitants, mais aussi parce qu'une grande partie de la superficie est occupée par les usines. Le bâtiment a beau être plus large ici qu'à sa pointe, la zone résidentielle de Varsovie est relativement étroite.

Là sont manufacturées les machines qui serviront à en fabriquer d'autres : poinçonneuses, tours, étaux-limeurs, fraiseuses, rectifieuses. La plus grosse partie du travail est programmée et automatisée, mais il reste encore beaucoup d'emplois humains : charger les bandes de roulement, le guidage et le positionnement, conduire les chariots élévateurs, trier les produits finis vers leur destination. L'année dernière, Siegmund avait justement fait remarquer à Nissim Shawke et à Kipling Freehouse que presque tout le travail effectué par des hommes pouvait tout aussi bien être effectué par des machines. Au lieu d'employer des milliers de gens à Varsovie, Prague et Birmingham, ils pouvaient très bien élaborer un programme entièrement automatisé. Il suffisait de quelques personnes pour tenir les inventaires, et une petite équipe d'entretien, chargée de réparer les pannes. « Mais s'ils n'avaient plus leur travail », avait répondu Shawke, avec son sourire condescendant, « qu'est-ce que ces pauvres gens feraient de leur vie ? Croyez-vous, Siegmund, que nous pourrions en faire des poètes ? Ou des professeurs d'histoire urbaine ? Nous leur créons des emplois délibérément, n'avez-vous pas compris ? » Siegmund avait regretté sa naïveté. C'était une des rares erreurs qu'il avait commises dans son analyse des méthodes de gouvernement. Le souvenir de cette conversation le gêne encore. Il pense sincèrement que dans une société idéale tout le monde devrait faire un métier qui ait un sens pour lui. C'est ainsi qu'il voudrait la monade. Mais certaines considérations interdisent la réalisation de cet idéal. Mais... Mais... Ces emplois créés à Varsovie, sans véritable nécessité d'ordre pratique, constituent une faille dans sa théorie.

Il faut maintenant choisir une porte. 6021. 1023. 6025. Ces nombres à quatre chiffres ont quelque chose d'étonnant pour lui. 6027. 6029. Il pose la main sur une poignée. Il hésite. Une soudaine timidité l'arrête. A l'intérieur, il imagine un travailleur musclé, velu et grognant, et une épouse fatiguée, usée, sans formes. Il va pénétrer dans leur intimité. Leur regard envieux et jaloux se posera sur ses vêtements coûteux. Qu'est-ce que vient faire chez eux ce dandy de Shangai ? N'a-t-il aucun respect ? Et ainsi de suite. Et ainsi de suite. Un moment, il manque abandonner, puis il se reprend. Ils n'oseront pas montrer leur mauvaise grâce. Il ouvre la porte.

La pièce est dans l'obscurité, excepté la pâle lueur de la veilleuse. Ses yeux s'habituent à l'ombre. Il distingue à présent un couple couché et cinq ou six enfants dans les couchettes. Il s'approche de la plate-forme. L'image qu'il s'était faite des habitants de l'appartement était complètement fausse. Ils pourraient être n'importe quel jeune couple de Shangai, Chicago ou Édimbourg. Peut-être, après tout, les vêtements enlevés, et le sommeil effaçant sur le visage les expressions marquant le milieu social, est-il possible de supprimer les distinctions de classes et de cités.

Ceux qui dorment devant lui ont à peine quelques années de plus que Siegmund — lui, dix-neuf ans peut-être, et autour de dix-huit ans pour elle. L'homme est mince, des épaules étroites et des muscles longs et fins. La femme est soignée, gentille — un corps agréable, des cheveux blonds et soyeux. Siegmund touche délicatement son épaule. Une arête osseuse qui tend la peau. Des yeux bleus qui cillent et le contemplent avec effroi. Presque aussitôt la compréhension remplace la peur. Un visiteur nocturne. Et puis vient la confusion : le visiteur porte les vêtements des cités supérieures.

Il se présente, « Siegmund Kluver. Shangai. »

La femme se passe rapidement la langue sur les lèvres. « Shangai ? Vraiment ? » L'homme se réveille. Il cligne des yeux, ébahi. « Shangai ? » répète-t-il. « Pourquoi êtes-vous descendu ici, hein ? » Pas hostile, simplement curieux. Siegmund hausse les épaules comme pour dire : une idée comme ça. L'autre se lève. Siegmund l'assure qu'il n'a pas besoin de s'en aller, que cela ne le dérange pas qu'il reste — mais à Varsovie, c'est le genre de choses qui ne se pratique pas : l'arrivée du visiteur nocturne signifie le départ de l'époux. Il a déjà passé une large tunique de coton sur son corps presque imberbe. Un sourire furtif : à tout à l'heure, mon amour. Il est parti. Siegmund et la femme sont seuls. « Je n'avais encore jamais rencontré quelqu'un de Shangai », dit-elle.

« Vous ne m'avez pas dit votre nom. »

« Ellen. »

Il se couche à côté d'elle. Il caresse la peau douce. Les mots de Rhea résonnent. *Frotte-toi aux êtres. Regarde comment vivent les moins favorisés.* Il est tendu. Un subtil et mystérieux réseau de fils d'or semble se développer dans son organisme, pénétrant et enserrant ses lobes cérébraux. « Que fait votre époux, Ellen ? »

« Maintenant il conduit un chariot élévateur. Avant il était câbleur, mais il s'est blessé en armant. Un coup de surtension. »

« Il doit être un bon ouvrier, n'est-ce pas ? »

« Son surveillant dit que c'est un des meilleurs. Moi aussi je le trouve bien. » Un petit rire contenu. « D'où êtes-vous à Shangai ? C'est quelque part du côté du 700e, non ? »

« Du 761e au 800e. » Il caresse les hanches. Elle tressaille — de peur ou de désir ? Timidement, elle enlève son vêtement de nuit. Elle a peut-être hâte qu'il en termine avec elle, cet homme étrange et effrayant venu des niveaux supérieurs. Ou bien n'est-elle pas habituée aux prémices amoureuses, particulièrement goûtées chez ceux d'en haut. *Regarde comment vivent les moins favorisés.* Il est venu là pour apprendre, pas seulement pour défoncer. Il regarde la pièce : les meubles sont ternes et laids, sans élégance ni style, créés pour satisfaire le plus mauvais goût. Et pourtant ceux qui meublent les appartements de Louisville et de Tolède ont été dessinés par les mêmes équipes de concepteurs. Une sorte de couche de grisaille semble tout recouvrir ici. Même la femme. Je pourrais être avec Micaela Quevedo à cette heure. Ou avec Principessa. Ou avec. Ou peut-être avec. Mais je suis ici. Il cherche des questions lui permettant de découvrir la réalité essentielle de cet être obscur qu'un jour il sera appelé à diriger. Lisez-vous beaucoup ? Quels sont vos spectacles favoris ? Quels plats préférez-vous ? Faites-vous ce que vous pouvez pour que vos enfants s'élèvent dans la hiérarchie monadiale ? Que pensez-vous des gens de Reykjavik ? De ceux de Prague ? Mais il ne peut rien dire. A quoi cela servirait-il ? Que peut-il apprendre ? Une barrière infranchissable les sépare.

Ils se caressent mutuellement en silence, mais il reste désespérément mou et insensible.

« Je ne vous plais pas », remarque-t-elle, d'un air triste.

Se lave-t-elle souvent ? « Peut-être suis-je un peu fatigué », explique-t-il. « Tellement de travail. » Il se serre contre elle, espérant que la chaleur de son corps le réanimera. Ses yeux plongent dans les siens. Deux lentilles bleues reflétant le vide. Il embrasse la vallée entre ses seins. « Hé, ça chatouille ! » dit-elle, en se contorsionnant. Sa main descend le long du ventre. Le sexe, chaud, mouillé, déjà prêt. Mais lui ne l'est pas. Il ne peut pas. « Vous désirez quelque chose de spécial ? » demande-t-elle. « Peut-être que je pourrais, si ce n'est pas trop compliqué. » Il secoue la tête. Les fouets, les chaînes, les cravaches ne l'intéressent pas. Il est parfaitement normal. Mais ici, il ne peut pas. La fatigue n'a rien à y voir ; c'est le sens de sa solitude qui le paralyse. Seul parmi 885 000 personnes. Et cette femme que je ne peux pas atteindre. Ni moralement ni physiquement. Le voici l'élégant de Shangai — incapable, asexué ! Elle n'a plus du tout peur de lui maintenant. Moins aimable aussi. Elle prend son incapacité pour une manifestation de mépris vis-à-vis d'elle. Il voudrait lui parler de toutes les femmes qu'il a prises à Shangai, ou Chicago, ou même Tolède. Là où il est considéré comme un démon de virilité. Il la retourne brusquement, pressant son pénis flasque contre les fesses fraîches. « Dites, je ne sais pas ce que vous voulez, mais... » Même cela ne servira à rien. Elle se tortille d'indignation. Il la laisse, se lève et se rhabille. Son visage le cuit. Arrivé à la porte, il jette un coup d'œil derrière lui. La fille est assise. Sa pose impudique semble être une insulte qui lui est destinée. Avec trois doigts, elle lui fait un geste qui doit sans doute être une obscénité par ici. « Je voudrais seulement que vous sachiez », dit-il, avant de sortir, « que le nom que je vous ai donné en entrant — eh bien, ce n'est pas le mien. Ce n'est pas moi ! » Il s'enfuit. C'en est assez de la nature humaine. C'en est assez de Varsovie.

L'ascenseur. 118e étage. Prague. Il fait presque la moitié du tour du bâtiment sans entrer dans un appartement, ni adresser la parole à ceux qu'il rencontre. Puis il reprend un autre ascenseur. 173e. Pittsburgh. Il reste immobile un moment dans le hall, écoutant le battement de ses pulsations dans les vaisseaux temporaux. Un Centre d'Accomplissement Somatique. Il entre. Il y a encore des gens, même à cette heure tardive : une douzaine sont plongés dans la piscine tourbillonnante, cinq ou six caracolent sur le plan incliné trépidant, et quelques couples sont dans le copulatorium. Ses vêtements de Shangai lui valent quelques regards curieux, mais personne ne s'approche de lui. Se sentant renaître, il se dirige vers le copulatorium, mais il sait bien qu'il n'en a pas vraiment envie. Il fait demi-tour. Les épaules tombantes, il quitte le Centre d'Accomplissement Somatique. D'un pas lourd et lent, il rejoint les escaliers : la longue trouée qui transperce les mille étages de Monade urbaine 116. Il lève la tête. Au-dessus de lui, les niveaux s'étirent vers l'infini en une perspective illimitée de lumières, chaque palier étant éclairé. Birmingham, San Francisco, Colombo, Madrid. Il empoigne la rampe et baisse les yeux. Son regard suit la spirale descendante. Prague, Varsovie, Reykjavik. C'est un tourbillon étourdissant; un puits monstrueux par où s'engouffrent des millions de globes étincelants comme des flocons de neige. Il entreprend l'ascension de la myriade de marches. Les mouvements mécaniques de ses jambes le fascinent. Il a grimpé quarante étages sans même s'en rendre compte. Il est trempé de sueur, les muscles de ses jambes sont noués et douloureux. Il pousse la porte palière. 213e étage. Birmingham. Il se trouve dans le couloir central. Deux hommes arrivent face à lui. Ils ont l'allure volontairement dégagée des retours de promenade nocturne. Ils l'arrêtent et lui offrent une petite capsule translucide, contenant un liquide huileux de couleur orangé sombre. Siegmund l'accepte sans un mot et l'avale sans poser de questions. Ils lui tapent le bras d'un signe d'amitié et continuent leur chemin. Les nausées le prennent presque aussitôt. Des taches bleues et rouges dansent devant ses yeux. Il se demande vaguement ce que ces deux-là ont pu lui donner. L'extase va venir. Il attend. Il attend.

Quand il reprend conscience, la faible lumière de l'aube filtre à travers ses paupières. Il est dans un appartement inconnu, étendu dans une sorte de filet métallique oscillant et balançant. Un grand jeune homme aux longs cheveux dorés se tient à côté de lui. Quelqu'un parle. « Maintenant je sais pourquoi on devient anomo. » C'est sa propre voix. C'est lui, Siegmund qui parle. « Un jour, on ne peut plus le supporter. Tous ces gens collés à votre peau. On les sent contre soi. Et... »

« Du calme. Redescendez lentement. Vous êtes en surcharge. »

« Ma tête va exploser. » Dans un coin de la pièce, il aperçoit une femme rousse. Elle lui semble très belle, mais il éprouve des difficultés à fixer son regard sur elle. « Je ne sais pas du tout où je suis. »

« 370ᵉ étage. San Francisco. Vous êtes vraiment déconnecté, n'est-ce pas ? »

« Ma tête. Elle enfle. Qu'on me la vide ! »

« Je m'appelle Dillon Chrimes. Mon épouse, Electra. C'est elle qui vous a trouvé errant dans les couloirs. » Son hôte lui sourit amicalement. Quels étranges yeux bleus ; comme des pastilles de pierre polie. « Vous savez, à propos du bâtiment », continue-t-il, « une nuit, il n'y a pas si longtemps, j'ai pris une dose de multiplexer et je suis *devenu* réellement la monade tout entière. Je me l'intégrais. Un seul immense organisme, une mosaïque de milliers d'âmes. C'était merveilleux. Jusqu'à ce que je commence à redescendre. Pendant le retour, tout ce qui m'était apparu comme merveilleux était devenu une sorte d'ignoble et affreuse ruche surpeuplée et grouillante. Avec les drogues on perd la perspective exacte des choses. Mais on la récupère après. »

« Je ne la récupérerai pas. »

« A quoi cela vous servira-t-il de haïr le bâtiment ? Vous savez, la monade urbaine est une solution parfaite à une situation donnée. »

« Je le sais. »

« Et la plupart du temps ça fonctionne bien. C'est pourquoi c'est stérilisant de s'épuiser à la refuser. »

« Je ne la hais pas », dit Siegmund. « J'ai toujours été partisan de la théorie de la verticalité pour résoudre la poussée urbaine. Je suis un spécialiste de l'administration urbmonadiale. J'étais. Non, je suis. Puis soudain tout est devenu faux, et je ne sais même plus où est la vérité et où est l'erreur. Qui choisir : moi ou le système dans son intégralité ? Peut-être, après tout, n'est-ce pas venu si soudainement. »

« Il n'existe pas de véritable alternative au système », explique Dillon. « Bien sûr, vous pouvez dévaler la chute, ou vous enfuir dans les communes agricoles, mais ce ne sont pas des alternatives sensées. C'est pourquoi on reste ici. Et nous nous gavons de toutes ses richesses et ses facilités. Vous avez dû trop travailler. Voulez-vous boire quelque chose de frais ? »

« Oui, je vous prie. »

La femme rousse lui donne un flacon. En se penchant vers lui ses seins oscillent doucement comme deux petites cloches de chair. Elle est très belle. Une soudaine et fugitive bouffée de désir monte en lui, lui rappelant le commencement de cette nuit. Sa promenade nocturne à Varsovie. La femme. Il a oublié son nom. Son incapacité sexuelle.

« Sur l'écran ils ont fait passer un avis d'alarme au nom de Siegmund Kluver de Shangai », dit Chrimes. « Il est recherché depuis 0400. Est-ce vous ? »

Siegmund opine de la tête.

« Je connais votre épouse. Mamelon, n'est-ce pas ? » Chrimes jette un coup d'œil rapide vers son épouse. Comme s'il existait un problème entre eux. La jalousie ? Il continue, mais un ton plus bas. « Je l'ai connue une seule fois, à l'occasion d'un concert que nous avons donné à Shangai. Elle est adorable. Sa grâce un peu froide. Une statue douée de passion. Elle doit certainement s'inquiéter horriblement de vous en ce moment, Siegmund. »

« Un concert ? »

« Oui, je joue du vibrastar dans un groupe cosmique », explique Dillon, mimant des gammes et des accords. « Vous m'avez certainement déjà vu. Vous permettez que j'appelle votre épouse ? »

« C'est tellement personnel. Le sentiment d'être à part », dit Siegmund. « D'être séparé de mes propres racines. »

« Quoi ? »

« Une sorte de déracinement. Comme si je n'appartenais plus à Shangai, ni à Louisville, ni à Varsovie — comme si je n'appartenais plus à nulle part. Comme si je n'étais que la somme de mes ambitions et de mes inhibitions, sans personnalité réelle. Je suis perdu intérieurement.

« Intérieurement ? »

« A l'intérieur de moi-même. A l'intérieur de ce bâtiment. J'explose. Je disperse un peu partout des fragments de moi. Des lambeaux de ma peau flottent... » Il réalise soudain qu'Electra Chrimes le fixe, épouvantée. Il lutte de toute sa volonté pour recouvrer le contrôle de soi. Il se voit écorché jusqu'au squelette — la colonne vertébrale, le crâne, étrangement anguleux. Siegmund. Siegmund. Il voit le visage troublé de Dillon. Un bel appartement. Des miroirs multiples, des tapisseries psychédéliques. Des gens heureux. Comblés par leur art. Branchés au standard, eux. « Perdu », marmonne-t-il, « je suis perdu. »

« Faites-vous transférer à San Francisco », suggère Chrimes. « Nous ne nous cassons pas la tête ici. On vous logera. Peut-être vous découvrirez-vous des dons artistiques. Vous pourriez écrire pour l'écran — des spectacles, des tas de choses. Ou bien... »

Siegmund éclate de rire. Sa gorge le brûle. Il parle d'une voix rauque. « J'écrirai l'histoire de l'ambitieux assoiffé de puissance qui décide subitement qu'il n'en veut plus quand il est presque arrivé au sommet. Je vais... non. Non, je ne l'écrirai pas. Ce n'est pas vrai. C'est la drogue qui parle par ma bouche. Ces deux types m'ont donné une saloperie, c'est tout. Vous feriez bien d'appeler Mamelon. » Il se lève, tremblant. Il a quatre-vingt-dix ans. Le sol tourne. Il bascule. Chrimes et son épouse le rattrapent. Sa joue tombe sur la poitrine d'Electra. Quelle douceur ! Il arrive à sourire. « C'est la drogue qui parle par ma bouche », répète-t-il.

« C'est une longue histoire... et ennuyeuse », explique-t-il à Mamelon. « J'étais dans un endroit où je n'aurais pas voulu être, et à un certain moment j'ai avalé une capsule sans savoir ce que c'était — à partir de là, tout est devenu confus. Mais maintenant je vais bien. Je vais bien. »

Il a pris un jour de congé pour raison de santé. Le lendemain il est de retour à son bureau de Louisville. Une pile de notes l'attend. Les maîtres requièrent ses services. Nissim Shawke lui demande une réponse à la pétition de Chicago, réclamant la liberté de pouvoir déterminer le sexe des enfants. Pour Kipling Freehouse, il faudrait une interprétation intuitive des rapports estimatifs de la balance de production pendant le prochain trimestre. Monroe Stevis voudrait un diagramme double, établissant les rapports entre la fréquentation des centres sonores et les visites aux sanctificateurs et autres conseillers : une sorte de profil psychologique de la population de six cités. Et ainsi de suite. Tous fouillant et profitant de son intelligence. Comme il est sanctifiant de se sentir utile. Qu'il est lassant d'être utilisé !

Il fait de son mieux, malgré l'angoisse qui l'étreint. Ah, cette sensation d'exploser ! Son âme disloquée !

Minuit. Le sommeil le fuit. Il est couché à côté de Mamelon. Il l'a prise, mais cela ne l'a pas calmé. Dans l'obscurité il s'agite, tous les nerfs tendus. Elle sait qu'il ne dort pas. Sa main douce essaye de l'apaiser. « Détends-toi », lui dit-elle.

« Impossible. »

« Veux-tu du piquant ? Ou du déconsciant ? »

« Non. Rien. »

« Alors, va te promener », suggère-t-elle. « Dépense ton énergie. Tu es sous tension, Siegmund. »

Les fils d'or qui le maintenaient en tant qu'unité se sont rompus. Il explose. Il éclate.

Peut-être aller faire un tour à Tolède. Chercher une consolation dans les bras de Rhea ? Elle, toujours si bonne conseillère. Et pourquoi pas à Louisville ? Aller visiter l'épouse du grand Nissim Shawke ? Quelle audace ! Mais c'était pourtant vers elle qu'ils me poussaient tous à cette fameuse fête du Jour de l'Accomplissement Somatique, pour voir si je possédais les qualités requises à l'accession à

Louisville. Siegmund n'ignore pas que ce jour-là il avait échoué. Peut-être n'est-il pas trop tard? Oui, il va aller rendre visite à la belle Scylla Shawke. Même si Nissim est là. Vous voyez que je possède bien l'amoralité nécessaire! Vous voyez que je ne crains aucun défi! Pourquoi une femme de Louisville me serait-elle inaccessible? Nous vivons tous selon les mêmes lois. Les inhibitions venues des coutumes que nous nous sommes imposées petit à petit à nous-mêmes ne nous concernent pas — pas des hommes comme nous. C'est ce qu'il dira s'il tombe sur Nissim. Et Nissim applaudira à cette bravade.

« Oui », dit-il à Mamelon, « je crois que je vais aller me promener. »

Pourtant il ne bouge pas de la plate-forme de repos. Il reste ainsi quelques minutes. Tout influx l'a quitté. Il ne veut plus partir — faire semblant de dormir en espérant que Mamelon s'endormira. Encore quelques instants. Il entrouvre prudemment un œil. Oui, elle dort. Qu'elle est belle! Quelle noblesse se dégage d'elle dans son sommeil! L'ossature fine et élégante, la peau pâle, les cheveux d'un noir de jais. Ma Mamelon. Ma richesse. Et pourtant son désir d'elle s'est émoussé ces derniers temps. Une sorte de désintérêt né de la fatigue? Ou bien est-ce la fatigue qui est venue du désintérêt?

La porte s'ouvre soudain. Charles Mattern.

Siegmund le regarde avancer sur la pointe des pieds vers la plate-forme, et se déshabiller silencieusement. Les lèvres pincées, les narines ouvertes. Manifestations du désir. Le pénis est déjà à moitié dressé. Tout chez Mattern montre son envie de Mamelon. Quelque chose s'est installé entre eux depuis ces deux derniers mois — Siegmund le sait —, quelque chose de plus important que de simples visites nocturnes. Siegmund ne s'en formalise pas. Du moment que Mamelon est heureuse. Le souffle rauque de Mattern résonne lourdement dans la pièce. Il approche sa main de Mamelon.

« Bonsoir, Charles », dit Siegmund.

Le sociocomputeur tressaille. Il rit nerveusement. « J'essayais de ne pas vous réveiller. »

« Je l'étais déjà. Je vous observais. »

« Vous auriez pu dire quelque chose, alors. M'éviter ces précautions ridicules. »

« Je m'excuse. Je n'y ai pas songé. »

Mamelon est éveillée elle aussi. Elle se dresse, la poitrine nue. Un mamelon rose pointe délicieusement à travers une mèche de cheveux noirs. La blancheur de sa peau est encore exaltée sous la pâleur dispensée par la veilleuse. Elle adresse un sourire chaste à Mattern — la citoyenne respectueuse des lois, prête à recevoir son visiteur nocturne.

« Charles, je profite de ce que je vous tiens », attaque Siegmund, « pour vous annoncer que j'ai du travail pour vous. C'est pour Stevis. Il veut savoir si les gens fréquentant les centres sonores ont souvent recours aux sanctificateurs et autres conseillers moraux. Une sorte de diagramme double... »

« Il est tard, Siegmund. » Le ton est cassant. « Pourquoi n'en parlerions-nous pas demain matin ? »

« Oui. Vous avez raison. Vous avez raison. » Le visage enfiévré, Siegmund se lève. Il sait bien qu'il n'a pas à partir, en dépit de la présence d'un visiteur pour Mamelon, mais il ne veut pas rester. Comme un époux de Varsovie, offrant aux deux autres une intimité superflue qu'ils ne demandent même pas. Il s'habille en hâte. Mattern lui rappelle calmement qu'il est libre de rester. Non. Siegmund s'en va, tirant la porte derrière lui. Il court presque dans le couloir. Je vais grimper jusqu'à Louisville voir Scylla Shawke. Mais au lieu de programmer l'étage où vivent le grand maître et son épouse, il presse le numéro 799. Shangai. C'est là qu'habitent Charles et Principessa Mattern. Il refuse d'affronter Scylla dans l'état bouleversé qui est le sien. Un échec pourrait avoir de trop graves conséquences. Principessa ira très bien. Une diablesse. Une véritable sauvage. Son appétit sexuel lui rendra peut-être son équilibre. Il l'espère. C'est la femme la plus passionnée qu'il connaisse hormis Mamelon. Elle est dans la maturité de sa beauté en ce moment. Il s'arrête devant la porte de l'appartement des Mattern. Et tout à coup il réalise le côté quelque peu bourgeois, très pré-urbmonadial, d'aller faire l'amour avec l'épouse de l'homme qui se trouve en ce moment même avec sa propre épouse. Une promenade nocturne se devrait d'être plus hasardeuse, moins préméditée — une possibilité pour un homme d'élargir son champ d'expériences. Tant pis. Il entrouvre la porte. Des gémissements d'extase. Il se sent à la fois soulagé et consterné. Deux corps sur la plate-forme — des bras et des jambes qui doivent appartenir à Principessa et sur elle, grognant et soufflant, Jason Quevedo en pleine activité. Siegmund se recule vivement. Il est seul à nouveau. Où aller maintenant ? Cette nuit le monde apparaît trop compliqué. La prochaine étape logique de son périple sera donc l'appartement des Quevedo. Micaela. Mais elle aura certainement un visiteur elle aussi. Des gouttes de sueur perlent sur son front. Il ne veut pas hanter désespérément les artères du bâtiment. Il veut simplement dormir. La promenade nocturne lui apparaît soudain dans toute son abjection : forcée, imposée, opprimante. L'esclavage de la liberté absolue. En ce moment exact des milliers d'hommes rôdent à travers l'immense édifice. Chacun déterminé à accomplir son devoir sacré de citoyen. Il marche dans le couloir, traînant les pieds. Il s'arrête devant une fenêtre. Dehors la nuit est sans lune. Le ciel est incendié d'étoiles. Peut-on voir d'ici une commune agricole ? Il regarde vers le nord. Ces paysans idiots. On raconte que Micael, le frère de Micaela Quevedo, celui qui était devenu anomo, a visité une commune. Ce ne sont peut-être que des racontars. En tout cas Micaela ne s'est pas consolée de la disparition de son frère. Oh, ça n'a pas tardé — il a été balancé dans la chute dès qu'il a eu remis le pied dans le bâtiment. Il est évident que l'on ne peut autoriser un homme pareil à reprendre sa vie antérieure comme si de rien n'était. Un perpétuel mécontent, distillant les poisons de l'insatisfaction et de l'impiété. Cela avait tout de même été un coup dur pour Micaela. Elle était très proche de son frère. Ils étaient jumeaux. Elle pensait qu'il aurait dû avoir droit à un véritable procès à Louisville. C'est bien ce qu'il avait eu d'ailleurs — un véritable procès. Micaela s'obstine à ne pas le croire. Siegmund se souvient parfaitement du jour où Nissim Shawke avait rendu son arrêt : procéder à l'exécution de cet homme immédiatement après son retour. Pauvre Micaela! Peut-être existait-il quelque chose de pas très sain entre le frère et la sœur. Je pourrais poser la question à Jason. Je pourrais.

Et maintenant où aller?

Il réalise subitement qu'il y a plus d'une heure qu'il se tient devant cette fenêtre. Il titube jusqu'aux escaliers. Il dévale douze étages comme un automate. Il arrive devant chez lui. Mattern et Mamelon dorment, collés l'un contre l'autre. Siegmund se débarrasse de ses vêtements et se couche lui aussi sur la plate-forme... mais un peu à l'écart. Tout se disloque. Finalement il s'endort.

La religion comme remède, comme consolation. Siegmund est allé voir un sanctificateur. Le temple est au 770ᵉ étage — c'est une petite pièce décorée de symboles de la fertilité et d'incrustations de lumière infuse, s'ouvrant sur une galerie commerciale. Il se sent comme un intrus ici. Il n'a jamais éprouvé le moindre sentiment religieux. Le grand-père de sa mère était bien un Christien, mais dans sa famille on racontait que c'était parce que le vieil homme avait le goût de l'antique. Les anciennes religions ont très peu d'adeptes, et même le culte de la célébration de dieu qui est le seul à être officiellement encouragé à

Louisville ne représente pas le tiers de la population adulte du bâtiment. Ce sont, du moins, les derniers chiffres que Siegmund a eus sous la main — les choses ont peut-être changé dernièrement.

« Dieu soit loué », lui dit le sanctificateur, « quelle est votre douleur ? »

C'est un petit homme grassouillet, à la peau douce et lisse. Quarante ans au moins. Des yeux brillants et réjouis dans un visage rond. Content de soi. Que peut-il connaître à la douleur ?

« Je commence à ne plus appartenir », explique Siegmund. « Le futur s'effiloche. Je suis déconnecté. Plus rien n'a de sens. Mon âme est vide. »

« Ah... heu... Anomie... Dissociation. Perte de l'identité. Combien de fois ne l'ai-je pas entendu ? Quel âge avez-vous, mon fils ? »

« Quinze ans passés. »

« Statut ? »

« Shangai. Bientôt Louisville. Peut-être avez-vous entendu parler de moi. Siegmund Kluver. »

La bouche se durcit. Le regard se voile. Il tripote les emblèmes sacrés accrochés à son collier. Oui, il a entendu parler de Siegmund.

« Votre mariage est-il une réussite ? »

« J'ai l'épouse la plus merveilleusement onctueuse qui soit. »

« Des enfants ? »

« Un garçon et une fille. Nous aurons une deuxième fille l'année prochaine. »

« Des amis ? »

« Suffisamment. Et pourtant ce sentiment de décomposition. Quelquefois ma peau me fait mal. Comme des lambeaux de décomposition qui viendraient se coller à moi. Une perpétuelle agitation... une effervescence interne. Que m'arrive-t-il ? »

« Quelquefois », répond le sanctificateur, « ceux qui comme nous vivent dans des monades urbaines connaissent ce qu'on appelle une crise de confinement spirituel. Les limites de notre monde, c'est-à-dire de notre bâtiment, nous apparaissent trop étriquées. Nos ressources internes sont tout à coup insuffisantes. Les relations que nous entretenons avec ceux que nous avons toujours aimés et admirés nous semblent soudain décevantes et sans objet. Cette crise se manifeste souvent violemment : c'est le phénomène anomo. D'autres quittent la monade et vont chercher une nouvelle vie dans les communes, ce qui est, bien sûr, une forme de suicide, étant donné notre incapacité à nous adapter à ce trop rude environnement. Quant aux autres — ceux qui ne s'évadent pas dans la folie ou ne fuient pas physiquement la monade — il leur arrive parfois ce que je qualifierai de migration intérieure. Ils plongent dans leur âme — considérant toute autre réalité comme un empiétement sur leur espace psychique. Cela a-t-il un sens pour vous ? » Siegmund fait un vague signe de la tête. Le sanctificateur continue de sa voix toujours aussi douce : « Chez les maîtres de ce bâtiment — la classe dirigeante, ceux qui ont été appelés par la grâce divine à servir leurs semblables — ce phénomène est particulièrement pénible, provoquant un véritable bouleversement des valeurs et un manque total de motivation. Mais cela peut se guérir facilement. »

« Facilement ? »

« Je vous l'assure. »

« Guérir ? Mais comment ? »

« Nous allons vous guérir tout de suite, Siegmund, et vous sortirez d'ici en pleine forme. C'est à travers dieu que passe la voie de la guérison, dieu étant cette force intégrative qui unifie l'univers, en en faisant un tout. Et je vais vous montrer dieu. »

« Vous allez me montrer dieu ? » demande Siegmund, sans comprendre.

« Oui. Oui. » Le sanctificateur s'active un peu plus loin. Il éteint les lumières, branche les opacificateurs. La chapelle s'assombrit. Du sol sort un siège en forme de coupe dans lequel Siegmund se trouve tout naturellement allongé. Placé comme il l'est, il remarque que le plafond de la chapelle est un immense écran. Dans l'épaisse surface vitreuse apparaît soudain l'image du ciel. Autant d'étoiles que de grains de sable au bord de l'océan — un milliard de milliards de points lumineux. Des haut-parleurs encastrés dans les cloisons montent les accords entrelacés d'un groupe cosmique. Siegmund distingue les sons magiques d'un vibrastar, les sombres résonances d'une harpe cométaire, les embardées sauvages d'un plongeur orbital. Puis tout le groupe ensemble, indissociable. Peut-être est-ce Dillon Chrimes qui joue ? L'ami de cette sombre et funeste nuit. Sur les profondeurs célestes se superposent maintenant la lueur orangée de Mars et l'éclat perlé de Jupiter. Dieu serait donc ce spectacle lumineux accompagné par un groupe cosmique ? Quelle futilité ! Quel vide !

Par-dessus la musique, la voix du sanctificateur. « Ce que vous voyez est une retransmission directe qui nous vient du millième étage. C'est le ciel tel qu'il est en réalité en ce moment même au-dessus de notre monade. Plongez dans le cône noir de la nuit. Accueillez la froide lumière des étoiles. Donnez-vous à l'immensité. Ce que vous voyez est dieu. Ce que vous voyez est dieu. »

« Où ? »

« Partout. Immanent et parfait. »

« Je ne vois rien. »

La musique augmente. Siegmund à présent est enfermé dans une cage sonore, quelque peu oppressante par son intensité. Les scènes astronomiques deviennent de plus en plus précises. Le sanctificateur dirige l'attention de Siegmund vers tel ou tel groupe stellaire, l'encourageant à se fondre dans la galaxie. La monade urbaine n'est pas l'univers, murmure-t-il. Dieu est cette immensité grandiose qui règne au-delà des limites de notre bâtiment. Puisse-t-il vous emporter en lui-même et vous guérir.

Soumettez-vous. Soumettez-vous. Mais Siegmund ne peut se soumettre. Peut-être, demande-t-il, aurait-il été efficace de lui faire absorber une drogue quelconque, un multiplexer ou quelque chose de semblable, l'aidant à s'ouvrir à l'univers. Quelle idée ! On peut atteindre dieu sans assistance chimique. Par l'extase. La contemplation. Le plongeon dans l'infini. La recherche des schémas divins. L'équilibre des forces, la beauté des mécanismes célestes. Dieu est *en* et *hors* de nous. Soumettez-vous. Soumettez-vous. « Je ne le sens toujours pas », dit Siegmund. « Je suis enfermé dans ma propre tête. » Une sorte d'impatience vibre dans la voix du sanctificateur. Qu'est-ce qui ne va pas chez vous ? semble-t-il dire. Pourquoi ne pouvez-vous pas ? C'est pourtant une expérimentation parfaite de dieu. Mais rien n'y fait. Après une demi-heure Siegmund se redresse. Il hoche la tête. Ses yeux lui font mal à force d'avoir fouillé dans les astres. Il est incapable de faire le saut mystique. Il passe un ordre de transfert de crédit sur le compte du sanctificateur. le remercie, et sort de la chapelle. Peut-être dieu était-il ailleurs aujourd'hui.

Les conseillers alors ? Une méthode tout ce qu'il y a de plus laïque, essentiellement fondée sur des corrections des métabolismes. Siegmund éprouve une certaine appréhension à s'y rendre ; il a toujours considéré comme des anormaux ceux qui faisaient appel à cette thérapeutique, et cela le dérange de devoir maintenant se joindre à eux. Pourtant il faut qu'il en finisse avec son désordre intérieur. Et Mamelon a tellement insisté. Le conseiller chez qui il va est étonnamment jeune — trente-trois ans peut-être. Des yeux sans générosité ; un visage pincé, morne et froid. Il connaît la nature des problèmes de Siegmund presque avant qu'il ne les lui ait décrits. « Et quand vous vous êtes trouvé dans cette fête à Louisville », demande-t-il, « quel effet cela a-t-il eu sur vous d'apprendre que vos idoles n'étaient pas exactement les êtres que vous imaginiez? »

« Cela m'a vidé. Les voir se conduire ainsi... Plus rien ne me semblait plus valable : mes idéaux, mes valeurs, mes règles de vie. Je n'avais jamais imaginé qu'ils puissent être ainsi. Je crois que c'est là que tout a commencé. »

« Non », répond le conseiller, « c'est là que vos problèmes ont resurgi. Ils existaient déjà en vous. Enfouis profondément en vous, attendant qu'un événement quelconque les mette au jour. »

« Comment apprendre à faire face? »

« Impossible. Il faut que vous soyez soigné. Je vais vous envoyer aux ingénieurs moraux. Un traitement de réajustement à la réalité ne vous fera pas de mal. »

Il craint de ne plus être jamais le même. Ils le mettront dans un caisson, le laissant dériver pendant des jours et des semaines. Pendant ce temps ils obscurciront son esprit avec de mystérieuses substances, lui chuchotant des choses, massant son corps douloureux, altérant ses structures psychiques. Et quand il sortira, il sera sain, stabilisé — et différent. Un autre. Son identité réelle aura disparu en même temps que son angoisse. Il se souvient d'Aurea Holson. Le sort l'avait désignée avec son époux pour être transférée dans la nouvelle Monade urbaine 158. Elle ne voulait pas partir. Les ingénieurs moraux avaient réussi à la persuader que ce serait bien de quitter sa monade natale. Elle était sortie de son traitement docile et placide; la névrosée était devenue une plante végétative. Non, pas moi!

Cela marquera aussi la fin de sa carrière. Louisville n'accepte pas ceux qui ont eu des crises. Ils lui trouveront un quelconque emploi administratif subalterne à Boston ou Seattle où ils l'oublieront. Un jeune homme qui promettait tant. Chaque semaine Stevis reçoit les rapports détaillés des traitements de réajustement à la réalité. Stevis le dira à Shawke et à Freehouse. Vous avez entendu ce qui est arrivé à ce pauvre Siegmund ? Deux semaines dans un caisson. Une sorte de dépression nerveuse. Oui, c'est triste. Très triste. Il faut s'en séparer, bien sûr.

Non.

Que peut-il faire ? Le conseiller a déjà programmé le formulaire de demande. Des impulsions d'énergie neurale propulsent son nom à travers les systèmes informatiques. Au 780e étage, chez les ingénieurs moraux, on s'occupe déjà de lui. Bientôt sur son écran apparaîtront l'heure et la date de son rendez-vous. Et s'il n'y va pas de lui-même, ils viendront le chercher. Les machines aux bras articulés caoutchouteux l'empoigneront et l'emporteront.

Non !

Il n'y a qu'une seule personne à qui il puisse en parler. Non, pas Mamelon. Rhea. Il peut lui faire confiance. Elle sera comme toujours de bon conseil.

« Ne va pas chez les ingénieurs », l'avertit-elle.

« Ne pas y aller ? Mais comment ? La demande est déjà... »

« Fais-la décommander. »

Il la regarde comme si elle lui avait dit de détruire toute la constellation des Chipitts.

« Fais-la déprogrammer. Demande à un électronicien de faire ça pour toi. Utilise ton influence. Personne ne le découvrira jamais. »

« Je ne peux pas faire ça. »

« Alors il te faudra suivre le traitement. Et tu sais ce que cela signifie. »

Toute la monade s'écroule. Des nuages de débris tourbillonnent dans sa tête.

Qui pourrait arranger cela pour lui ?

Le frère de Micaela Quevedo était analo-électronicien. Malheureusement il n'est plus là. Il y en a d'autres ; il n'était pas le seul tout de même. Siegmund va consulter les listes après avoir quitté Rhea. Le virus de la désobéissance a déjà contaminé son esprit. Puis tout à coup il réalise qu'il n'a même pas besoin d'utiliser son influence. Il lui suffit d'en faire une question de routine professionnelle. De son bureau il demande l'emploi du temps prochain de Siegmund Kluver. Présumant que quiconque appelle à partir de Louisville en a le droit, l'ordinateur ne lui refuse pas ses informations. La réponse vient presque instantanément : Siegmund Kluver, entrée en thérapeutique au 780e étage, prévue dans dix-sept jours. Très bien. Maintenant il faut passer à l'action. Siegmund décommande le traitement prévu pour Siegmund Kluver. Cette fois-ci, l'ordinateur manifeste une certaine résistance ; il veut savoir qui cautionne cette annulation. Siegmund réfléchit un moment. L'inspiration subite. Le traitement prévu pour Siegmund Kluver, annonce-t-il à la machine, est décommandé sur ordre de Siegmund Kluver de Louisville. Que va répondre la machine ? « Non », peut-elle dire, « vous ne pouvez annuler votre propre thérapeutique. Me croyez-vous stupide ? » Mais l'énorme et prodigieux ordinateur est stupide. Il pense à la vitesse de la lumière, mais il est incapable de lutter contre les éclairs de l'intuition humaine. Siegmund Kluver de Louisville a-t-il le droit d'annuler son traitement ? Oui, certainement. Il doit transmettre cette demande sur ordre de Louisville elle-même. Annulons donc. Les instructions sont aussitôt transmises aux terminaux intéressés. Ce n'est pas la personne concernée qui compte, c'est l'autorité qui ordonne. C'est fait. Siegmund réclame une information concernant Siegmund Kluver, appelé en thérapeutique au 780e dans dix-sept jours. La réponse aussitôt : le traitement de Siegmund Kluver est annulé. Sa carrière est sauvée. Mais l'angoisse est toujours là. C'est cela qu'il faut prendre en considération.

Le fond. Siegmund Kluver se faufile entre les génératrices. Il se sent mal à l'aise. Le poids du bâtiment au-dessus de lui l'oppresse. Le sifflement aigu des turbines le trouble. Il est désorienté — un vagabond perdu dans les profondeurs. Et cette salle immense.

Il pénètre dans l'appartement 6029 à Varsovie. « Ellen ? » dit-il. « Écoutez... je suis revenu pour m'excuser pour l'autre fois. C'était une erreur complète. » Elle hoche la tête. Elle a déjà tout oublié, mais elle veut bien l'accepter. Naturellement. La coutume. Jambes ouvertes, genoux à moitié pliés. La coutume. Il lui baise la main. « Je vous aime », chuchote-t-il juste avant de s'enfuir.

Le bureau de Jason Quevedo, au 185e étage, à Pittsburgh. L'historien se trouve là où sont les archives. Jason, assis devant sa table, manipule des cubes d'histoire quand Siegmund entre. « Tout est bien là, n'est-ce pas ? » demande-t-il. « Toute l'histoire de l'effondrement de la civilisation. Et comment nous avons reconstruit. La verticalité considérée comme l'élément philosophique essentiel de la conformité humaine. Racontez-moi l'histoire, Jason. Racontez-moi. » Jason le regarde étrangement. « Vous sentez-vous bien, Siegmund ? »

« Très bien. Très bien. Je suis en parfaite santé. Micaela m'a expliqué votre hypothèse. L'adaptation génétique de l'humanité à la vie en milieu urbmonadial. Je désirerais plus de détails. Comment nous avons réussi à devenir ce que nous sommes — nous, les heureux. » Il a ramassé deux cubes qu'il caresse. Il n'en finit pas de les tâter de tous les côtés, incrustant ses empreintes digitales sur les surfaces sensibles. Jason les lui reprend calmement des mains.

« Montrez-moi l'ancien monde », demande-t-il, mais il sort au moment où Jason insère un cube dans le compartiment.

Birmingham. L'immense cité industrielle. Le visage blafard et luisant de sueur, Siegmund Kluver regarde les machines fabriquer d'autres machines. Des surveillants maussades supervisent le travail d'un air sombre. Cette chose avec plein de bras fera la récolte l'automne prochain dans une commune. Ce long tube noir et brillant survolera les champs, pulvérisant du poison pour les insectes. Siegmund se rend compte tout à coup qu'il pleure. Il ne verra jamais les communes. Il n'enfoncera jamais ses doigts dans la terre grasse et brune. Ah, cette harmonie écologique de notre monde! Le jeu poétique des échanges entre les communes et les monades pour le bien de tous. Que c'est beau! Que c'est beau! Alors, pourquoi je pleure?

San Francisco est la cité des musiciens, des artistes, des écrivains. Une sorte de ghetto culturel. Dillon Chrimes est en pleine répétition avec son groupe cosmique. Tissant la toile magique et tonnante des sons. Quelqu'un entre. « Siegmund ! » Dillon oublie un instant la musique. « Comment va, Siegmund ? Je suis content de te voir. » Siegmund rit. Il désigne le vibrastar, la harpe cométaire, l'incantateur et les autres instruments. « Je vous en prie », murmure-t-il, « continuez à jouer. Je cherche simplement dieu. Cela ne vous dérange pas que j'écoute ? Peut-être est-il ici. Jouez, je vous en prie. »

761e étage — le plus bas de Shangai. Micaela Quevedo est chez elle. Elle n'a pas l'air bien. Ses cheveux noirs sont ternes et dévitalisés. Son regard amer. La bouche durcie. Elle n'en revient pas de voir Siegmund à cette heure de l'après-midi. « Pouvons-nous parler un petit peu ? » demande-t-il précipitamment. « Je voudrais savoir certaines choses à propos de ton frère Micael. Pourquoi s'est-il enfui du bâtiment ? Qu'espérait-il trouver à l'extérieur ? Peux-tu me donner quelques renseignements ? » Le regard de

Micaela devient glacial. « Je ne sais rien », dit-elle froidement. « Micael est devenu anomo, c'est tout. Il ne s'est pas confié à moi. » Siegmund sait que ce n'est pas vrai. Micaela lui cache des renseignements qui peuvent être vitaux pour lui. « Ne sois pas impitoyable », la presse-t-il. « J'ai besoin de savoir. Ce n'est pas pour Louisville, c'est pour moi. » Sa main empoigne le fragile poignet féminin. « Je pense partir moi aussi. »

Il s'arrête chez lui, au 781e étage. Mamelon n'est pas là. Elle doit être comme d'habitude au Centre d'Accomplissement Somatique entretenant et soignant son corps admirable. Siegmund laisse un bref message pour elle. « Je t'aimais », prononce-t-il. « Je t'aimais. Je t'aimais. »

Dans le grand hall de Shangai il rencontre Charles Mattern. « Venez dîner à la maison », l'invite le sociocomputeur. « Principessa est toujours si heureuse de vous voir. Et les enfants; Indra et Sandor parlent tout le temps de vous. Même Marx. Ils demandent toujours : Quand Siegmund va-t-il venir? Nous l'aimons tant. » Siegmund refuse d'un signe de tête. « Je regrette, Charles. Pas ce soir. Mais je vous remercie de votre invitation. » Mattern hausse les épaules. « Tant pis. Dieu soit loué, nous remettrons cela à plus tard. D'accord? » Et il s'éloigne, abandonnant Siegmund au milieu du flot humain.

Tolède. Là vivent les enfants gâtés de la caste administrative. Là vit Rhea Shawke Freehouse. Siegmund ne prend pas la peine de l'appeler. Elle est trop intuitive; elle devinerait aussitôt son désarroi, et elle saurait trouver les mots pour le retenir d'agir. Pourtant il doit la voir. Il s'immobilise devant la porte de l'appartement et pose tendrement ses lèvres contre le panneau. Rhea. Rhea. Rhea. Je t'aimais aussi. Il s'en va.

Il ne s'arrête pas non plus à Louisville. Pourtant cela lui plairait de voir ce soir quelques-uns des maîtres — Nissim Shawke, Monroe Stevis, Kipling Freehouse. Des noms magiques, des noms qui résonnent dans sa tête. Mais il est préférable de les éviter !
Il se rend directement à l'aire d'atterrissage au millième étage. Il s'avance sur la plate-forme balayée par la brise. La nuit est venue maintenant. Les étoiles brillent d'un éclat intense et particulier. Là-haut il y a dieu, immanent et parfait, dérivant sereinement à travers les mécanismes célestes. Sous lui il y a Monade urbaine 116 tout entière. Quelle est la population aujourd'hui ? 888 904. Soit + 131 depuis hier et + 9902 depuis le début de l'année — en tenant compte, bien sûr, du départ de ceux désignés pour la nouvelle Monade 158. Peut-être tous ces chiffres sont-ils faux ? De toute façon cela n'a guère d'importance. Le bâtiment explose de vie. Tant de zélés serviteurs de dieu. Tous si féconds, dieu soit loué ! Shangai : 34 000 âmes. Varsovie. Prague. Tokyo. L'extase de la verticalité. Tant de vies dans cette seule tour, élégante et majestueuse. Toutes reliées au même standard. L'homéostasie. L'entropie vaincue. Quelle organisation ! Remercions-en nos administrateurs si dévoués.
Et là ! Et là ! Les monades voisines ! Ce merveilleux et colossal alignement ! Monades urbaines 117, 118, 119, 120. Les cinquante et une tours de la constellation des Chipitts. Population totale : 41 516 883. Ou presque. Et à l'est et à l'ouest des Chipitts respectivement Boshwash et Sansan. Et de l'autre côté de la mer, Berpar et Wienbud et Shankong et Bocarac. Et d'autres encore. Chaque groupe de tours avec son contenu de plusieurs millions d'âmes. Quelle est la

population de notre monde ? Les 76 000 000 000 sont-ils déjà dépassés ? On parle de 100 000 000 000 dans un futur proche. Beaucoup d'autres monades devront être construites pour loger ces milliards supplémentaires. Mais il reste encore tant d'espaces libres. Et les plates-formes maritimes ?

Vers le nord, sur l'horizon, il croit apercevoir les lueurs embrasées des feux de joie communaux — comme des diamants étincelant sous le soleil. Les paysans qui dansent. Leurs rites grotesques pour demander la fertilité de la terre. Dieu soit loué ! Tout est pour le mieux. Siegmund sourit. Il ouvre les bras. Oh, s'il pouvait étreindre le firmament, peut-être y découvrirait-il dieu. Il s'avance jusqu'au bord de l'aire d'atterrissage. Une clôture et un champ de forces le protègent contre les violentes rafales de vent. A trois mille mètres de hauteur, c'est un véritable ouragan qui l'emporterait vers sa mort. La tour, semblable à une aiguille pointée vers l'œil de dieu. Oh, jaillir vers le ciel ! D'en haut son regard engloberait le long alignement des Chipitts, les communes agricoles, le rythme urbain prodigieusement vertical s'unissant au rythme communal prodigieusement horizontal. Comme l'univers est beau ce soir ! Il rejette la tête en arrière. Ses yeux brillent anormalement. Oui, dieu est là ! Le sanctificateur avait raison. Là ! Là ! Attendez, j'arrive. Il grimpe précipitamment après l'enclos. Les coups de bourrasque l'étouffent et l'obligent à s'accrocher aux maillons. Il peut à peine se tenir. A présent il a dépassé le champ de forces protecteur. Est-ce la tour qui se balance comme cela ? Il s'agrippe de toutes ses forces. Toute cette chaleur animale irradiée par 884 904 êtres humains serrés sous le même toit. Tous ces déchets jetés chaque jour dans les chutes. Toutes ces vies soudées et enchaînées. Toutes reliées au même standard. Et dieu surveillant tout. Oh oui, je viens ! Je viens ! Il fléchit sur ses genoux, bande ses muscles, inspire profondément.

Il s'envole vers Dieu.
En un saut parfait.

Le soleil matinal est déjà assez haut pour illuminer les cinquante derniers étages de Monade urbaine 116. Bientôt toute la façade orientale va étinceler comme la surface de la mer au couchant.

Activées par les photons des premiers rayons, des milliers de fenêtres se déopacifient. Ceux qui dormaient bâillent et s'étirent. La vie continue. Dieu soit loué! Une nouvelle journée radieuse commence.

Composition réalisée par EURONUMÉRIQUE

IMPRIMÉ EN FRANCE PAR BRODARD ET TAUPIN
La Flèche (Sarthe).
N° d'imprimeur : 2706 – Dépôt légal Édit. 3255-06/2000
LIBRAIRIE GÉNÉRALE FRANÇAISE - 43, quai de Grenelle - 75015 Paris.
ISBN : 2 - 253 - 07225 - 7